U0934551

世界知识出版社

# 目录

# 绪论——什么是禪

# 一

经常有人这么提问："什么是禅"？于是就有人给禅下一个定义，回答说："禅是一种人生态度"；"禅是一种人生哲学"；"禅是人生大智慧"；"禅是人们解脱'三世因果'和'六道轮回'之道"；"禅是思维的机巧"；"禅是一种生活情趣"等等……，你还可以不断地给禅下定义，你还可以尽情地解释下去。但是，面对如此众多的定义和不同的解说，下定义的人们自己也无所适从，不知自己所云的是否就是禅的真谛；而那些想了解、想把握禅的人们仍如雾中观花，仍不清楚"禅是什么"。"禅"就这样成为了一个难以破解的"谜"！因此，有的解说者深深感叹道：要想说清楚"禅是什么"十分困难！而那些渴望了解禅的人们也常常感叹说：禅真是扑朔迷离！要想懂得禅、理解禅、把握禅，就像"蜀道之难，难于上青天"一样！

在人类文化思想的进程中，存在着不少类似"禅"这样的谜！例如，千百年来，人们总是不断地问：生活是什么？幸福是什么？美是什么？非常有趣的是，人们对于这些问题的解答也同对于禅的解答是完全一样的——答案可以有 N 个。

古希腊的大哲学家柏拉图曾经认真地探讨过"美是什么？"的话题。他最终的结论是：要说明美是什么很难！自柏拉图提出的"美是什么"的命题以来，千百年来，西方的哲人和东方的智者都在不断探讨。他们就像是在元宵节上猜灯谜一样，总在"美"的概念中兜圈子，美学研究就成为人们围绕"美是什么"的猜谜活动。然而，人们对"美是什么"的回答可谓林林总总，众说纷纭，无法统一。

人们在死盯着破解"美是什么"、"幸福是什么"、"禅是什么"这类问题的时候，却很少有人想过：我们这样的提问方式本身是否有问题？我们试图用一句话来下定义的提问方式，到底是正确的还是错误的呢？

在我看来，这种提问方式本身就是错误的。为什么是错误的呢？因为，这种提问的背后，就是想通过一句话、一个定义来轻松地说明某一事物的本质，而一旦把握住了事物的本质，就永远地把握住了这一事物的真理。这就是西方传统哲学的本质主义。本质主义是人类思维进程中常见的思维方式。但世界上的任何现象都具有复杂性，借用佛教哲学的话来说，任何事物都是“因缘和合而成”的，也就是说，任何事物都是多种元素组成的混合物，它同其他事物永远处在普遍的联系之中；因此，要认识、说明某一事物的本质，就要从组成事物的多种因缘以及它同其他事物的因缘（关系）中来说明。如果用一句话就回答了“什么是禅”，那不正说明“禅”太单一、太简单了吗？

中国宋代的大文豪苏东坡曾写下一首《听琴》的诗：

若言琴上有琴声，放在匣中何不鸣？
若言声在指头上，何不于君指上听？



苏东坡的诗具有深刻的哲理。他根据佛学“因缘和合”的理论，来说明美妙的琴声、美妙的音乐是多种元素和合而成的道理。这些元素有琴身、琴码、琴柱、琴弦、更重的是要有会弹琴的手指等，其中任何单一的元素都不会产生出美妙的音响。

苏东坡《听琴》诗中的深刻哲理，用哲学的话来说，就是要从事物的存在状态，即从多种组成要素和与其他事物的普遍联系中看某一事物。19 世纪的德国大哲学家黑格尔就说：任何事物自身不能说明自身；只有通过他者才能够说明。例如，要解释“母亲”这一概念，就必须通过潜在的“丈夫”和“子女”来说明她、证实她。没有丈夫，就谈不上生孩子；没有孩子，就只是女人而不是母亲。所以，母亲这一概念既是多种要素的组合，又意味着存在普遍的联系。此外，母亲这一概念还是不断发展变化的概念。任何女性，不是生下来就是母亲，她只是母亲的女儿；她一旦结婚生下子女，她才是母亲；随着年龄增长，她还将成为母亲（子女）的母亲；在她的人生过程中，万一她丧失了子女，她就不是母亲了，只能说她曾经是母亲。父亲的概念同样如此。

所以，任何存在物，任何概念都是多种元素组成的；都是处于普遍联系和不断变化之中的，一切事物都在漂浮状态中，都是倏忽即逝的存在，你如何把握它们呢？这就是佛教哲学和禅学的核心观念：“无我”与“无常”。

面对“无我与无常”的世界和事物，你想通过一句话所下的定义来界定它，来把握它，这不是犯了“刻舟求剑”的错误吗？即便你对于某事物的本质进行了界定，即便你用一句话的定义来说明它，这种界定和判断命中注定是片面的、是以偏概全的，也就是无意义的。

古代的先哲实在是太聪明、太有智慧了！他们早就嘲笑过我们这种追求一元化的真理观和本质观的愚昧举动！在印度佛经《南典经藏小部自说经》中，有一篇《生盲品传闻经》，也就是众所周知的“瞎子摸象”的寓言。

当年佛陀（释迦牟尼）住在有名的王舍城祇陀林园的时候，许多不同宗教教派的沙门和婆罗门等人也同住在王舍城中。由于这些人在宗教信仰、思维方法和观念上的重大差别，因而形成了不同的见解。他们“各有所信，各有所见，各有所好，各有所乐”，“如是诸沙门、婆罗门，各有异见，争论斗诤，以如矛之口，互相刺击而各自谓：法如是，法不如是，法不如是，法如是”。他们具体争论的是些什么样的问题呢？他们争论的是关于宇宙、世界和生命的终极真理，他们把这些关于终极真理的问题，归纳成四组、五对，共十个命题，并且针对这些命题，提出了各自不同的深刻的见解。这十个命题是：

1. 世界是常,此是真实,他则虚妄。

2. 世界是无常,此是真实,他则虚妄。

3. 世界有边,乃至。

4. 世界无边,乃至。

5. 命与身同一,乃至。

6. 命与身不同一,乃至。

7. 有情死后有,乃至。

8. 有情死后无,乃至。

9. 有情死后亦有亦无,此是真实。

10. 有情死后亦非有,亦非无,此是真实,他则虚妄。

这里的“常”指事物具有永不变化的常态;“无常”指事物永远处于变化之中,不存在常态。“命”指灵魂、精神;“身”指身体;这两种对立的观点认为,灵魂与身体同在;灵魂与身体不同在。“有情”指的一切生命现象,“有”指轮回转世;“无”指没有轮回转世。

这四组中的十个命题分别表述了五种对立的观念。它们各自都具有真理性,但它们之间又是相互对立和相互否定的。由于这些命题都是无法通过事实和实验来进行证明的,是无法实证的,因此,这些对立的、相互否定的观念谁也取代不了谁,谁也无法取消对方的存在意义。这种现象在哲学上,叫做“二律背反”。这是两千多年前印度婆罗门教或佛教哲学所发现、所探讨的哲学“二律背反”问题。西方哲学直到18世纪,才由德国大哲学家康德提出四组八个命题的“二律背反”问题。康德提出的“二律背反”是这样的:

1. 世界在时间上有开端,但在空间上则有限。

2. 世界在时间上和空间上都无限。

3. 世界上的一切都是由单一的、不可分的部分构成的。

4. 世界上没有单一的东西,一切都是复杂的、可分的。

5. 世界上存在有自由。

6. 世界上没有自由,一切都是必然的。

7. 存在着世界最初的原因。

8. 没有世界最初的原因。

古代的智者和现代的哲人所提出来的这些水火不容的“二律背反”命题,其意义在于告诉人们:“二律背反”中,任何一个单独的命题、任何一个判断都是片面的,它只具有局部的真理而不具有全面的真理性。当弟子们向释迦牟尼请教,如何对待各派宗教信徒相互对立的观点时,佛陀就用寓言的方式,给弟子们讲述了他的观点。这就是著名的“瞎子摸象”的寓言:一个国王聚集了全城的瞎子前来摸象。由于每一个瞎子所触摸到的象的部位不同,他们对“象”的感觉和印象就很不相同,对“象”的描述也就各自不同。应该说每一个瞎子的感觉判断,在他所感觉的范围内都是正确的,都具有真理性。然而,瞎子们各自说出来的象所长的模样,差异又很大。他们为此而争吵起来,并且互相否定、互相攻击。释迦牟尼对弟子们说,那些外道沙门和婆罗门所争论的问题和看法,就像这些瞎子一样,“无有眼目,不知利,不知非利;不知法,不知非法……各有异见,争论斗诤,以如矛之口,互相刺击”。最终还是落入了错误的见解之中。那么,释迦牟尼面对这些“二律背反”的问题,他发表了什么样的见解呢?佛陀的见解,就是前面讲过的“因缘和合”学说(即“无我”观和“无常”观。)

如果按照佛学、禅学的“因缘和合”的原理来看待一个事物或一种现象的存在,应当怎样去认识、去判断呢?佛教哲学和后来的中国禅学都主张从多角度、多层面,尤其是从变化中看待一切自然现象和社会现象,反对用一句话的方式、下定义的方式去界定对象,反对从某一方面去对事物或现象进行判断。就是说,反对“在木板上钉钉子”的方式,用一句话就把鲜活的东西变成“丁点的真理”和“铁案”。这就要求我们把事物、现象放在一连串的因果链之中,放置在普遍联系之中,从不同的角度和不同的层面透视它。不仅如

此，还要从不断变化，甚至从“白驹过隙”、“千年一瞬”的时间过程中看待一切存在和一切现象。

佛学和禅学这种思维方式的特点是重过程而不重结论；重体验而不重观念；重现象而不重义理。因为，释迦牟尼在口传的“三法印”中就说过：“诸行无常”——一切皆变：现象在变、关系在变、过程在变、结论也在变。任何结论都只是暂时的结论，而没有永恒的结论。所以，禅学往往拒绝下定义，拒绝对事物或现象给出结论和答案。例如：

有一个学禅的僧人问赵州从谂禅师：“何为‘佛祖西来意’？”

赵州从谂禅师回答说：“庭前柏树子。”

从谂禅师用眼前的、与问题完全不相干的事物，来阻隔学生的这种僵化的、形而上的思维方式。

有人问蕴禅师：“佛与道有何不同？”

蕴禅师回答说：“泥人落水，木人打捞。”

这是说，佛与道正像泥人和木人一样，各不相干。为什么不相干？它们有什么不同？禅师则拒绝做出论述，拒绝给出结论。

因缘生物，千种因、万种缘，天下事物原本是一体，没有纯粹单一的存在；一切皆变，千思万绪如同流水，你每次捧起来的水，都不是原来的水。你对某一事物下一个定义，这个定义只有一粒尘埃那么小的意义。你懂得了这个道理，就懂得了佛教和禅学推崇的“空灵”、“灵动”和“圆融”的思想境界。

## 二

我以为，在实际生活和艺术创作中参悟了禅的精神，就能深刻把握禅的精髓。最能体现禅的思维特点的就是日本作家芥川龙之介。他的短篇小说《竹林中》所描写的人物关系和对人物心理的分析，以及在难以准确评价人物等方面，都体现了“禅意”和禅的思维特征。小说的结尾，也没有对于事件和人物做出任何结论。正是基于芥川龙之介对禅的了悟，著名导演黑泽明根据它改编的电影《罗生门》获得了巨大成功。

芥川龙之介的短篇小说《竹林中》描写了古代日本发生的一个抢劫、强奸、杀人案件。一个名叫多襄丸的江湖大盗在大路上见色生淫心，将武士金泽武弘和他的妻子诱骗到竹林中。他捆住了武士，强奸了武士的妻子。然后杀死了武士抢走了马匹和武器。武士的妻子径直逃跑掉了。后来，多襄丸被官府抓住。故事就是从审讯开始的。

其中，罪犯在官府的审讯中，对犯罪事实、犯罪经过有详尽的描述，并且承认自己强奸了武士的妻子，在决斗中杀死了武士。

武士的妻子被污辱后，逃到了寺庙里。她在寺庙中深深忏悔受到的污辱和自己犯下的罪行。她所描述的事件经过与罪犯的描述大不相同，她忏悔自己竟然在丈夫的眼前被强盗强奸，她认为，这对于一个女人来说是最大的耻辱。她受不了丈夫对她无比憎恶的眼光，因而在极度悲痛中用匕首杀死了丈夫。

死去武士的灵魂借巫师的口，叙述了事件的经过。武士的叙述与罪犯和妻子所说的又不同。武士说：妻子逃跑后，强盗割断了捆住他的绳索放了他。在强盗掠去马匹和武器离开后，武士深感自己受到的奇耻大辱，没脸再活在人间，就慨然用匕首自杀了。

黑泽明根据《竹林中》改编的电影《罗生门》中，则又增加了一个叙述者。这人是目睹事件经过的林中砍柴人。砍柴人说，武士的妻子在被凌辱后，强盗恳求她随他远走天涯。这女人却对丈夫和强盗说；“你们俩人中，必须死去一个！”她随即用匕首割断了捆住丈夫的绳索，让丈夫同强盗决斗。在决斗过程中，女人仓皇逃走了，她并不知道丈夫和强盗谁生谁死。最后，强盗在决斗中杀死了武士。

每一个人的叙述都有相同与不同之处，就像瞎子摸象的说法一样。

综合各个人物的叙述，这一悲剧性的事件的基本内容是清楚的：一个强盗欺骗武士进入林中，借机把武士捆在树上，然后奸污了武士的妻子，掠走了马匹和武器。最终，武士死了，武士的妻子逃掉了，强盗被抓住受审了。

人们在看了小说《竹林中》和电影《罗生门》之后，总会有种种猜测、推理和评论。人们不仅对人物的评论差异很大，在思想观念和情感倾向上无法

统一，而且连事件的真实经过，事件的真像都难以准确认定，这是读者和观众最感困惑的地方！那么，我们不禁要问：芥川龙之介和黑泽明到底要通过小说和电影来传达什么理念呢？为什么要有意表达这一事件中“事实的不确定性”呢？其中的玄机又是什么呢？

我认为，芥川龙之介和黑泽明所要表达的观念就是：每一个人看待世界，看待事件，看待现象，都有自我的视角，都有强烈的主观色彩，都潜藏着自己内心的某种意愿和目的。所以，任何一种叙述，都不是客观的、准确的。每一个人所表达出来的看法，都具有一定的真理性，但也存在着极大的偏见和谬误。

由于人类具有强烈的主观性，甚至使人们经常产生“眼见并不为实”的错觉。例如，木棍在水中变弯曲；常见的种种魔术，等等。20世纪西方的“实验心理学”向我们揭示了这样一个奥秘：任何叙述都是主观的叙述，都在某种程度上歪曲或改变了原来的事实。例如，实验证明：非常贫穷的孩子们描绘他所见到的“馅饼”和“金币”都比真实的“馅饼”和“金币”要大得多；处于极度惊恐中的人们所描述的暴徒往往比真实的罪犯高大得多！同样，在小说《竹林中》和电影《罗生门》中，同一个事件经过不同人物的叙述，使案情变得扑朔迷离，人物关系变得错综复杂，人物的品性显得复杂、诡谲。这就是芥川龙之介和黑泽明在洞察到“人的主观性叙述”特征之后，所采用的“叙事技巧”。

芥川龙之介和黑泽明所要表达的理念是：真理都是相对的，任何真理只是有限范围内的真理；没有绝对的、客观的真理，因缘和合才是事情的本真。这就是佛学和禅学的真理观。小说《竹林中》和电影《罗生门》就是佛经“瞎子摸象”的翻板或者说是日本式的文学演绎。正因此，小说和电影都没有对事件和人物表现出情感方面的倾向性，也没有做出道德上的结论。芥川龙之介和黑泽明通过自己的作品，共同制造了关于人性的一个最大的、永远无解的悬念！



黑泽明在这一点上与芥川龙之介完全一样。电影与小说的区别在于，黑泽明更加重视对人的本性的探讨，在深入挖掘人性的内涵方面，电影超越了小说。

多年来，人们为传统的一元化本质观的思维方式所蒙蔽，总是以世俗的

眼光去探讨《竹林中》和《罗生门》中所谓的“事实真像”，并想通过这一“事实真像”竭力去给故事或人物加载某些道德上的评价；总是想在人物中区分出谁善谁恶、谁对谁错、谁高贵谁卑贱，等等。这种思维方式，就是佛教哲学和禅学的“不二法门”所反对的、竭力避免的“二元对立”的思维方式。禅学宣扬的，正是要消解“二元对立”、要消除一切差异去看待事物、现象和人。懂得了这一点，就能领悟《竹林中》和《罗生门》所蕴藏的禅思和禅意。

宋代大诗人苏东坡写了一首著名的诗《题西林壁》：

横看成岭侧成峰，远近高低各不同。
不识庐山真面目，只缘身在此山中。

苏轼在这首诗中表现了他对“禅”之思维特征的深切体悟：同一个人，从不同的角度看庐山，所获得的直观印象就存在着很大的差别，何况世上的芸芸众生呢！人们观看庐山所获得的主观印象或“成岭”、或“成峰”、或“高”、或“低”，真是千般万种，差异很大！什么原因造成这种局面呢？苏轼指出：“只缘身在此山中”——这是因为观赏者的主体地

位和主观的视角决定的。只有跳出庐山外,才能见庐山;只有抛弃主观性,抛弃单一的、固定的视角,才能见识到庐山的真实面目。这就是禅的思维方式:只有跳出“二元对立”的思维方法,只有从多角度、多层次、全方位去观察对象,才不被偏见、成见、谬见所蒙蔽。

后现代哲学家福柯认为,世界的意义不是单一的,而是具有不可计数的意义。人们解释。世界的方式是无限的,我们面对现象,应当寻求多样的解释。我们透视世界或现象的角度愈多,我们的解释和知识就愈丰富深刻。[①]如果把西方后现代哲学家的思维理论同东方的“禅”的思维理论加以比较,是很有意义的。禅的思想同后现代哲学思想有许多不谋而合之处,有许多可以相互参悟的地方,它们可以相互激发,相互启迪。但是,这方面几乎无人研究。人类的智慧在二十世纪下半叶似乎又殊途同归,就像是人类文化的早期,它们也曾走得如此相近一样。

## 三

通过上面的讲解,我认为,如果按人们的思维习惯,一定要给“禅”下定义的话,那么对于禅可以有多种的定义。

第一种定义:禅是一种独特的世界观。

佛学和禅看待世界的基本观点有两点:

其一,世上一切事物和人都是由多种元素和合而成的;一切存在物都是混合体的存在;世上没有单一的、与众不同的东西。因此,从事物的本性上看,没有所谓与众不同的“自我”。一切事物都是可以互相渗透、相互转化的。人与动物在本性上也是同样的,只是形态的不同;你今生为人,转世可以为牛、为马。既然万物本性相同,都是因缘和合而成的,那么,我中有你,你中有我。所以,一切东西都可以轮回转化,生命可以通过转化为他物而继续存在。古代印度哲学有一个重要的命题叫做:“你即他”,谈的就是这个意思。根据

① 福柯:《事物的秩序》,英文版,第65页。

这种观念,佛教哲学,尤其是禅宗哲学就强调事物之间的联系和类同,反对把事物加以区分、界定,划分为永远不变的“楚河汉界”。什么善恶、美丑、富贵与贫贱、伟大与渺小、冷与热、胖与瘦等等的区分、对立,都是人为的谬见!所有的这些区分,终归为“一”——“空”,即“万法皆空”。

其二,世上的一切事物都处于不断的变化之中。所谓“千年一瞬”、“沧海桑田”就是这个意思。任何事物的存在都只是一个过程。在这个过程中,你也在不断变化:从小到老至死,你每一时期的模样不同,思想观念不同,念头变化不断。这是一个自然而然的过程,没有什么大惊小怪的。你用这种“变化”的观点,这种“变化”的心态去看待人生、看待事业、看待爱情,就会以博大的胸怀去应对人生中的一切变迁和烦恼。

这两点就是禅学世界观的核心。佛教哲学把这两点叫做“无我”与“无常”。

第二种定义:禅是一种独特的人生观。

世界观决定人生观。你对世界的看法必然导致你对人生的看法,决定你的思想和行为。禅学的“无我”、“无常”的世界观,决定了学禅之人的人生态度和处事方法。

懂得了“无我”、“无常”“万法皆空”的道理,你就参透了人生世相,你就“跳出三界外,不在五行中”,就会以超然的态度去看待人世中的相互的竞争和攻讦;就会以平常心而不是以贪欲心去看待钱财;就会以淡然的态度去看待功名利禄和人生的各种享乐。尽管你身处清贫之中,也能品味出清贫生活的情趣。苦瓜和尚(石涛)的诗说“青山个个探头看,看我庵中饮苦茶”。禅宗经典《无门关》的作者、宋代著名禅师无门慧开(1183年—1260年)写了一首偈颂说道:

春有百花秋有月,夏有凉风冬有雪。
若无闲事挂心头,便是人间好时节。

从这一点讲,禅是一种人生哲学——人生态度和处事方法。

第三种定义：禅是一种哲学思维方式。

为什么说“禅是一种哲学思维方式”呢？因为禅的思维与人们通常的思维习惯有很大的差别。禅学强调学禅的人要“了悟”，即透彻的领悟。那么，禅要悟什么？就是“悟空”。一旦“悟”到了“空”，你就是觉悟者（牟尼），就是“般若”（有大智慧的人）。什么是“空”呢？佛教把事物的“无我”与“无常”的本性叫做“空”，把世界的本质看做是“空”。因此，你思考世间的一切问题都要从“无我”与“无常”的角度去进行。

禅学思考问题的独特方式总是从“无我”与“无常”的视角观察，总是坚持事物的本性相同，都是“因缘和合”而成的这一观点。禅从来不把事物加以区分或对立起来看待，一切都是相对而言的。这就是禅宗六祖慧能所宣扬的“不二之法”。既然讲“因缘和合”，那么就要强调从多角度、多层次去看问题。所以，禅的思维方式是多维度的，而不是一个维度的。禅既然讲“无常”，那就必须坚持事物是不断变化的观点，从变化的维度去领悟人生世相的真理。

禅独特的哲学思维方式在禅僧们思想的相互触发中，产生出许许多多的公案、机锋。我们所看到的大量的公案和机锋，其实就是不断地纠正人们日常的世俗的思维方式，同时也是开启学禅的人们的“不二之法”的思维方式。

第四种定义：禅是主体的美妙体验和宁静的心态。

人们对某种现象或情感的体验是看不见摸不着的，甚至是无法言述、无法表白的。例如妇女生孩子的巨大痛苦，人们失去亲人的悲痛等等，都只能是“如人饮水，冷暖自知”，这种体验是无法清晰而准确地表达的。这种主体的内心情感体验或感受，佛教叫做“受用”，心理学叫做“体验”。学禅的人一旦"了悟"了"万法皆空",参透了人生世相的本性之后所获得的快乐,拥有了超然物外的自由心境,就是禅的境界。禅的思想境界使你待人处事能够随缘任运、顺其自然,能够随时调整自己的心态,拥有"平常心"。例如,每当盛夏酷暑时节,人人都感到酷热难当,往往心烦意乱。但是,有一首禅诗写道:

人人避暑走如狂,独有禅师不出房。
不是禅师无热恼,只缘心静自然凉。

为什么禅师能做到"心静自然凉"呢?因为,他拥有超然物外的、随缘任运、无视冷热的平常心,从而使他"心如止水",平静无波。学禅的人,面对生活中的种种是非,种种刺激,种种浊浪都能够心静如水,绝不会心起波澜,更不会同流合污。所以说,禅是一种主体美妙的体验和宁静的心态。

第五种定义:禅是一种语言机巧和处事智慧。

许多人谈佛论禅,都把处事的智慧和语言的机巧看做是禅的根本特点而大做文章。其实,这只是禅的话语方式的特点。"近诸取譬",借喻说事,借物谈理是中国古代就有的话语言说方式。禅宗借用这种方式表达思想,原因在于它的立教之本,即所谓的"不立文字"。禅宗强调体验、自悟,所以,语言的、概念的表达必然退居次要的地位。不借用语言概念而又要表达思想观念,面对这样的难题怎么办呢?禅宗就只好采取"绕路说禅",就是用"弯弯绕"的方式来表情达意了。例如,通过形体动作来间接表示;通过诗词来象征;通过事物来比喻,等等。千百年下来,就形成了禅宗教派独特的话语系统,造成就了禅宗表达方式的独门绝活。禅的表达方式从语言上可以做到似乎什么都没说,但却什么都说了。这就是禅的语言机巧和处事智慧。这里举一则对话为例:

传说,有一次康熙皇帝南巡到镇江。他指着长江上的点点白帆,问镇江金山寺的方丈香馨禅师:"这长江上每天有多少条船通过啊?"

这个问题,谁能说清楚呢?你不敢蒙皇上啊!

香馨禅师怎么回答的呢？

"不多，不多，只有两条船！"

康熙心想，你这不是当面撒谎吗？就说："你看，放眼望去，江上的船只何止百艘！怎么你说只有两条船呢？"

香馨禅师说："皇上，说来说去，的确只有两条船：一条为名而来，一条谋利而去。"

康熙对这巧妙的回答，表示惊奇与赞赏。

香馨禅师巧妙的回答，深刻地揭示了世俗生活的真相。

这就是生活中表现出来的禅的智慧。

第六种定义：禅是理想的艺术的生活方式。

学禅人最低的生存目标是远离滚滚红尘，不被世俗的种种欲望所干扰，"眼不见而心不烦"，求得眼前和内心的清净。这是修禅的基础。所以，禅宗的四祖道信大师在唐代初年创建了"山林佛教"，把禅寺建立在山林之中，众僧不依靠化缘为生，自己劳动生产养活自己。这样，禅寺必然就远离尘世，成为孤立的世外桃源。唐代诗人常建就有"曲径通幽处，禅房花木深"的诗句来赞美禅寺。禅寺环境清净，禅僧的内心也就宁静了，只有内心宁静了，才可以修炼"禅定"功夫。这是对现实生存环境的超越，就是超尘脱俗。这是学禅的人最直接的生存目标。

既然要超越现实的生存环境，不起任何欲念，以求得内心的清净无染，那就要做到安于清贫，执着清苦，甚至以苦为伴，以苦为乐，获得怡然自得、圆融美妙的心境。禅宗美学就讲究"闲寂"、"贫寂"的审美心境。有一首禅诗写道：

千山顶上一间屋，贫僧半间云半间。
昨夜云随风雨去，到头不似老僧闲。



描写这种美妙心境的还有著名的苦瓜和尚（石涛）的诗句：青山个个探头看，看我庵中饮苦茶。

禅诗中还有这样的诗句:“竹笕二三升野水,松窗七五片白云。”“一夜落花雨,满城流水香。”这是多么怡然自得、洒脱解放的心态啊！这是拥有“禅心”的理想生活方式。自古以来,凡是厌倦了红尘生活的人,凡是受到尘世生活伤害的人,都渴求禅的理想生活方式,在宁静与超脱的心境中,抚平心灵的创伤。

禅家主张在生活中修行,有不少禅师就是在生活中悟到禅的道理的。有的人听了歌声而悟道,有的聆听了鸟鸣而悟道,有的见了桃花而悟道,有的面对流淌的泉水而悟道,也有的在搬柴运水中悟道的。所以,禅就是生活本身,只要我们细心地去体味生活,体验生活中的事理,就能领悟禅的“无常与无我”的道理。

生活中如何修禅呢？最典型的方式就是我们都熟悉的、天天都在进行的活动,例如,饮茶、赏花、旅游、书法、室内外的环境布置等,都可以从中体味到禅意禅趣。

在日常生活中,当你把几竿翠竹放置于室内的一角时,当你把一个小巧的盆景引进客厅时,你就充满了禅意禅趣。

当你在风和日丽的春日到郊外踏青的时候；当你凝视秋天的夜空,那皎洁的明月和满天繁星,而感受到宇宙和大地的寂静时,你就已沉浸在禅的意境之中了。

此外,当你在劳作之余,独自在自家的场院里或阳台上悠闲品茶,眼睛漫无目的地扫视四周的景物时,实际上,你就已经进入了禅的境界了。

所以，不少人认为，禅是一种理想的、有艺术意味的生存方式。

第七种定义：禅是人生的最高境界。

禅学中的“境界”，是指个人内心的心灵状态。“禅的境界”是指你在学禅和参悟禅理的过程中，你的感觉和精神所触及到的不同层次的对象和所达到的高度。由于每个人对禅的感悟和理解不同，每个人的“禅境”也就不同，“禅境”就有深有浅、有高有低。如果硬要归纳的话，我认为，禅的心灵境界大致可以归纳为三种：

有人说，禅的第一种境界是：“落叶满空山，何处寻行迹。”这是什么意思呢？这是比喻初学禅的人都苦苦追寻“禅的本体”而得不到的精神状态。什么是“禅的本体”呢？就是我们此前所说的，人们都渴求得到“什么是禅”的标准答案。禅宗公案中有许多禅僧不断地向大师提问：禅是什么？佛性是什么？自性是什么？佛性与道有什么不同？这些提问者以抽象的、思辨方式寻求解答，这种提问方式本身就是违反了禅的精神。禅是要通过自己深刻的体验获得，不是通过思辨的逻辑的讲解方式获得的。所以，这种初学之境总是苦恼于“何处寻行迹”。

禅的第二种境界是“平常心”。禅僧用“空山无人迹，水流花自开”的诗句来说明这种心灵境界。什么是平常心呢？就是你要拥有自由洒脱、随缘任运，顺其自然的心态，能够领悟到万物皆有佛性、自我的本性，天下万物都遵循自然的法则而生存变化。所以，“山崩于前不变色，海啸于后不失声”，不为世间名利所扰，不为红尘争斗所烦；水流花开，顺其自然；凡事自然生起，就自然息灭，所以，你能心如止水，不起波澜，随遇而安。

第三种境界是拥有“不动智”。所谓“不动智”就是心性不动，智慧不移，在如如不动中，其实你的心灵却正向四面八方流转运动，而绝不停息在某一处。你拥有“不动智”就能够做到面对世事“不动情”而“坐观成败”。这是说，你的心灵要“跳出三界外，不在五行中”。“三界”是指人的生死往来的存在状况，具体说，就是欲界、色界、无色界。“跳出三界外”就是你看问题的视角、眼光要超越古今和生死变化，以“千年一瞬”的变化心态来看待生命的过程，看待历史和人物。“不在五行中”的“五行”，是指事物组成的方式。一切事物都是由金、木、水、火、土元素构成，一切事物的存在与毁灭都在“五行”之中。“不在五行”中是说，你要跳出“五行”的物质的、肉体生命的不断的轮回看问题。总之，就是要以超越的眼光，超脱的心态，以“不动情”的态度来对待各种人生遭遇和人生世相。例如，著名的长篇小说《三国演义》的开篇词，即明代大学者杨慎（杨升庵）所写的这首词，就充分地表现了“不动情”和“坐观成败”的禅的最高境界：

滚滚长江东逝水，浪花淘尽英雄。
是非成败转头空，青山依旧在，几度夕阳红。
白发渔樵江渚上，惯看秋月春风。
一杯浊酒喜相逢，古今多少事，都付笑谈中！

禅的最高境界就是“万古长空，一朝风月”。就是指你在瞬间中领悟到永恒，咫尺中拥有广袤的天地。这种无拘无束的、旷达的心态，这种超越古今的阅世眼光，就使你的心境达到了千仞万峰之巅而“遗世独立”。因此，有人把禅定义为：禅是人生的最高境界。

以上是我给禅下的七个方面的定义。如果你还想给禅下定义的话，你可以根据自己对禅的领悟，还可以继续定义下去。例如，信仰佛教禅宗的信众还可以把“禅”定义为：“禅”是人生的解脱之道；“禅”是一种宗教的体验和快乐，等等。我认为，每人心中都有自己所体验到的人生的种种苦涩与快乐，种种烦恼与幸福，都可以同禅联系在一起。这就是禅的随缘任运，自然而然。这就是禅的空灵、圆融、无碍。

我认为，你可以给禅定出多种定义。但禅本身，却是不可定义的，也不需要下定义。

# 第一章——禅宗人物传奇

## 第一节 先行者的悲剧——达摩

简单地说，我们所讲的"禅的智慧"，它来源于中国佛教禅宗，但它不是宗教。"禅"是佛教禅宗的创造性成果，但"禅的智慧"不是出家人的专利。准确地说，禅宗是中国传统的道家思想，以及魏晋时期的玄学和佛家、儒家学说融合之后，形成的一种新的思想形态。禅宗是中华民族特有的智慧，是一种人生哲学，一种思维方式，一种平淡而洒脱的人生态度，也是生活中一种机智的处事方法。

禅宗是中华传统思维的产物。但是禅学是印度的佛陀（释迦牟尼）和他的大弟子迦叶所创造的。大迦叶之后传到二十八代——菩提达摩。菩提达摩来到中国，成为中国禅宗初祖。达摩是什么人呢？他有哪些传奇经历呢？

### 一

传说，南北朝时期的梁朝普通七年九月二十一日。有一位从南印度的大和尚菩提达摩乘船从海上到达中国广州。据说，当时的海关官员见到这个印度和尚时感到很惊讶、很奇怪。为什么感到惊讶和奇怪呢？

原因有两点：

首先，他声称他是和尚，但他却蓄着满脸浓密的胳腮胡子，长发飘散在肩头。中国的和尚都是光头，他哪里是和尚的打扮呢？再看他深陷的眼窝中射出来的电光火石的目光，更透露出看破世相的灵光！

其次，他不远万里来到中国，居然除了一根锡杖和一个僧钵之外，两手空空，既没有带行李，更没有带一部经卷。海关的官员知道，凡是从印度来华的人，没有谁不是带着大量的货物而来，尤其是和尚，从来没有不带大量经卷的。

从这两点看，此人的打扮和举动，是违背常理的，稀奇古怪的。海关官员暂时扣留了这个“和尚”，并把这人的情况在第一时间内，给当时的广州刺史萧昂做了汇报。刺史萧昂知道当今武皇帝（萧衍）一向对外国和尚都另眼相看。萧昂立即把这个印度和尚送进“招待所”，命令人们在限制他自由行动的同时，又好好款待他，并连忙十万火急地派人把这个古怪的“印度和尚”的报告送到位于金陵的梁武帝手中。梁武帝听说有印度高僧来中国，马上命令萧昂用很高规格的礼仪接待菩提达摩，并立即派遣官员到广州迎接菩提达摩去金陵。

为什么梁武帝如此重视这个印度来的和尚呢？原来，梁武帝是信佛，是个“想当和尚当不成，当了皇帝当不好”的著名人物。据说，他曾经披着袈裟给大众讲《放光般若经》，他也曾经三度抛弃了皇位而在金陵同泰寺出家，后来又被大臣们硬“请”回来当皇帝。

在位期间，他花了国家大量的金钱修建了许许多多寺庙，唐代著名的诗人杜牧的诗句：“南朝四百八十寺，多少楼台烟雨中”就是指的这个皇帝做的事。他还组织僧人大规模翻译佛经，刻印和出版了许许多多的经卷。

梁武帝在中国佛教的传播和推广上，确实建立了丰功伟业。他在历史上有名，原因就在这里。

菩提达摩到达金陵后，梁武帝立即接见了他。梁武帝看见这位从佛国圣土到来的和尚，就大肆吹捧自己对佛教所做的功德。

“朕即位以来，大量建造寺庙、刻印佛经，还收养了大批僧人，大力宣扬佛教。你看，我的功德无量吧！”

达摩说：“没有功德。”

这样的回答是梁武帝做梦也没想到的。真是“热脸贴上了冰疙瘩”——情不投、意不合！梁武帝顿时感觉很不爽。就问道：“你为什么说我‘没有功德’？”

达摩说：“您所做的这些事情，就像一个人和苍天比较一样，人只是一粒小小的果实。因为，您做的事不能从根本上解除民众的烦恼和苦难。您做的这些事情，就像人的影子一样，虽然是实实在在的，其实是虚无的，没有什么意义的。”

梁武帝听了达摩的这番话，心里很不痛快，就斜着眼反问达摩：“你说说看，什么才是真正的功德呀？”

达摩说：“万物的本性是空性，所以无所谓‘有’，也无所谓‘无’。有功德即是无功德。佛法的功德，不是你在人世间所做的那一点点事业就可以追求到的。”

梁武帝对达摩的新见解，真是一头雾水，一点也听不懂。梁武帝感到同达摩的谈话，句句不投机，谈不到一起。我们通常说：话不投机半句多。所以，梁武帝就改变了话题。

梁武帝问达摩：“什么是佛教‘圣谛’第一义？”

“圣谛”就是由释迦牟尼首创的原始佛教的“四圣谛”，就是“苦、集、灭、道”。其中的“苦谛”是佛教对于人生的基本观点。佛教认为，人生的本质就是苦，这“苦”是与生俱来的，就像人有了身体就有了影子一样。比如，人的一生就有生、老、病、死等苦。所以“圣谛”第一义，就是“苦谛”。这是佛学的A、B、C，达摩当然懂得。然而达摩的回答却是令人意想不到的！

达摩说：“哈哈！天底下哪有什么神圣的东西！”

达摩的这句话很具有颠覆性。中国人自古以来就信仰“神圣”。天、地、人和自然万物都是神圣的；伟大的人物，伟大的皇帝都是神圣的。怎么这个印度和尚说“天底下没有神圣的东西”呢？

谈话至此，梁武帝的每一句话都被达摩堵截、反驳，他觉得这个洋和尚太无理、太张狂了！这分明是抬杠嘛！梁武帝有些恼怒，就问达摩："那么，现在正在回答我问话的人是谁呢？"

达摩回答说："我不认识他（自我）。"

他们的第一次，也是唯一的一次谈话结束了。这次谈话，既无结果，彼此也没有好感。为什么他们的谈话令彼此都不愉快呢？原因在于两点：

首先，梁武帝手握大权，威严无比，希望得到外国和尚的赞扬。达摩心中却是佛教的"沙门不敬王者"的平等思想，所以，不愿意给俗界的皇帝以廉价的赞美。

其次，达摩的观点是大乘佛教的"空观"，一切皆空。他到中国来，所要宣扬的，正是这种新的、颇有异端色彩的禅学。达摩的观点是具有颠覆性的、反叛性的、异端的思想。他们是两条道上跑的车，走不到一起。

此后，梁武帝再也没有召见过菩提达摩。皇帝对他进行"冷处理"，把他一个人晾在了招待所。

菩提达摩知道自己深深得罪了皇帝，又知道皇帝缺乏悟性，他们之间话不投机，情不投缘，他再待在金陵就是自讨没趣了。所以，不久之后，菩提达摩就悄悄离开金陵，渡过长江到达了北魏。为什么达摩要悄悄离去呢？这有两个原因：第一，此前的谈话中，与梁武帝关系弄得很僵，梁武帝没有杀他，就很开明大度了，很够意思了；其次，达摩将要去的地方，是当时与南梁王朝敌对的、隔江而治的北魏王朝的地盘。一个外国人穿行在敌对的两个国家之间，很容易沾上间谍的嫌疑，何况梁武帝对他一肚子的不满，这不正好送给皇帝一个杀死自己的借口吗？如果达摩公开说明他要去北魏王朝，难免有杀身之祸。

有个传说是关于达摩"一苇渡江"的神奇故事：在一个月黑风高的秋夜，达摩悄悄离开金陵城，来到了长江边。江边没有一只渡船。这时，守城的军官发现有人翻越城墙出城了，就率军队出来追赶搜寻。火光和人声越来越近，情急之中，达摩只好折断一杆芦苇，抛在江水中，凭借自己的神力，站在芦苇上随风飘向北岸。追赶的官兵远远望着似乎行走在江上的达摩，而无可奈何……

# 二

若干天后，达摩到达了北魏的京城洛阳。奇怪的是，达摩专程来中国传播新的佛法，但他却没有在京城滞留，直接去了嵩山的少林寺。这是什么原因呢？原来，当时北魏的皇帝孝明帝在几个月前刚死去，朝廷中正酝酿着新的阴谋和残杀。达摩无法借用皇室的力量来宣教，只好独自在少林寺“挂单”①，以等待机会。

然而在少林寺，菩提达摩也没有讲经说法，也不做学术交流，不知是因为“阳春白雪、曲高和寡”呢，还是语言不通，有交流上的障碍。总之，他形影孤单，独来独往。他每天只是在少林寺西北的一个山洞里面壁坐禅，沉默无语。少林寺的其他和尚都感觉这个老外神秘莫测，神经兮兮的，和尚们叫他“壁观婆罗门”。

为什么达摩的禅法与当时的中国佛学观念格格不入呢？这是因为他的禅法有五个新奇怪异的地方：

第一，汉代以来，凡是西方来中国的和尚，大多以翻译佛经为主要的事业，而达摩从不翻译一字，这是他与众不同的怪异之一。

第二，达摩不树立宗派，也不讲经说法，只秘密传授“调心”之法，只教人如何认识“自我”的“心性”，如何通过坐禅来达到“明心见性”。这是他又一个怪异之处。

第三，历来印度来华的和尚，都是把小乘佛教和大乘佛教不加以区分，同时倾销给中土民众。达摩却只推崇大乘佛教，闭口不谈小乘佛教。这又是他的一大怪异之举。

第四，达摩否定念经诵佛、否定造塔建寺，他把刻印经卷、讲经说法等等，都看作是形式主义的花架子，没有任何意义。这一见解，对于当时的佛教规范来说，是具有反叛性和颠覆性的异端邪说。

第五，达摩宣扬，学佛的根本，在于认识自我。他在教学中，从来不谈理论、道理，而只启发学者去认识“自我”。这就是“不立文字”。

① 挂单，也叫挂褡、挂搭：僧人云游时在别的寺庙里入住寄宿，叫“挂褡”或“挂搭”，俗称为“挂单”。“挂搭”就是将僧人的衣钵袋等物件挂在僧堂的钩子上。僧人“挂单”的时间可长可短。短者三两天即离开；较长期的，就像现在的访问学者一样，或半年或一年之久。

作为一个外来的洋和尚，达摩的思想和行为又有这么多稀奇古怪的地方，他不可能融入当时的佛教群体中，不可能得到有权有势的"土和尚"的认可和接纳。菩提达摩永远也不会懂得，自古以来，在中国社会，如果一个人独走偏锋，独持偏见而一意孤行，与时尚流行的东西显得不合拍，不融洽，那么，他很快就将被"边缘化"，必然遭到冷落和排挤。所以，在少林寺，达摩禅师是孤独的，而孤独的人觉得到处都是沙漠。

达摩的佛性清净，禅境高妙，与当时中土的和尚们不在同一个思维高度上。所以，无法与人对话，更难以与人交流。在人类思想史上，只有惺惺怜惜惺惺，智慧映照智慧，才能做到两心相吸、心心相印。表面上看，达摩每日面壁，借壁观心，其实，他在期盼着有识之士，等待着有智慧的人，来达到心心相印，传授禅法妙理。过了一年又一年，人们对这个印度和尚再也不感兴趣了，很少有人想到他，也很少有人见到他。

达摩仍然孤独地在山洞中坐禅……

终于有一天，一位智者风尘仆仆来到了少林寺。他的目的明确——拜达摩为师；他信心坚定——要参透禅法。这位中年和尚名叫神光。原本在洛阳龙门香山永穆寺出家。为什么称他是智者呢？因为他博览群书，善于思辩，善谈玄学道理，而且性情旷达，视野开阔，追求新思想。他听说有一位奇特的外国和尚在少林寺面壁静修，少林寺离他居住的伊洛只有几百里地。神光心里想，我为什么不跟随这位外国和尚学习新的禅理，让自己登上更高的佛学境界呢？于是，他就来到了少林寺，拜达摩为师。

神光一见达摩，就激动地说，自己如何崇拜达摩的思想，将如何勤勉学习，如何侍奉达摩，等等。但是，达摩根本不理睬他，就像一座雕像似的坐在那里"面壁"。神光就静立在旁边侍候着，期待着达摩的认可和接纳。

一天过去了，达摩不理睬神光……

几天过去了，达摩没理睬神光……

十几天过去了，达摩似乎完全没有觉察到神光的存在……

一个在洞外站立，一个在洞中静坐；一个要求法，一个要传法。然而，两人日久天长地僵持在那里，又像赌气，又像在叫劲。谁也弄不清是怎么回事。

神光这个人，刚好又是一个非常认真和执着的人。自从当了和尚之后，他的信念就是“绝不放弃”！神光心想：咱们中国人，自古以来，不是有许多的仁人志士，为了追求真理而敢于忍受“敲骨取髓”之痛吗？不是为此而“刺血济饥”，牺牲了自我的生命吗？他们不也能够身体披头散发，浑身泥土，忍受肉体上的痛苦折磨吗？他们不也是为了解救别人的生命而甘心去死吗？前辈中国人能做到这一切，我也可以“舍身求法”。

神光下了死决心：死不放弃！

就这样，一小一老、一中一外；一个在洞外、一个在洞中；一个站立、一个静坐；一个要学禅，一个要传道；这两个奇妙的人，就这样长久的对峙在那里。

达摩不是在等待知音吗？为什么有人上门求教，希望学习禅法，拜倒在他脚下时，他又如此的高傲和冷漠呢？这种僵持的局面怎样才能打破呢？神光最终被达摩收为徒弟吗？

其实，达摩在观察，达摩在考查这位求学的人。高妙的禅理一定要相配聪明的人！就像宝马要配金鞍一样。然而，在这异国他乡，“知人知面难知心”啊！所以，他以非常冷漠的态度拒绝神光，其实是在考查神光。

为什么达摩如此谨慎呢？要求如此严格呢？达摩有他的难言之隐和切肤之痛啊！这难言之隐、切肤之痛是什么呢？我后边再讲。

已进入十二月的严冬时节了。一个暴风雪的夜晚，北风呼啸，横扫大地，也抽打着洞外屹立不动的神光，很快，漫天大雪遮盖了一切。黎明来临，达摩看到屹立在洞外的神光，他站在积雪中，像一尊大理石雕像，雪掩埋了他的下半截身体。达摩见到这一情景，心中感到震撼，达摩的悲悯心一下子涌上来。

达摩深深的眼窝中，两眼目光炯炯，像电光火石一样的刺人。他盯着神光问他：“你在风雪之中站了一整夜。你究竟要求我为你做什么呢？”

达摩终于开口讲话了！

神光忍不住哇哇痛哭了起来，回答说：“我只恳请和尚发慈悲之心，打开您的智慧之门，启示像我同样愚昧的人们吧！”

原求，神光这样执着，是为了人民大众求法！

达摩叹了口气，说了几个字：你需长期努力，主动自觉，忍受磨难，认真刻苦。

达摩的意思说：

第一,佛法禅理是最高的真理,要领悟它们,需要长期坚韧不拔的努力啊!这就是"长期努力"。

第二,学禅修行,是一条艰难困苦的道路,需要你的主动和自觉。这就是"主动自觉"。

第三,要能够忍受别人不能忍受的磨难才行啊!"夫求法者不以身为身,不以命为命方得也"。[①]这就是"忍受磨难"。

第四,要想学得禅的妙理,不是只凭你的德行、玩点小聪明的就可以得的;如果你以漫不经心的态度,随随便便的心境是不能够学到的。"这就是"认真刻苦"。

达摩点明了:学禅的路是漫长而艰辛的,是长期的心灵渐修的过程,只有渐渐领悟,才能够觉悟到禅的妙理。

神光听了达摩语重心长的告诫,更坚定了学禅的决心。为了向达摩表示学禅的决心,神光背着达摩,悄悄用刀砍下了左手的手臂。神光强忍剧痛,把砍下来的鲜血淋淋手臂放在达摩的面前。

达摩吓了一跳,反射似的跳了起来。叫道:"你何苦这样!何苦这样呢!"

达摩深深感动了。他说:"许多前辈佛祖最初求道的时候,都做到了'为法忘形',他们为了获得终极的真理,敢于抛舍自己的肉体生命。现在,你把砍断的手臂放在我的面前,证明了你是可以求法的人,也是最终能够获得成功的人。"

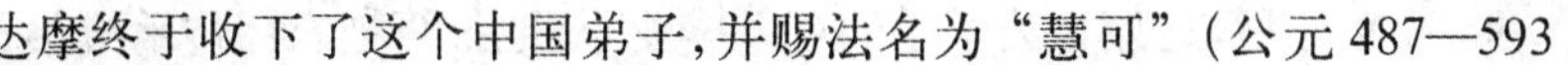

## 三



达摩终于收下了这个中国弟子,并赐法名为"慧可"(公元487—593

① 引文引自《慧可和尚碑铭》,转引自[日本]忽滑谷快夫:《中国禅学思想史》第101页,上海古籍出版社,1994年版。

年）。慧可追求真理的精神，惊天地，泣鬼神，受到后人的景仰。从此，“立雪断臂”的故事，成为著名的成语故事。

在慧可之后，几年之内，达摩又相继收下了三个弟子。

达摩传授的是所谓“教外别传”的时髦禅法。他的新观念有三点：

第一，学禅就是悟真理。

世界上许多人，之所以愚昧，因为他们的心灵被物质欲望和眼前利益所遮蔽了。禅学的目的，就是要帮助人们擦亮自己心灵的眼睛，让他们能够认识“自我”的本质是“空性”，懂得“一切皆空”的道理。这一切都得依靠自己觉悟。所以，无论你研究多少经典，读了多少本佛经，做多少善事，说穿了，还是为了自己的利益。

第二，学禅只能靠自己。

学禅只能依靠自己“明心见性”，不可依赖别人的说理和教导。自己的事情自己做，擦亮自己的心灵只能靠自己的觉悟，别人帮不上忙。对此，达摩同慧可有过两次对话：

慧可请教达摩：“老师！请您给我讲解佛法的‘三法印’是什么意思，可以吗？”

达摩回答说：“种种佛法的道理，不是从别人那里可以得到的，要懂得佛理真谛，全靠自己的体悟。”

有一天，慧可对达摩说：“师傅，我坐禅时，心情浮燥，心神一直不能安宁下来。请您帮助我，把这烦恼之心安定下来。”

达摩欣然同意，对慧可说：“把你的心拿给我！我为你安心！”

过了好久，慧可对达摩说“老师，我到处都找遍了，还是找不到自己的心。”

达摩哈哈大笑起来：“我已经为你安心了！”

刹那间，慧可就领悟了：心是空，色是空，悟到了空，即领悟到了禅理。

第三，“不立文字”是方法。

要表达禅的道理，不能用语言文字的概念表达，讲禅用不着深刻的大道理。

几年之后，达摩认为学生们可以毕业了，他打算把衣钵传承给弟子。对此，他曾对弟子们进行过一次公开的考试。试题是：“各自谈谈对‘禅’的体会”。这个题目有充分的自由发挥的天地。他的几位弟子逐一回答了这

个问题。

弟子道副说："我的见解是，禅就是'不执文字'，'不离文字'，学禅是否要依赖文字，得根据具体情况而定。"

道副的回答，触及到了"不二法门"的基本思想，即不执着、不偏激、不死板。禅不立文字，但不能绝对化；所以，学禅也不能完全脱离文字。

所以，达摩点评说："你得到了我的学说的表皮。"

另一个弟子是尼姑名叫揔持，她回答说："根据我的理解，禅就像'庆喜大师在禅定中所见到的阿闳佛国'一样，见了一次就再也见不到了。"

揔持的回答触及到了佛门的"无常"观念：一切东西皆是刹那间地存在。

所以，达摩点评说："你得到了我的学说的肉。"

另外一个弟子道育回答说："根据我的见解，四大本空，五阴非有，所以，在我的认识所到之处，不存在任何所谓的真理。"

道育的回答立足于"万法皆空"，他领悟到了"空性"是一切东西的本性、本相。

所以达摩点评说："你得到了我的学说的骨。"

最后，轮到慧可回答了。慧可沉默不语，他向达摩行礼跪拜后，就默默地站在自己的座位面前，垂手而立。

达摩点评说："你得到了我的学说的精髓！"

为什么达摩评价说，慧可得到他学说的精髓呢？这是因为慧可用"身体语言"表明了佛性的真理是"空"。既然，佛性是空性，就不能用语言去描述，一旦用语言概念去表达，就落入了分别和执着。所以，禅只能用"不立文字"的方式表达，也就是不用语言和文字来表达，既然是"不立文字"，所以，慧可只能沉默无语。

慧可面对问题采取了沉默无语，这就是有智慧的人的一种巧妙表达，"沉默是金"嘛！

考试结束后，达摩当众对慧可说："过去时代，佛陀（释迦牟尼）把禅法传给迦叶大师，以后又经过多少代大师的手，辗转而传给了我。现在，我把衣钵传给你，希望你好好保护它，坚持禅的精神，弘扬禅的传统。我有《楞伽经》四卷也交付给你。它可以开启众生愚昧之心。我已知道：本派禅法在后世两百年之内，将‘一花开五叶’，茂盛无比。”

慧可虔诚地接过了祖师托付的衣钵。这一传一接，是历史性的传接——它标志着印度禅法已植根于中国文化的沃土之中。

## 四

达摩使人们懂得了，学禅只能依靠自己的觉悟，不依赖别人的教导。这样一来，人们必然要产生这样的想法：老师有什么用？佛门的经典还有什么用？根据这样的推论，佛门大腕们哪里还有什么权威性？他们岂不是要遭受到蔑视和冷落了吗？达摩的新玩意，对于没有见过世面和尚来说，尤其是佛门的“大腕”来说，是异端邪说，具有反叛性和颠覆性。所以，他们对达摩充满了妒嫉和仇恨。

现在，禅的衣钵已交给了接班人。达摩才对弟子们，说出了一个天大的秘密：

“我来中国已经过去了九年。自从我到少林寺面壁以来，多次惨遭歹徒陷害：有人多次在我的食品和饮水中下毒。我先后中毒五次，每次中毒后我都运用内力自我拯救，拣回了性命。我曾亲自试验过这些东西的毒性。把它们放在石头上，石头马上就迸出裂缝。唉！我从南印度来到东土神州，肩负着传播佛法的重任，看到东土有大乘气象，非常振奋。今天，我把祖师的衣钵传给了你，我胸中的石头终于放下来了。”

慧可这时才明白，他来到老师身边之前，老师曾几次中毒。所以老师非常警惕来到他身边的每一个人！这就是当年达摩拒绝和考验慧可的真实原因。

达摩心中是否明白：是什么人要一而再、再而三地要除掉他呢？

达摩心如明镜，他非常清楚是什么人要置他于死地，也清楚知道这些人为什么要夺取他的性命。对此，达摩是“如人饮水，冷暖自知”。他只是沉默不语而已。

这是什么人呢？

北魏王朝的当权者尊崇佛教。所以，在全国修建了大量的佛寺。传说，当时少林寺中，也有两位著名的高僧，一个法名叫“光统”的戒律师和另一法名叫“流支三藏”的和尚。

他们反对达摩的禅学。为此，他们经常找达摩论战，双方辩论激烈，针尖对麦芒。在论战中，达摩始终处于上风，使光统戒律师和流支三藏法师穷于应付，感到“自不堪任”。

他们担心，达摩的禅法将严重危及到他们的权力和地位。真可谓“庙小妖风大”，这两位佛学大腕变成了少林寺的地头蛇，他们决心除掉达摩这个异端分子。所以就指使人给达摩下毒。岂知达摩会瑜珈之法，大概还懂医道，加之达摩小心谨慎，所以五次下毒也没有害死达摩。

本来，达摩和这两位大腕的争论，是纯学术性的理论论争。学术争论是辩明是非、追求真理、以理服人、明理共进的一种思想活动。学术争论和思想观念的交锋只有在平等的、尊重对方的条件下，才能促进人类思想的发展，否则，这种争论就会衍变为一种恶劣的争斗，变成制造仇恨的活动。光统和流支三藏和尚心中的排外心理，厌恶新思想的心理，在封建时代霸权主义的习性影响下，居然把学术争论，思想交锋演变成一种罪恶的无休止的谋杀。

这种因思想对立和交锋所导致的思想家的毁灭，在人类思想史上屡见不鲜。面对达摩的死亡，不由得令人想到：古希腊哲学家苏格拉底因宣传反传统的新思想而饮鸩自杀；中世纪意大利思想家布鲁诺主张新的“日心说”而被处以火刑；中国明代思想家李贽因宣传“心性”、反对儒学而被杀；19世纪俄罗斯思想家车尔尼雪夫斯基因宣传唯物主义而被判死刑，后来遭到流放的故事。在人类思想史上，凡是一个时代的先知先觉者、先行者，都超越了自己的时代，他们不被自己同时代的人们理解，也得不到民众的认可和接纳。所以，他们都被自己生活的时代所拒斥、所误解，都被斥责为“异端”。最终，都以悲剧性的命运告终。

其实，达摩对弟子进行考试时，在交付衣法给慧可时，已经再一次中毒了，他没有告诉别人。这是第六次中毒。

这次，达摩再也没有进行自我拯救。因为，衣钵已传人，禅法已深入人心。他来中国传法的目的已达到。所以，他对弟子们告别说：“我化缘已毕，传法得人，遂不复救之。”

达摩是圣人，毕竟也是“人”！他离开南印度时，父兄乡亲一再叮嘱他传法事毕，早早返乡。达摩思念家乡和故土，现在，他的灵魂可以返乡了。据

说，在魏文帝大统二年十二月，达摩端坐逝世。死后葬于熊耳山，建塔于定林寺。

为创造新思想而献身的人，总受到人们景仰；对历经磨难和遭遇迫害的人，人们总是给予深深的同情。

传说达摩逝世三年之后，魏王朝派往西域取经的使臣，名叫宋云，他在返回祖国的路途中，在天山葱岭遇见了达摩大师。他看见达摩大师手提着一只靴子，洒脱地走着。宋云问达摩："大师要到哪里去？"

达摩回答说："到西天去！"

宋云遥望着达摩大师飘然远去，直至他的背影消失在风尘之中……

宋云回到洛阳后，对人说起他同达摩在葱岭的奇遇。人们都感到太神奇了，不可思议！有人就掘开达摩的坟墓，只看见一个空棺，棺内仅有一只皮靴。后来，魏王朝皇帝下诏，把达摩这一只皮靴放置在少林寺供奉。到唐朝开元年间，有禅宗的信徒把达摩的这只皮靴从少林寺中偷走，供奉在五台山华严寺。到了宋代，这只"达摩靴"就不知道下落了。

这一传奇故事充分表现了人们对达摩的情感和内心的祈祷。人们相信达摩躲开了致命的毒害，人们希望达摩永生，祝愿他返还家乡。

一个外国传教士不远万里，跨海踰漠来到中国，他毫无利己的动机，为的是传播文化和开启人们的智慧。达摩是东方的传播智慧之火的普罗米修斯！

"青山遮不住，毕竟东流去"！

达摩经历了种种磨难，终于把禅学的种子撒播在中国大地上，种子发芽、开花……，二百多年后，形成了"北宗南宗"、"一花五叶"的灿烂景象。

## 第二节 慧可与僧粲的惨淡经营

前面，我谈到了达摩中毒而死。那么，达摩的弟子慧可等人，他们的命运又怎么样呢？达摩的禅法在慧可那里又经历了什么样的曲折呢？慧可经受了迫害吗？慧可能够顶住反对禅学的压力吗？

### 一

慧可同他的嫡传弟子僧粲，以及再传弟子道信等人的生平资料都很少。

这是什么原因呢？

因为他们不出名。

一个人不出名，不是明星，就很少有人关注他们的活动和业绩。反之，如果一个人是明星，那么，“狗仔队”就给予他们无微不至的关注，连他上厕所用的什么手纸都要记录下来，通过传媒而发布出去。所以，无论什么人，只要他是明星，那么他的传记资料一定比康德、黑格尔、马克思、爱因斯坦的生平资料要丰富得多。

同样的道理，慧可、僧粲、道信等人，他们只是普通的佛学教师，而且又是宣扬“异端邪说”的教师。所以，他们自己也就处处藏头遮尾，甚至隐姓埋名，把自己边缘化、隐秘化。尽管他们一生勤奋宣教，但是，他们的工作只能够像鼹鼠那样潜藏于地下埋头苦干。

我们仅仅知道：神光（慧可）是武牢人。从小就喜爱读书。他阅读了大量传统文化的典籍，尤其喜爱探究魏晋时期的玄学哲理。他喜爱游山逛水，在山水之中像野鹤闲云，显得超然洒脱，却从不调理家事。慧可性情旷达，不拘小节，不争名利，不出风头，他的行为举止“不合时俗”，所以，虽然居住京城，但没有什么知名度，谁也不认识他。

后来，神光（慧可）对佛学产生了浓厚的兴趣，阅读了大量小乘佛教和大乘佛教的经典，于三十二岁时到龙门香山拜宝静和尚为师，在永穆寺出家，法名叫“神光”，并受“俱足戒”。

慧可四十岁那年，拜谒达摩祖师，跟随达摩学习了六年的禅学。达摩逝世后，他就离开嵩山，开始传播达摩的禅学。

达摩的禅法在慧可那里又经历了什么样的曲折呢？

起先，慧可以个别交友的方式，私下里对出家人和普通的人讲授达摩的禅法。像“春雨润物细无声”的这种潜移默化的传教方式，绝不张扬。这样，经过了一些年头。

这期间，北魏王朝内部争权夺利，矛盾激化。最后，分裂为“东魏”和“西魏”两个独立的政权。东魏的都城在河北的邺都，同洛阳的西魏政权对立。大概慧可认为东魏的政治环境比较西魏来说，要相对宽松些吧，或者说统治者无暇顾及思想意识的控制，在这种社会背景下，慧可来到了东魏的邺都，开始弘扬禅法、“盛唱玄风”。由于当时的僧众们认为达摩禅学是“怪异”，是“异端”，是魏晋时期的玄学衍生出来的怪胎，所以，僧人们都看不起慧可。

慧可要弘扬禅法，教化大众，就必须首先澄清误解，驳斥偏见。慧可设坛讲禅，同其他派别的僧人纵横辩论，慧可敏锐的思想，奇特的理论，灵巧的话语，往往使得同他辩论的佛僧理屈词穷，狼狈不堪，由此，慧可有了较大的影响。邺都城中，跟随慧可学习禅法的人，把他看成学术明星。这些人，也成为当时最时髦的追星族，风靡一时。

但是，任何新的思潮同根深蒂固的传统习惯势力相对抗，最初总是处于下风的，甚至于很快以失败而告终。

理论在一个民族中实现的程度，决定于理论满足这个民族的需要程度。一种新的思想和信仰，传到另一个民族中间，并要当地民众接受，不是一件容易的事。传教者要善于迎合当地民众的思想和要求，并采取一些具体可行的办法来满足他们的要求。这一点，二祖慧可没有做到。按他当时的处境，也无法做到。

把禅宗改变成大众宗教，或者说民间宗教，并且在民众中生根、发芽、开花，只有到了一百多年后的六祖慧能和神秀时代才真正做到了。

## 二

巨大的灾难很快就来临了。东魏王朝中的当权者和贵族中的保守者们，站在维护"名教"（传统儒学）的立场上，猛烈抨击新兴的达摩禅学为"魔说"、为"异端"；那些佛教大腕也大肆攻击"禅学"是"邪教"。他们形成了联合战线，恶毒攻击达摩禅学，诽谤慧可的人格。在短期内，邺都城里的人们站在不同的立场，争辩禅学的是与非。慧可心中明白，历史上，儒学"名教"所惯用的手段就是：舆论在前，杀虐在后。慧可一见风头不对，马上就跑出了邺都城，消失在江湖之中。

这是慧可第一次大起大落！

之后，慧可隐姓埋名，又一次采取"润物细无声"的鼹鼠式的传教方式，在江湖上结交朋友，传播禅法。慧可历经寒暑，等待时机重新亮出禅学的旗帜。

这期间，他教化了向居士等一批弟子。同时，慧可也在精心选择可以传法授衣的弟子。正是，"有缘千里来相会"。有一个年过四十的人前来拜见慧可。他自称居士（即没有出家而修行的人），也不申报自己的姓名，显得神秘兮兮。

这个人对慧可说："老师，弟子长期以来因患痛风病，痛苦不堪，我没办法摆脱这鬼病的纠缠。我想，这大概是我前世犯下的罪孽的报应吧！请老师帮我消灾去痛。"

慧可说："把你的'罪'拿过来，我来为你去罪消灾。"

对于这样的提问，慧可胸有成竹。当年，他自己不也是这么问过达摩，老师也是这样开启他的智慧吗？这正好是当年提问和回答的翻版。

居士愣在那里。过了好一会儿，居士说："我找不到自己的'罪'在什么地方！"

慧可说："我已经替你把前世的'罪'消除了！你应当依照'佛、法、僧''三宝'[①] 所教导的道理去做人做事！"



① 三宝：佛教称"佛、法、僧"为三宝。"佛"：指佛教创始人释迦牟尼（佛陀），也泛指一切成佛的菩萨；"法"指佛教的教义、真理；"僧"指继承和宣扬佛法的僧众、信徒。

这个人说："今天拜见了老师，才知道自己有佛缘。但是，我依然不懂得佛法的要义是什么？"

慧可说："一切东西都是空性。心性就是佛性，心性就是法（事物）性，法佛同一，没有区别。"

这个居士恍然大悟，说："我领悟到了：一个人的罪（恶），不存在于自己体内，也不存在于体外的物质世界之中，也不存在于轮回转世的过程之中。就像心性是'空性'一样，'佛'的本性和'事物的本性一样'也是'空性'啊！"

二祖慧可听了他的回答，觉得这个人很有灵气，稍稍指点，他就领悟了佛性的真理。慧可就欣然收下了这弟子并为他剃度，成为了出家人。慧可高兴地说："你是我获得的宝物。法名就叫'僧粲'吧！其意思是出家人中的宝物。"

僧粲（公元？—公元606年）在当年三月二十八日在光福寺受"俱足戒"。真是怪事！出家不久，僧粲的痛风病就自然而然好了！僧粲跟随慧可认真学习了两年的禅法。慧可对僧粲说："我的师傅菩提达摩不远万里，来到中国，传授给了我禅法的真理和衣钵。今天，我把衣钵传给你，希望你能精心守护它。让祖师的衣钵和禅法继续传下去，决不要使禅法中断，衣钵丢失！"

僧粲庄重地接受衣钵后，慧可认真地告诫他："你接受了本门教派的衣钵之后，一定要按我的教诲去做。你最好尽快躲进深山里去，暂时不要传授禅法。因为，很快天下将要大乱了！你要切实记住我的话，不要陷入灾难之中。现在，我还有重要的事必须去了结。你一定要好好地传授禅法，好好地守护衣钵，把它传给后人啊！"

僧粲带着祖传衣钵溜进了深山野水中，躲藏起来。他的命运怎么样呢？我后面再讲。



## 三

不久，后周武帝受道士张宾的妖言所迷惑，妄信了张道士的"黑衣之谶"，决定废除佛教和道教。后周武帝刮起了横扫佛教和道教的飓风：在全国范围内驱逐僧人；迫使二百多万僧人、尼姑还俗；拆毁寺庙，焚烧经书；

谁宣扬宗教就杀谁！一时间，“黑云压城城欲摧”。这就是历史上四次著名的“灭佛”运动之一——后周武帝“灭佛”。

在这样恶劣的政治气候之中，慧可用什么办法来隐藏自己是个和尚呢？他躲藏在下层市民之中，在街道上同别人闲谈聊天呀，同那些跑腿打杂的小伙计们喝酒、赌博，混在一起呀。他经常化装，不断改变衣服哪，改变容貌仪表呀。他常常出入小酒店、小饭馆、小茶楼；甚至有人在屠宰场也看见过他。慧可为什么要用这些方式来隐藏呢？因为，这些地方都不是和尚应当去的地方，官府不会在这些地方来抓和尚、道人。曾经有了解他底细的人这样问他：“老师是出家人，为什么要有这些俗气的举动？”

慧可也不争辩，也不解释，只是说：“我在调治我自己的心性，兄弟，关你什么事呢？”

慧可浪迹天涯，就这样过了三四十年……

公元581年，隋文帝杨坚灭掉了陈王朝，统一了中国。隋王朝建立后，隋文帝杨坚采取了宽松的文化宗教政策，政治环境变得宽松起来。

隋文帝开皇十三年（公元594年），慧可流浪到管城县（今河北成安县），在匡救寺的山门之外向香客们宣讲禅法。慧可宣讲的禅法，产生了巨大的轰动效应。听慧可讲法，成了当地人最开心的事。

当时，恰好有一位名叫辩和的法师在匡救寺中宣讲《涅槃经》，平日里听辩和法师讲经的僧众不少，自从慧可在山门外开讲禅法之后，原本听他讲经的人们都悄悄跑去听慧可说法去了，辩和主持的经坛顿时冷落下来。辩和因妒嫉而气愤，由气愤而生出仇恨。辩和跑到管城县的县官那里，恶毒地攻击慧可公开宣扬异端邪说，施演魔法，蛊惑人心，图谋不轨。

随即，官府就把慧可抓获，并把这些罪名都强加给慧可头上。在审讯中，慧可十分沉静，沉默不语。官府就借这些“莫须有”的罪名，判决慧可的死刑，杀死了慧可。慧可时年一百零七岁。死后葬在磁州滏阳县东北七十里处。后来，唐朝的德宗皇帝追谥慧可为“大祖禅师”。



这是慧可的第二次大起大落。这次大落，落下了脑袋！

慧可是达摩之后又一个新思想的先行者。同样，他也是为了弘扬禅法被杀，同样，也死于同行之手！

三祖僧粲接受衣钵之后的命运又是如何呢？他的一生经历了怎么样的曲折呢？

僧粲大师与老师分开后，隐姓埋名，一路颠沛流离，来到了舒州皖公山（今安徽潜山西北约三十里的三祖山）躲藏了起来。僧粲谨小慎微，小心护持祖师衣钵。不久，后周武帝大肆灭佛毁道，僧粲只好又跑到太湖县太湖中的司空山避难。这里水天茫茫，野水荒山，人迹罕至。僧粲即便是身处太湖的司空山中，也居无定所，不断地变换住宿地点。许多年中，似乎僧粲活着就是为了躲藏，躲藏就是为了活着，东躲西藏成了他生活的全部内容。当时的人，谁也不知道他是什么人。

直到隋朝开皇十二年，也就是慧可大师死去的前一年，有一个十四岁的小和尚突然出现在道信的面前！这孩子一见僧粲的面，就要求学习禅法。

僧粲心想，这小家伙，在这茫茫人海中，居然知道有我这么一个人；在这穷山野水中，居然能找到我，他的聪明机灵非一般人可比。这小沙弥是什么人呢？

这孩子名叫道信。

道信（公元580—651年）拜见了僧粲大师。道信小和尚说"但愿师傅大发慈悲之心。我请求师傅教给我'解脱'法门。"

三祖僧粲说："谁把你捆起来了？"

道信回答："没有人捆住我呀！"

僧粲大师说："既然没有人捆住你，那么，你求我为你解脱什么？"

道信望着僧粲，一片茫然。过了一会儿，道信猛然醒悟，领悟了老师所做的点拨。

道信说："心性本自由，何须觅解脱。"

僧粲很赏识这个小沙弥，当即就收下了这个弟子。

道信跟随僧粲大师学禅九年，后来，道信在吉州受“俱足戒”。三祖僧粲常常与道信参禅，试探道信对玄微的禅理所领悟的程度。最后，僧粲判断，道信对禅理的领悟和把握已经非常透彻，决定把衣钵传给道信。僧粲付法衣给道信之后，对道信说：“昔日二祖慧可大师把衣钵传给我，他独自去传法有三十多年之久，我则隐姓埋名，漂流各地。现在，天下已统一，我又得到你这宝贝弟子，我们还待在这穷山野水干什么？”

僧粲带领着道信直奔罗浮山一带传法。这样过了两年。后来，僧粲又返回太湖。过了几个月，有不少民众结伴而来，他们架设了巨大的经坛，请求僧粲为他们启迪心智，传授禅法。僧粲非常高兴，兴奋地为大众宣讲禅法的妙理和悟禅的方法。这是僧粲第一次开坛讲法。就在这期间，有一天，僧粲在讲经台上，突然合掌逝世了。

僧粲留下了一篇《信心铭》的著作，它集中论述了禅宗的“不二法门”，其关键词是：“至道无难，唯嫌拣择；但莫爱憎，洞然明白”；“才有是非，纷然失心”；“心若不异，万法一如”；“一即一切，一切即一”。这是禅宗的第一篇文字性的经典。

从达摩大师到僧粲三祖，是禅宗出生和萌芽的时期，也是中国历史上政权更迭最频繁、社会最纷乱的时期。这一时期的政治生态非常恶劣，满天的阴霾几乎使新生的自由思想

窒息而死。

禅宗的创建之路是艰辛和悲苦的：初祖、二祖舍身殉法，三祖一生隐姓埋名，穷居荒野，守护祖衣。禅宗的前三位祖师传播禅法，向来都是寄人篱下，连宣讲禅法的寺庙都没有一所。他们只好当游击队，走过来、走过去，没有根据地。僧粲精心护持的禅学火种，终于在四祖道信手中，终于燃烧起来，成为耀眼的火炬。为什么道信能成为禅宗的耀眼的火炬呢？

这是因为道信生性非常聪明。

我为什么这样讲呢？因为，他的聪明成就了他一生的事业。

道信的聪明表现为两点。

首先，选对了人生和事业的路。

他十四岁时，这个乳臭未干的小沙弥就听说了新兴的禅学，并预感到禅学的辉煌前景。他下决心要学到新的学说。凭着他的不懈努力，居然在太湖的穷山野水中找到了隐姓埋名的僧粲大师，最终成了禅宗的第四代祖师。

其次，他把聪明变成了智慧。

一般人所谓的聪明，就是小机灵，小精明，小算盘。这是小肚鸡肠的聪明，小器的聪明。真正的聪明，就是能够由聪明发展为智慧。道信是如何把聪明变成智慧的呢？这就是，道信一生中的每一个想法，每一个决定，每一个举措，都像超一流棋手一样，显示出了他的前瞻性眼光、超前的意识和思考的慎密。正因此，他使禅学的火种变成了耀眼的火炬。

## 第三节 奠基者的功绩——道信

我谈到禅学的火种，在四祖道信手中，成为耀眼的火炬。道信是怎样凭着自己的聪明，把禅学火种变成耀眼火炬的呢？下面，我逐一介绍。

### 一

道信的聪明和智慧表现在哪些方面呢？这可以从四个方面看。

第一个方面：审时度势，改变祖训。

我先讲“审时度势”。他三十几岁时，敏锐地洞察到，从隋文帝杨坚到唐高祖李渊，这一时期的政治气候和社会生态环境发生了变化。李渊的大政方针，是休养生息政策，政治上实行的是开明专制；文化上，唐王朝对各家各派宗教一视同仁，有着开放的意识和宽松的胸襟。这样，对于道信弘扬禅法来说，有了天时之利。古人说：“天时”不如“地利”，“地利”不如“人和”嘛！但是，有了天时之利，还缺乏“地利”、“人和”这两个重要条件哪！道信当时的想法是怎样的呢？

晚年的道信讲述了他当时的想法，史料是这样记载的：“吾武德中游庐山，登绝顶，望破头山，见紫云如盖，下有白气，横分六道，汝等会否？”[①]这是说：“唐高祖武德甲申那一年，我曾游历过庐山，登上了庐山的最高峰，我向北眺望长江北岸我的故乡黄梅的破头山，看见破头山顶有紫色的云彩，云彩

① [宋]普济：《五灯会元》上，第50页，中华书局，1984年版。

下面又有六道横着的白色雾气。你们领会了我说的意思吗？”

遗憾的是，他的徒子徒孙们没有领会他的话。道信的这段话，后来被他的徒子徒孙附会为一种神秘的象征和暗示。他们牵强附会解说，道信所看见的六道白气，预示着后来禅宗将形成“一花五叶”、六枝流派的宏大景象！

道信的话，透露出当年他是什么心情和想法呢？

那时，道信人到中年，已是“奔四”的年龄，他和几个弟子依然像他的前辈一样，四处漂流，走过来，走过去，没有根据地！有一天，他登上庐山绝顶，遥望着故乡的山峰，难免浮想联翩。当时，庐山下有一座晋代建造的著名的东林寺，但这是别人的地盘，不敢入侵，前代祖师在别人地盘上宣讲禅学的悲剧结局，道信不是不知道。他在这里是无法立脚的。怎样才能够获得“地利”、“人和”的条件呢？看来，他只有回到咫尺之遥的家乡，才可以立脚生根，才可以建寺造庙，才可以得到亲朋乡亲的支持和保护。如果走出这步棋的话，那么“天时”、“地利”与“人和”不都拥有了吗？大概，正是在庐山的绝顶上，正是在凝望故乡的乡愁中，道信萌生了“打回老家去”的念头。

史书上讲，在唐高祖“武德甲申岁”年间，也就是从庐山下来，道信就返回了阔别多年的家乡。他带着几个弟子，在湖北省黄梅县城西破头山建造寺院。这样，他弘扬禅法所需要的天时、地利、人和等条件都具备了。从此，道信开坛讲法，公开亮出了禅学的旗帜。

接下来，我再讲“改变祖训”。

首先，道信建立寺庙的决策，彻底改变了过去达摩、慧可祖师的宗风。

达摩和慧可曾有两条规定：

其一，习禅之人，切不可留恋熟悉的环境，不能久居在一个地方，要过那种随缘而止、随机而行的行云流水一样的迁徙生活。

其二，禅师不要轻易传授禅法，只是选择个别有智慧、有品行的人秘密传授。

这两条规定，大概与禅宗初创时险恶的政治环境有关。但是，这两条规定，却把禅宗弄成了小家子气的宗派，这限制了禅宗的发展和影响。

道信破除了这一传统。他决定“择地开居，营宇立象”，建立自己的根据地，开创自己的道场，设坛讲经，长期定居黄梅。道信的改革，后来，在弘忍大师手中，确立为“山林佛教”。自此开始，中国佛教的寺庙，绝大多数从都城、城镇的闹市转向了深山老林之中。寺院建立在深山老林之中，远离城镇，便于修行，有利于静心，但是，禅僧们又如何化缘呢？他们从哪里获得生存所必需的东西呢？道信和他的弟子弘忍提倡僧众开荒种地，自力更生，自给自足。把生产劳动同修炼心性结合在一起，这是禅宗伟大的创造。从此，“一日不作，一日不食”成为禅僧们的生存口号。

其次，在传法的方式上，道信也有重大的改革。

他制定了“法门洞开”的原则。把过去师徒之间小范围内的秘密传授，改革为“法门大启”。凡是愿意学禅的人，不论天生的资质是否聪明或愚笨，不论阶级和贫富，不论出身和职业的贵与贱，不管年龄大与小，一律实行普遍而公开的传授。这就使禅宗有了广大的信徒，人多就势壮嘛！

再次，道信确定了用佛经《楞伽经》作为修禅必学的教科书。中国佛教各派历来都是从印度传来的佛经中，各取所需，选取适宜本学派观点和趣味的经典作为圣典。禅宗也不例外。传说达摩遗留下《楞伽经》四卷给慧可大师。现在，道信有了自己的学术论坛，有了自己的寺庙，也有了固定的教材。

第二个方面：勤奋刻苦。

道信自少年时代跟随僧粲大师修炼禅法后，就非常刻苦用功。道信严格坚守前辈祖师的传统和学风，他每天专心致志地坐禅，在忘我的境界中，经历着斗转星移和岁月变化。据说，他在六十年中，都没有躺在床上睡过觉。榜样的力量是无穷的。他的徒弟弘忍，徒孙神秀也都是常坐不卧。聪明加上刻苦勤奋，使道信成为禅宗承前启后的一代祖师。



第三个方面：独具慧眼，发现人才。

人们说：“千里马常有，伯乐不常有”。千里马和伯乐往往在刹那间擦肩而过，能够识别杰出人才的人，就是智者。道信以独特的洞察力，发现了弘忍，并长期培养和考查，最终确立了弘忍为衣钵传人。

道信与弘忍的相遇相识，仅仅起于刹那间思想的碰撞。

故事还要回溯到唐朝初年。有一天，道信大师去黄梅县城办事，在路途中，遇见一个小孩子。这孩子只有八九岁，生得聪明机灵，长得很漂亮，气质与一般的儿童大不相同。这个孩子引起了道信的注意。

道信就问他："小孩子，你姓什么？"

这孩子调皮地回答："我姓倒是有姓，但不是通常人的姓。"

道信又问他："那你是什么姓呢？"

孩子回答："是佛性。"这孩子居然说，他姓"佛"，他与佛陀（释迦牟尼）是一个姓！

对这个孩子调皮的回答，道信感到吃惊。道信又问他："难道你没有姓吗？"

孩子回答说："性空，所以就没有姓。"

这孩子既回答了道信的提问，最终又没有把他的姓氏说出来。这种问答的方式，就是后来禅学所谓的"参禅"。什么叫做"参禅"呢？简单地说，"参禅"就是学习禅法的人之间的、巧妙的对话。这种对话有两个特点：一是用灵活的话语或者巧妙的比喻说出深刻的道理、哲理；二是在回答别人的问话时，似乎把什么都说了，但又好像什么都没说。

我举一个例子说明。

《红楼梦》中，有一次，宝玉去看惜春。惜春正同妙玉下棋。见宝玉来了，妙玉出于礼貌问宝玉："你从何处来？"这就是问："你这会儿是从什么地方来的？"

宝玉正想回答，但一想，妙玉是禅师，她的话里是否暗藏什么玄机呢？就一下子楞在那儿了。

惜春看见宝玉楞在那里，就笑起来说："这么简单的话都答不上来！你就回答说：'从来处来'呗！"

这个"从来处来"，既回答了别人的提问，又似乎什么都没有回答。这就是参禅的玄机！

所以，"参禅"就有点类似孩子们喜欢说的"脑筋急转弯"一样，它们都

是一种非常规的思维，一种难以预料结果的思维。

例如，问："什么车最长？"

按常规的思维，人们总是要去想：是具体的、哪一种车最长。

聪明的回答应当是："堵车最长！"

因为，堵塞的车辆可以无限延伸下去……而"堵车"这个答案却是非常规的思维，超常规的思维所得出的结论，这往往出乎人的意料之外，而结论却又在情理之中！

这个孩子回答道信大师的话，就是参禅的话语，就像脑筋急转弯一样！

他一直都在回答道信的问话，而且什么都说了，但让人感到什么都没有说。

孩子的回答："性空，所以就没有姓。"

孩子不是清楚的回答了道信："我没有姓吗？"

但是，这孩子的回答却让人感到他什么都没有说。

听了孩子的回答，道信大为惊讶，这么小的孩子居然会"参禅"！而且，他的话又一针见血地说出了"性空"——佛教哲学的根本之点。

道信琢磨，这孩子是与佛法有缘的人，我一定要好好培养他。道信就吩咐身边的弟子，去找这孩子的母亲，恳请她让孩子出家。

这孩子的母亲听说要他的儿子出家，就沉默不语。她想了好久之后，最终同意了道信大师的要求。为什么孩子的母亲会舍得让孩子出家呢？为什么她不征得孩子父亲的意见就擅自同意了呢？难道其中有什么难言之隐吗？的确，这孩子的母亲是有难言的隐情，这隐情是什么呢？

十年前，有一位老人在道信的寺庙中种植松树，他请求道信："大师，我想跟随您学佛。您看我这个样子，能够学习好佛法吗。"为什么他年纪这么大了还想学佛法呢？中国佛教有一个基本观点，就是："人人皆有佛性"，"人人都可以成佛"。学佛是没有年龄限制的，这就是古代的"终身教育"观点。

道信大师回答说："唉！你已经老了。即便能够学好佛法，你能把佛法推广开来吗？能够弘扬佛法吗？你今生没有佛缘了。如果，你来生还想修炼佛法，我可以等待你，接引你，帮助你。"

听了这话后，这个老人就失望地离开了寺庙。这个种松树的老人下山后，路经一条小河边，看见一个少女在水边洗衣。

这个老人就向少女作揖说："我可以在你这里寄住吗？"

少女回答说："我有父亲和哥哥，你可以去向他们请求。"

老人说："你先要答应了我，我才敢去请求他们哪！"

少女点头答应了这个老人。少女回家后，过了些日子，就发现自己怀孕了。这家人发现女儿怀孕后，她的父兄非常生气，认为这女子败坏了门风。自古以来，男婚女嫁都是"父母之命，媒妁之言"，现在这女子私自找了野男人而未婚先孕，怎么向家族和社会交待呢？女子的父兄只好把她赶出了家门，开除了宗籍。在唐代，那个封建社会，妇女被赶出了家门能去哪里呢？女子无处可去，就到处流浪。她每天在乡镇中，靠给别人打工、纺线、拾破烂来度日，晚上就睡在别人的屋檐下。后来，女人生下了一个男孩。这女人认为，这个孩子给自己带来了深重的灾难，自己又无力抚养他，怎么办呢？这个女人就悄悄把这孩子抛弃在污浊的河水中，想把他淹死。事后，这个女人非常后悔，把自己的孩子淹死，这太残酷了，这是罪孽啊！这个可怜而善良的女人又来到抛弃孩子的地方。她总想看一看死去的孩子，这孩子毕竟是她身上的一块肉啊！她来到小河边，却被眼前的情景惊呆了：这孩子不仅没有被淹死，而且他居然漂在水面并逆流而上，离开了肮脏的河港。孩子面色红润，气色光鲜，见了妈妈竟笑了。女人禁不住痛哭起来："这可怜的孩子！老天都不要他死啊！"

她跳进水中，把孩子捞了起来。从此，她下决心，无论怎么艰难和屈辱，也要养活这孩子。这孩子慢慢长大了，他每天跟随母亲沿街乞讨、打工、捡破烂。由于是私生子，没有父亲，他既没有姓，又没有名，别人都叫他"无姓儿"。

有一天，这母子俩在街上遇见一位长相奇异的、风骨飘逸的老人。这个老人会看相。他打量这孩子后，就对他的母亲说："这孩子多聪明漂亮呀！不过，你这个孩子

身上还有七个小缺陷，否则的话，他就像佛陀一样的完美和尊贵啊！”据传说，佛陀的相貌很美，身上有八十种美。这位会相面的老人说，“无姓儿”比起佛陀来只差了七种美。可见，他是非常完美的。

这“无姓儿”从小遭遇的坎坷以及所蒙受的屈辱，对他心灵的创伤是深刻的。但是，聪明的他，巧妙地采用弯弯绕的话语，来避开没有姓的尴尬。

四祖道信收留了这个苦命的孩子后，就给他取了一个法号，叫“弘忍”，并精心培养他。弘忍从小刻苦学习，锲而不舍，读经、坐禅、生产劳动成了他生活的全部。许多年中，弘忍都是坐禅不卧，偶尔睡下，也是“寝不暖席”，就是说，即便是睡下后，连草席都没有睡暖和又起床了。多年后，他成为了远近有名的和尚。道信大师逝世之前，就把禅宗的衣钵传给了弘忍。弘忍成为了禅宗第五代祖师。由于当时的破头山寺庙已容不下各地潮水般涌来学佛的人，弘忍就把自己的道场迁到了距离黄梅县东门外三十多里地的冯墓山上，这就是著名的“真觉寺”（又俗称“东山寺”，现在，当地的人称之为“五祖寺”）。

几十年间，禅宗在弘忍手中，成为名扬天下的宗派。东山寺则是当时杰出人才的摇篮，从东山寺走出来了一批耀眼的禅学明星。这就是道信大师独

具慧眼，识别人才的结果！

第四个方面：超人的胆识。

道信弘扬禅法，跟随的信众越来越多。所谓“烧香不畏路程远，酒好不怕巷子深。”从全国来到破头山寺庙学习禅法的出家人，多达一千余人，世俗的信仰者就不计其数了！

“人怕出名猪怕壮”。远在长安的唐太宗也听说了禅学兴旺的盛况，唐太宗很想瞻仰这位佛学明星的风采，更想听一听道信大师独特的见解。皇帝下诏，命当地官府召唤道信进京。道信给皇帝回信表示感恩载德，却借口年老体弱而谢绝进京。唐太宗连续三次下诏，召唤道信进京，道信三次都婉言推辞了。唐太宗非常恼怒：皇帝是万方之主，一国之尊，居然叫不动一个山野和尚，这太没有脸面了。太宗皇帝这次不仅下了诏书，而且派了使臣去召唤道信进京。太宗皇帝对去黄梅的使臣下了一道死命令：如果道信和尚不立马来京，就割下道信的头回京。使臣来到了破头山的寺院中，向道信宣读了诏书，并说出了太宗皇帝的口谕：“人不走，头则走。”

道信听了之后，沉默不语，他表情庄重地用手示意使臣动刀，自己伸出了颈项……

道信的举动显出了他柔中有刚的性格，坦然面对死亡的出家人本色。

使臣犹豫很久，最终，使臣没有拔出利刃。

唐太宗听了使臣的讲述后，更加敬佩道信的敬业和献身精神。太宗皇帝对于道信的抗拒，不仅没有给予严惩，反倒赐予大量金钱，让他建造更大的寺庙。

道信为什么宁可死也不离开破头山呢？他不正好利用皇权和皇帝的力量来弘扬禅宗吗？道信不去京城长安的原因是，他如果去了京城，得到了虚名而失去了根据地，失去了扎根民众的机会，也就失去了弘扬禅学的可能。道信视死如归的举动，显示出他的远见，否则，禅宗哪有后来的“天下佛寺皆是禅林”的宏大气象呢！

唐高宗永徽年间（公元651年），道信逝世。后来，道信被唐代宗谥为“大医禅师”。

## 第四节 衣钵之争

此前，我讲到，道信大师独具慧眼，选择了弘忍当禅宗的五祖。几十年间，禅宗在弘忍手中，成为名扬天下的宗派。

有一天，弘忍大师想到自己年事渐高，应当考虑把衣钵传授给佛法深厚的弟子了。禅宗的前辈祖师们在选择继承人的事情上，由于弟子不多，历来都是私下考查，自我决定。如今，在东山寺跟随弘忍学禅的人，成百上千，即便导师具有慧眼，也难以透彻地识别他们。

五祖绝决定通过偈语来考察弟子们对禅学的理解程度，并以此确定继承衣钵之人。有一天，他召唤全体和尚开会。他当众宣布："你们每人都根据自己的想法，写出一首偈语来表达自己对佛性的看法。如果谁的偈语表明他领悟到了佛性的真理，我就把'衣法'传给他。"

弘忍所说的"偈语"，是佛门的用语。"偈"是梵语Gatha的音译，又叫"颂"。"偈语"就是诗歌形式的唱词，偈语由四个诗句组成，每句可以用三言、四言、五言乃至多言组成，四句诗合为一偈。

"偈"就是说，在这首诗中蕴含了、统摄了作者所要表达的最精华的思想，所以叫做"偈"[①]。偈语与诗歌的区别在于，诗是触景生情，因情而抒发的结果；偈语的形式是诗性的，但内容绝大多数是说理的。从这里，我们可以区别偈语与禅诗的差异。著名的偈语有神秀和慧能写的偈语。在明代的长篇小说《水浒》中，有五台山智真长老为鲁智深所写的、预测其命运的偈语：



① 根据丁福宝编：《中国佛学大辞典》中的解释。

"遇林而起,遇山而富,遇水而兴,遇江而止。" 后来,智真长老又给鲁智深写有偈语:"逢夏而擒,逢腊而执;听潮而圆,见信而寂。"鲁智深死前写的偈语:"平生不修善果,只爱杀人放火。忽地顿开金绳,这里扯断玉锁。咦!钱塘江上潮信来,今日方知我是我。"这些偈语都是大家所熟悉的。

所谓"衣法",是佛教的词语,"衣"指袈裟,"法"指佛理"大法"及本派依据的经典。"衣法"也俗称为"衣钵","钵"指化缘的饭碗。"传授衣法"也叫"传授衣钵",这是给予继承人合法接班的权力和凭证。

由此,弘忍导演了一幕起伏跌宕的戏剧。

那时,在东山寺有七百多个修行的和尚。在弘忍大师之下,地位最高的和尚名叫神秀。人们尊称他为"上座"。什么叫"上座"呢?"座"是佛教区分资历深浅的称呼。就像我们现在评的职称一样。出家1—10年为"下座",10—19年称之为"中座",20—49年称之为"上座";佛门中也有人把那些德行高尚的和尚尊称为"上座"的。

这位神秀禅师,正是故事中第二位出场的人物。

神秀禅师(公元606年—公元706年)河南开封人,也有的说是陈留尉氏人,今河南省尉氏县,这不矛盾,古代的陈留是开封府所属的州县。

神秀能够成为禅学大师,有两个重要的原因。

第一,他一生都刻苦学习。他从小就攻读儒学,他的儒学功底深厚。他二十岁时,由于佛学、禅学是那个时代的新潮思想,最时髦的学问,所以,神秀舍弃了所喜爱的儒学,转而刻苦钻研佛家经典。神秀刻苦修炼,常常坐禅不睡。多年来,他遍访名山古刹,到处求师访友,以求掌握佛教真谛。直到四十多岁时,才不远千里,从当阳玉泉寺来到黄梅东山寺向弘忍大师学习禅法。

第二,他严格律己。自从来到东山寺后,神秀更加严格节制自我。他不顾自己年纪较大,仍然同小和尚们一起生产劳动,砍柴、种地、挑水,样样都干。他用坐禅和体力劳动这两种方式来磨炼自己,来克制自我、来约束自我,排除尘世的各种欲望和杂念的干扰。

故事发生的时候,神秀在东山寺已经不分昼夜的修炼和劳动了六年,史书上说他:"服劳六年,不舍昼夜"。

神秀深厚的学识、勇猛精进的精神以及严格的自律态度,不仅博得了弘

忍的赞美和赏识，而且得到众位僧人的景仰和爱戴。很快，神秀在东山寺就评上了“上座”的职称。不久，又被任命为“教授师”。“教授师”是佛教僧团中，教授弟子、纠正弟子行为、作为他们行为表率的老师，相当于今天大学中的辅导员。所以，神秀在东山寺是优秀的“双肩挑”干部。

弘忍曾经当众赞扬神秀说：“东山之法，尽在秀矣！”这是说，人们要看东山禅法的优点，只看在神秀广博的学识和优秀的品质就行了。这是说，神秀就是“东山禅法”的著名品牌。

弘忍曾“命之洗足，引之并坐。”这是佛门的一种礼仪。这是弘忍让神秀同自己一起登上讲经坛，平起平坐。这可是佛门中很高的礼仪和待遇呀！

弘忍的这些举动包含着什么意思呢？其实，大家都知道：这是对神秀的器重，其中隐含着把“衣法”传授给他的意思。

在僧众们的眼中，这次“衣钵”的竞争，神秀是唯一的后选人，是当然的衣钵传人。因此，禅僧们听完弘忍所宣布的竞选原则以后，都感到自不量力，他们私下相互议论：

“神秀上座必定是衣法的传人，我们有什么必要写偈语，去凑这个热闹呢！”

“我们写的偈语能比得过神秀上座的偈语吗？我们写了也白写！”

“我们这么低的水平，写偈语献给大师，不是‘歪嘴婆娘照镜子’——里外丢丑吗？”

这样，和尚们都决定不写偈语，自愿放弃了这场竞选。

神秀听见众僧的议论后，心中也暗自琢磨：

“听说和尚们都不敢呈报偈语，大概是因为我是上座、是教授师，而不敢与我竞争。如果只有我一个人把偈语献给弘忍大师的话，大家会不会认为我有争夺祖师地位的野心呢？如果这样，我岂不是成了恶人吗？

但是，反过来说，我和大家都不写偈语，这不是违抗弘忍大师的旨意吗？看来，我不写偈语，于情于理都说不过去。”



几天来，神秀思来想去，感到左右为难。最后，他想到了一个巧妙的办法，就是把自己的偈语悄悄地写在禅堂的墙上。神秀心里想，如果弘忍大师见到这偈语，表示赞赏的话，我就承认是自己所写。如果他说这偈语写得不好，很差劲，这就说明我还没有觉悟到佛性，没有继承衣钵的缘分，我也只好认了！

这天，夜深人静时，神秀手持蜡烛在禅堂东边走廊的墙壁上写下了一首名为《无相偈》的偈语：

"身是菩提树，心如明镜台，时时勤拂拭，莫使染尘埃。"

神秀写完偈语，悄悄回到自己房中，静观事态的发展，等待着弘忍大师的表态。

第二天早上，弘忍来到了禅堂。原来，很久以前，弘忍已决定在禅堂东边的墙壁上，画一幅佛陀宣讲《楞伽经》的壁画。弘忍早已约请画师卢供奉在这一天来东山寺画壁画。弘忍猛然见到了墙上的偈语，读完之后，他马上改变了主意。

弘忍对卢供奉说："不知是谁在壁上已题写了偈语，既然写上了偈语，壁画就不画了吧！何况'凡所有相，皆是虚妄'呢！你远道而来，很辛苦，我还是把工钱给你，请回吧！"

卢供奉走后，弘忍立马召集全体和尚在大堂前聚会，并且叫人在写上了偈语的墙壁前摆上香案，点上香，叫众人观看偈语。和尚们看见，弘忍大师用如此庄重的态度看待这首偈语，顿时肃然起敬。

弘忍对大家说："你们都要认真诵读并领悟这一偈语，它可以帮助你们懂得禅理。如果你们都依照偈语中的道理去修炼，至少不会堕入'三恶道'之中。"

什么是"三恶道"呢？"三恶道"是古代的人们所相信的轮回"业报"中的一种。所谓"业报"，是根据你生前的所作所为，在死后投胎转世时所应该得到的"报应"。"三恶道"是指那些生前作了恶事、坏事，死后转世时必然要变成畜牲、饿鬼的或永远只能待在地狱中受罪的人。

因此，弘忍说，和尚们学习这首偈语就不会变成坏人，不会堕入到"三恶道"之中。

弘忍说完后就离开了，和尚们都拥上前来朗读这一首偈语。

为什么弘忍决定不画壁画了呢？他的真实想法是什么呢？其实，在弘忍看来，画壁画和题写偈语本身都不重要，他感觉到了这首无名的偈语背后所

隐藏的“衣钵之争”。

弘忍想：为什么写这首偈语的人不直接把偈语呈报给我呢？为什么要以这样的方式发表呢？写这首偈语的人的真实身份是什么呢？对此，弘忍一头的雾水！

事后，弘忍悄悄召唤神秀到禅堂中，问道：“这偈语是你写的吗？如果是你写的，按我所宣布的竞选规则，你应该成为‘衣法’的传人。”

神秀连忙说：“罪过，罪过。这偈语确实是我所作的。我不敢妄想当衣钵传人，我写下偈语，仅仅是让师傅看一看我是否领悟了佛理的真谛而已。”

弘忍说：“你写的偈语，的确有见解。但是，你的悟性只到达佛性的门前，还没有真正入门，还没有深刻理解佛法妙理，离我的要求还有相当的距离啊。你用几天时间认真思考，再写一首偈语呈报给我，这首偈语要明白说出什么是‘自性’。如果这首偈语表明了你已领悟了‘佛性’的真谛，我就把衣钵传给你。”

几天过去了，神秀上座也没有写出弘忍大师所要求的偈语。但是，“墙上的偈语是神秀创作的”这个消息，满寺院的和尚们都知道了。

和尚们都认为，这场衣钵的竞争，事实上已经有了结果。神秀上座作为弘忍的衣钵传人，作为未来的禅宗六祖，这是板上钉钉的事了。

然而，令人意想不到的事发生了！就在这期间，事情出现了戏剧性的突转。

那么，又突发了什么事情呢？原来，几天之后，又有人在禅堂西边的墙上，题写了两首偈语！这两首偈语居然把矛头直接指向神秀的偈语，对神秀的偈语提出了尖锐的批评，这显然是一种挑战！难道这个人不知道这是神秀上座题写的偈语吗？难道他不知道神秀上座在东山寺中不可动摇的地位吗？这个敢与神秀上座叫板的人是谁呢？



大家到处打听后才知道，原来写这两首偈语的人，是一个新来的行者，一个还没有剃度的、大字不识一个的打杂工，东山寺的和尚们都不知道他，甚至和尚们还叫不出他的名字！这是个什么人呢？这个家伙是打哪儿冒出来的呢？

这事要从八个月前说起。

八个月前，有一个农夫模样的人从几千里之外的南方来到了东山寺，他要求拜见弘忍大师。当弘忍大师接见他时，弘忍看到他年纪约三十来岁，长得憨厚朴实，一身南方土著人的装束，就问他："你是哪里人？千里迢迢来到这里参拜我，你想要求我给你做些什么？"

弘忍以为他也是远道来的烧香的客人，所以问他要求做什么事。

这个人回答说："弟子是岭南人，我远道而来是为了向大师学得佛法。"

弘忍一听他的回答，感到这个年轻人太单纯、太质朴了，就笑起来。在弘忍的心目中，佛法深奥，要学习佛法既要有相当程度的文化知识，又要有天生的聪慧，而眼前这位土里土气的农夫，居然要出家学佛，他把学习禅法当成是砍柴、做饭了！真叫人哭笑不得！

弘忍对他说："你一个岭南人，又是獦獠，岭南人只有野性而没佛性，你怎么能够学得佛法呢？"

什么是"獦獠"呢？所谓"獦"是短嘴獠牙、体形很小的凶猛的猎犬；"獠"是打猎。"獦獠"一词就指跟随在猎犬后边捕捉野兽的猎人，这是当时人们对南方土著人的侮辱性的称呼。

听了弘忍大师的话，这个农夫就着急了，他争辩说："佛陀说：人人都有佛性。人虽有南北之分，但佛性没有南北之分；獦獠与和尚是有差别，佛性本身没有差别呀！"

弘忍没想到这个农夫的话句句有理。弘忍觉得他语出惊人，这些话既机智，又有哲理，就知道此人不仅有佛缘，而且还有佛性，是一个有望成为菩萨的好苗子。五祖一下子就对这个农夫另眼相看了。

弘忍原本打算同他再多谈几句话，但是，由于当时有很多参拜的人在身边，不便谈话，弘忍就没有再说什么了。

弘忍同意他留在东山寺。

这个农夫是个什么样的人呢？为什么快三十岁了还要求出家当和尚呢？原来这个农夫姓卢，名字叫慧能。他的父亲曾在范阳（今北京大兴、宛平一带）做官，后被贬官到南海新州（今广东新兴县）。慧能三岁时，父亲去世。他与母亲过着极其贫困的生活。慧能长大后，每天都在山中砍柴，靠卖柴来

维持生活。

有一天，慧能在集市上卖柴之后，忽然听到店铺中有一个客人在读《金刚经》。慧能一下子就听懂了其中的道理。慧能问这位客人读的是什么经典？客人告诉他："我读的是《金刚经》。弘忍大师在湖北黄梅东山寺开讲《金刚经》，我听过大师的讲解。大师说：领悟了《金刚经》，就能够直截了当地成佛。"

慧能听客人的话后，心想：我能听懂《金刚经》，这说明我有佛缘，我要到湖北东山寺去向弘忍大师学习佛法。于是，慧能说走就走，安顿了老母亲后，立马上路。

八个月前，慧能千里迢迢，一路风尘，终于来到了东山寺。

慧能留在东山寺后，按照寺院的惯例，以"行者"的身份被分配到寺里的碓房舂米。古代的碓房，就是舂米或加工粮食的作坊。

所谓"行者"就是指进入了寺庙而尚未正式削发为僧的人，也就是带发修行的人。《水浒》中的武松，就是行者。因为他只是行者打扮而没有正式在寺庙里出家。鲁智深就不同了。鲁智深在五台山正式出家，是个有正式编制的和尚。因此，人们叫他花和尚，而不会叫他花行者，就是这个原因。按照佛教寺院的规矩，每一个僧人在正式出家之前，都要在寺院里当一段时间的"行者"。他们在寺院里充当打杂工，为众位僧人服务，从事各种繁重的体力劳动。在担任行者期间，也就是接受考查的试用阶段，凡是能通过考查的，才能够正式剃度为僧，否则就会被逐出山门。

从此，慧能在东山寺里每天都在碓房舂米，有时深夜里也不歇息。慧能为了当和尚而努力修行！这样的日子持续了八个月之久。

就在弘忍发布指示，叫和尚们都写偈语参与衣钵传承的竞争期间，慧能依然没日没夜地在碓房舂米。因此，寺里发生的大事他一概不知。有一天，他听见一个小和尚歌唱着偈语走过舂米房。

慧能没听清楚这首偈语，就问这小和尚："你刚才唱的是什么偈语？"

小和尚回答说："行者，这是上座神秀写的《无相偈》呀！弘忍大师叫我们都唱诵它，大师还说，谁要是领悟了这个偈语，就能够避免堕入'三恶道'中，谁就可以脱离苦海。"

慧能说:“我在寺里舂米已有八个月之久,从来不敢去佛堂前。小师父,请你带我去佛堂去拜一拜这首偈语,我也很想学会它。”

小和尚就领着慧能来到佛堂。慧能不认识字,就请小和尚念给他听。慧能听了偈语之后,心中琢磨了一会儿,就领悟了偈语的意思。

慧能心想,神秀上座的偈语还没有透彻领悟佛性,只不过触及了佛性的表皮而已。刹那间,神秀的偈语激发了慧能的灵感。慧能想出了两首偈语,但由于他不会写字,没办法表达出来。正好这时,有一位名叫张日用的江州“司马”(“司马”——唐代州府一级官职的副职,“司马”也称之为“别驾”。)来到寺里烧香拜佛,慧能就恳请张日用,把自己想好的两首偈语写在佛堂西边的墙壁上。佛家向来认为,帮助别人,就是积善积德。所以,张日用就爽快地答应了。

慧能是这样批评神秀的偈语的:

“呈自本心,不识本心。学法无益,识心见性。”

这意思是说:这首偈语的确是作者本心的真实表白,但作者并没有真正领悟到“什么是自己的本心”、什么是禅学的“自性”。慧能认为,神秀上座的错误在于,学禅的方法不对路,学佛、学禅的根本,在于应当认识到“什么是本心”、“什么是自己的本性”,只有这样才能洞察佛性妙理。

慧能所写的第一首偈语是:

“菩提本无树,明镜亦非台,本来无一物,何处惹尘埃!”

（其中，“本来无一物”有的版本为“佛性常清静”，其含义一样，但前者更通俗易懂。）

第二首偈语是：

“心是菩提树，身为明镜台，明镜本清净，何处染尘埃！”

慧能对神秀偈语的批评只是有感而发，想到哪儿就说到哪儿。慧能完全不知道什么“衣钵传人”的事，什么竞选祖师的事。所以，慧能请人写完偈语后，依旧回到碓房舂米去了。

这个毫无心计的慧能做梦也没有想到，他无心写下的偈语，居然把东山寺弄得沸沸扬扬，更没有想到这两首偈语改变了他的人生！

接下来会发生什么事呢？

有人又在墙上写了偈语的事在寺里传开了。人们纷纷拥向禅堂西边走廊观看慧能的偈语。这两首偈语在东山寺“一石激起千层浪”，使寺院中的和尚感到惊讶和震撼，也掀起了一片愤怒的浪潮：一个刚来的打工仔居然敢与神秀上座叫板！这个獦獠、南蛮子居然也想篡夺祖师的职位！

原本是神秀与慧能之间针对佛性的不同观点，现在，变成了激烈的衣钵之争了！

慧能写出偈语的消息很快传到了弘忍大师那里！

那么，弘忍大师如何看待这一突变呢？弘忍大师对于慧能的偈语将会怎样表态呢？

弘忍读了慧能的偈语后，他的内心电闪雷鸣，心灵震荡，激动万分。在弘忍的心中，一颗耀眼的新星升起来了。但他不动声色，决定对这事加以“冷处理”。弘忍对着围观的和尚们冷冰冰地说：“此偈语写得很一般，没有透彻领悟佛理。”

说完，弘忍大师就离去了。围观的和尚们也渐渐散去。

弘忍大师的评价，就像一盆冰水一样浇熄了众人心中的怒火，也消除了和尚们的疑虑。

东山寺又恢复了宁静。但是，故事到这里并没有结束。

当天傍晚时分，弘忍独自来到舂米房，看见慧能依旧在舂米，就问他："米舂白了没有？"慧能回答说："米已舂白了，只是还没有筛选。"

弘忍大师的眼睛盯着慧能，而用手杖在石碓上"砰！砰！砰！"敲击了三下。

弘忍大师的问话是什么意思呢？老和尚这个古怪的动作又有什么含义呢？聪明的慧能一下子就领悟了大师的意图。

其实，弘忍与慧能的问答，就是我们前面所说的"参禅"。禅宗讲究"不立文字、以心传心。"这就是说，人们思想和情感的交流不必用语言进行，因为，佛性的道理只可意会不可言传。

参禅，对于说话的人而言，只能用象征、比喻的方式，或者用双关语的方式来表达内心的想法。这种表达的结果就是：什么意思都表达了，然而似乎什么话都没有说。

对于听话的人而言，是通过以心会心的方式，来揣度、来琢磨对方的思想，或者行为的真实意图。

这就是禅宗"不立文字"的重要主张。

弘忍与慧能的上述对话，究竟是什么意思呢？

弘忍的话是说："小子！你到底明白了佛理没有？"

慧能的回答是"大师！明是明白了，只是未得到大师的指点，还不透彻。"

弘忍用手杖敲击石碓三下，其中是否又蕴藏着什么玄机呢？

弘忍大师的意思是说："三更时分来我禅房，我为你传授禅法吧！"同时，也包含有一种更深层的喻义："你这可爱的顽石啊，让我来教导你，点化你吧！"

三更时分，月明星稀，万籁俱寂，慧能溜进弘忍大师的禅房内。弘忍大师开始对慧能详尽讲授《金刚经》的要义。

弘忍大师的讲解化深奥为浅显，化常理为智慧。弘忍大师空灵的思维与智慧就像一泓清泉，深深地渗透了慧能的心田。慧能天资聪明，悟性极高，很快就领悟了禅学的真谛，他的内心就像明月从云朵中钻出来，一片清光闪耀。

之后，弘忍取出历代祖师所传的袈裟、法器等授予慧能，语重心长地嘱咐他："从现在起你就是本派禅门的第六代祖师。请妥善保护祖传衣法，你要

尽心弘扬佛法禅理，让本宗禅法代代相传，不至于断绝。本派佛法的根本是‘以心传心’，你要启发学习佛法的人，让他们自己去领悟佛性，要让他们知道，仅仅依赖坐禅修炼是不能获得佛性的真谛的。”

慧能跪下来，接受了五祖弘忍大师所传授的衣法。

弘忍大师把衣钵传授给了慧能之后，特别叮嘱慧能说：“自古以来接受衣法的人，都身处险境，命如悬丝，（你的性命像挂在一根丝线上一样，随时都有危险）。如果你仍住在寺里，必然有人要你的性命！你马上离开这里。你带着衣法直奔南方，三年之内不要公开传授东山禅法。待大难过去后，再大力弘扬禅法。”

大家不禁要问：为什么弘忍大师要把衣钵传给慧能而不传给神秀呢？明眼人一看就知道，慧能与神秀相比较，他是绝对处于劣势地位的呀！

神秀出身于中原的开封，是文化发达地区培养出来的高级知识分子，自小受到良好的儒学教育，又精通佛经，可以说是名牌大学的博士生。

慧能则出生于文化不发达的岭南，生活于穷乡僻壤，本人又不识字，根本谈不上有什么文凭。

神秀在东山寺中资历深厚，有地位，是教授师，是上座，是双肩挑的干部，又深得弘忍的赏识和和尚们的尊敬，有广泛的群众基础。

慧能在寺院中的地位低下，仅仅是一个舂米打杂、尚未剃度的“行者”，是一个没有转正的临时工。可以说是“资历浅薄”，更谈不上有什么群众基础。

然而，恰恰是这个处于弱势地位的慧能成了禅宗的衣钵传人、第六代宗师。这对于弘忍来说，正是：“有心栽花花不发，无心插柳柳成荫”。

那么，慧能有什么超越常人的智慧呢？为什么弘忍读了慧能的偈语后就决定把“衣法”传授给他呢？

我认为，关键在于要明白弘忍选拔衣钵传人的标准是什么？

这个标准就是：谁准确地理解了什么是“空性”，什么是“自性”，谁就是衣钵的传人！正是在这一根本的观点上，慧能与神秀区分出了高下。



禅宗追求的“悟禅”，到底是悟什么？说穿了，“悟禅”就是“悟空”。神秀的失败，就在于没有真正地领悟到“空”！

什么是“空”呢？“空”是佛教禅宗的重要观念。“空”包含着“无常”、

"无我"(人无我、法无我)两层意思。

那么,什么叫做"无常"呢?

"无常"就是说,天下万物和人的生命、人的精神思想都是不断变动的、不断生成与消失的,一切都只是刹那间的、短暂的存在,世上没有不变化的东西,也没有永恒存在的东西,这就是"无常"。例如,一年四季,花开花落;人的出生与死亡等,这一切东西都是变化之中的。

例如,人生百年,我们观察一个人一生的所有照片,从生下来时的婴儿写真照片,到青春年少的美丽的照片,再到中年时的风韵照片,直到追悼会上的遗照,哪一张照片不是他?哪一张照片又是他呢?由于人在不断地变化,哪一张照片都不能囊括、都不能代表他全部人生的形象。现在的年轻的靓妹、帅哥也要变老、变丑的!对于这种难以全部把握的、不断变化的现象,禅学叫做"无常",也叫做"空"。

那么,什么是"无我"呢?

所谓"无我"是说,天下万物、一切事物都是由地、水、火、风、空这几种极细微的元素组成,就像和面团一样的和合而成。世界上的每一种东西都是多种元素或者说条件和合而成的。所以,天下一切事物构成的元素、成分都是相同的,只是形式、形状不同而已。例如,花草、树木、人、狗、鸡、鱼、石块都是地、水、火、风这几种极细微的元素和合而成,任何东西没有独一无二的、与别的东西完全不同的那种成分。

在人的身、心的构成上,也是地、水、火、风、空这几种元素和合而成的。如果某人的人体组织同别人完全不同,医生就无法给这个人治病了,这种人就不叫做"人"。佛教哲学家把这种现象称之为"人无我"。

如果有人坚持强调"人有我","我很独特"、"我是独一无二的",那不就像你打算在茫茫大海中,非要去找出哪一滴水珠是我、哪一滴水是你、是他一样吗?这不是很可笑吗?如果你是一片雪花,你能在漫天大雪中,区别出你是哪一片雪花吗?所以,你要寻找与众不同的"自我"、唯一的"自我",就是非常愚蠢的想法。这就叫做"人无我"。

禅宗把"事物没有独特的'自我'"叫做"无我"、"空性"。

禅宗把"任何东西都是'无常'和'无我'的存在"这个命题,用了一个

概念来表达：这就是“空”。“空”不是无，“空”不是“没有”。“空”就是指一切事物都是“无常”和“无我”的这个道理。

现在，我们就可以比较慧能与神秀俩人的偈语，在领悟“空性”上的高下差异了。

神秀的偈语：

身是菩提树，心如明镜台；
时时勤拂拭，莫使染尘埃。

菩提树原本是印度生长的一种普通的树。由于释迦牟尼在此树下觉悟成佛，所以，人们把这种树称之为“菩提树”，意思是“释迦牟尼在此觉悟成佛的树”。然而，“菩提”一词是指佛教最根本的“道”。这个“道”是什么呢？就是“无上智慧”，就是指对“真理的觉悟”，就是“涅槃”。可见，菩提是观念，菩提树是实体，两者各是各的东西。

神秀把自己的身体比喻为菩提树，把自己的心比喻为明镜台，这就意味着，在神秀的观念中，身体、菩提树、明镜台都是实实在在的东西，而不是“空性”。神秀重视修炼的功夫，很重视维护自己身心的纯洁，尽力使自己不受尘世间的物质欲望和各种杂念的污染。所以，他要对这些东西“时时勤拂拭，莫使染尘埃”。这说明，他还是从儒家的修身养性的角度来看待禅理的。这说明神秀还没有真正领悟到“万法皆空”、“一切皆空”的道理。

慧能的偈语：

菩提本无树，明镜亦非台；
佛性常清净，何处有尘埃？（其一）

慧能是从“万法皆空”、“一切皆空”的角度来批评神秀的偈语的。在慧能看来，只要你懂得了：“自性（自我的本性）就是佛性，佛性就是空性”的道理，你就觉悟了，开悟了，成菩萨了。慧能懂得“菩提”就是“觉悟真理”。“菩提”就是涅槃境界。佛性的涅槃境界原本就是纯净的，何必“时时勤拂拭”

呢？况且“菩提”是一种精神现象，是精神的、观念性的存在，你怎么能去“时时勤拂拭”呢？

神秀的错误在于：其一，他把“菩提树和菩提”，实体和观念混在一起了；其二，他尚未悟透“万法皆空”、“一切皆空”的道理，依然把身体、菩提树、明镜台看做实体，没有看透它们本身也是“无常”与“无我”的“空性”的存在。

慧能的正确就在于：他从“万法皆空”、“一切皆空”的角度否定了身体、菩提树和明镜台的实体性质，指出了它们都是“空性”的存在。

这说明，慧能的偈语来源于神秀的偈语，但是它超越了神秀的智慧。慧能的偈语证明了他深刻领悟了佛理的“空性”。

正是慧能和神秀对“空性”的不同的理解和解释，决定了弘忍的选择。

弘忍的大智慧表现在识别人才，尤其是独具慧眼善于遴选人才上。

弘忍以智慧和才干取人，而不以学历、资历、地位取人，这是大智慧。

弘忍的大智大慧还表现在任人唯贤上。论感情，他与神秀感情很深，交往很多；他同慧能几乎没有任何往来，更谈不上什么感情。但在最后的选择中，他毅然决然地选择了慧能，放弃了神秀。这就是任人唯贤而不是任人唯亲。

弘忍选拔人才的标准和气度，对于今天我们选拔和任用干部仍有深刻的启示意义。

关于弘忍毅然传法给慧能的智慧之举，后世的禅师曾发出了深深的感慨：

七百僧中选一人，“本来无物”便相亲。
夜传衣钵曹溪去，　铁树开花二月春。

在东山寺中，这三位思想巨星的碰撞，不仅撞出了思想的闪电，而且使他们各自都撞出了原来的人生轨道。先说慧能吧。

慧能承接了祖师的衣钵，拜别了弘忍大师，当天晚上，就从后院出寺，翻山越岭，直奔南方而去。他来时，是一个土里吧叽的农夫，走时成了禅宗的衣钵传人，成为六祖，他的人生轨迹发生了根本性的改变！

关于慧能承接衣钵之后，还有两则富于传奇色彩的故事。禅宗的经典《坛经》（惠昕本）中说，慧能离去时，弘忍大师连夜亲自护送他到长江边，并要亲

自划桨渡江。慧能连忙说,“请师父坐下,让弟子来摇橹。”

五祖说:“本应该由我来度你,不可以让你来度我,这不合情理。”

慧能说:“弟子在蒙昧无知时,是师父度化了我,点化了我。现在,我已经领悟了佛性的真理,这摇橹渡江的体力活还是由弟子来做。我们所用的‘度’字虽然相同,但在不同的地方用处不同。还是由弟子来摇橹渡江吧!”

两师徒以上的对话,是否又暗含禅机呢?的确如此。弘忍以“摇橹渡江”来比喻他开启了慧能的智慧。所以,他要亲自摇橹,表示师父度化弟子,由师父来开启弟子的智慧。如果是慧能来摇橹,那就是弟子“度”化师父,这不合情理和法度。慧能的回答也暗含禅机。慧能说,我在蒙昧无知时,是师父开启了我的智慧,而现在已获得了佛性的真理,那么这摇橹渡江的体力活还是我来做吧。

弘忍一直将慧能送到长江对岸的九江府,才独自一人悄悄返回东山寺。

再说弘忍。

有一则传奇说:慧能走后,过了好几天,弘忍一直没有升座讲法。大家都感到奇怪。有人去请示弘忍。弘忍回答说:“我的禅法已经远去了,你们不必再请教我了。”

问话的人感受到震惊,就试探地问:“大师,你的衣法传给谁了呢?”

弘忍回答:“能者得之!”这就是说,有才能的人得到了衣钵。

寺院里的僧众在私下议论和猜测:“大师说,‘能者得之!’谁是能者呢?”

大家议论了半天,有人才突然想起:“那个舂米的、姓卢的行者不是叫慧能吗?‘能者得之’会不会是这个舂米的家伙得到了祖传的衣钵了呢?师傅怎么会把衣钵传给他了呢?”

有人喊叫起来:“我们去找那个舂米的家伙,问他是不是得到了衣钵?”

和尚们满寺院里找慧能,哪里还有他的踪影呢?

众僧人发现慧能获取了祖传的衣钵悄然离去,感到愤愤不平。大家去禅房找神秀上座,为他鸣不平。只见神秀在幽暗的禅房内坐禅,处于入定之中……

愤怒的和尚们将对慧能采取什么行动呢?慧能后来的命运怎样了呢?

## 第五节 曹溪风月——慧能的顿悟禅法

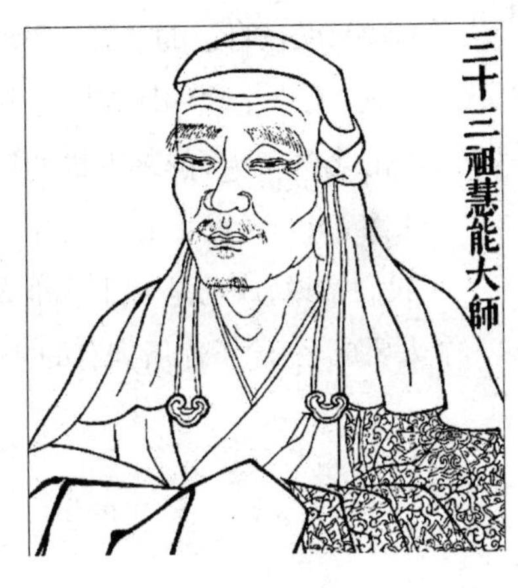


众位僧人发现慧能获取了祖传的衣钵悄然离去，都感到愤愤不平。其中有一个名叫道明（有的版本把他叫做“惠顺”）的和尚，组织了寺里几十个和尚沿着慧能的行踪追逐他，企图夺回衣钵。这个叫道明的和尚有一个外号叫“将军”。为什么人们把一个和尚叫做“将军”呢？原来道明是南朝陈宣帝的宗室后裔，俗姓陈，曾被陈王朝封为世袭的“将军”。隋灭陈时，他因国破家亡而流落在民间。所以，在东山寺，和尚们都戏称他为“将军”。

两个月后，道明和尚在大庾岭山中，率先追上了慧能。慧能不得已，只好把衣钵交给他。慧能把衣钵放在石头上，道明和尚却怎么也拿不起衣钵。道明对慧能说：“我远道追寻你而来，不是为了获取衣钵，而是为了向你求得佛法的。我‘求法不求衣’。请你为我开启佛性。”慧能当即在荒山野岭上给道明传授禅法。慧能说：“你既然千里追寻我，是为了求法，那么我告诉你明心见性的方法。这就是：你不要去苦苦思索什么是善，什么是恶，你把心中的一切疑问统统放下。然后看清楚自己的本来面目是什么。你用“无常”去观看人的生老病死、生住异灭、悲欢离合、成住坏空等四种现象之后，什么是“本性”、“自我”就清楚了。”慧能直观本性、直接认识人的自我本性的悟道方法，可以简明地表达为：“世事无常”、“万物皆空”、“无所执着”。道明和尚一下子就有所醒悟。道明明白了佛理之后，慧能叫他北上去弘扬禅法。

这一段故事，后来更被渲染为“夺取木棉袈裟”的传奇。

慧能返回了家乡南海（今广州)后,为了避免东山寺的和尚们再来索要“衣法”,引起灾祸,他像获得了意外之财而暴富的阿里巴巴那样,四处藏匿,依旧靠砍柴、打工度日。谁也不知道他是东山禅法的第六代传人。慧能隐姓埋名了十多年。于唐凤仪元年（公元676年)丙子正月八日又回到了南海。

当时的广州（南海)是一个大郡,文化发达,信息量丰富。慧能当然懂得“文化发达地区容易出明星”的道理。所以他到南海,等待机会打出“东山禅法”的旗帜,弘扬自己的“顿悟”禅法。

那时,有一个名叫印宗的法师在主持法性寺的经坛,开讲《涅槃经》。这个经坛的名气很大,前来听讲的民众很多。慧能也来听印宗法师讲经,就借住在法性寺中。

我们常说,成功是对于有准备的人而言的,机会只能属于有才能的人。一个人要成名,除了你所拥有的才能之外,还要有机会。

## 二

慧能一到南海,就碰上了成为明星的机会。

慧能住进法性寺的当天夜里,刮起了大风,把佛幡吹得高高飘扬,有两个和尚望着飘动的佛幡有一番对话。

一个和尚说:“你看,佛幡自个儿飘动起来了。”

另外一个和尚纠正他说:“佛幡怎么能自个儿飘动呢?,这是风吹佛幡,使它飘动起来的。”

前者又说:“你说是风吹得佛幡飘动起来,我怎么看不见风呢?你把风指给我看一看!不然,就是我说的,‘是幡自个儿动起来’。”

后者则争论说:“不是风吹,佛幡自己怎么能够飘动呢?这不是明摆着的道理吗?”

两人各持己见,争持不下。慧能无意中听了他们之间的争论后就说:“两位和尚,能不能让我这个平常的俗人议论一下两位的高论?”

慧能说:“在我看来,这既不是佛幡自个儿飘动,也不是风吹使它飘动,你们之所以感到它在飘动,其实是你们自己的心在动。”

这两个和尚听不懂慧能所说的话是什么意思，觉得这个人的话怪怪的，他们很茫然。他们也就停止了争论。

然而，“说者无意，听者有音”。慧能同两个和尚的对话，却被一个人无意中听到了。这个人是谁呢？就是这个寺的主持印宗法师。

印宗法师听了慧能的话后，非常震惊，他心想，此人出语不凡，话中充满了禅机，恐怕是有来头的。

第二天，印宗法师邀请慧能到禅房谈话。请慧能解释：“不是佛幡动，也不是风动，是心在动”中的禅理。

慧能说：“说幡动，是站在幡的角度看；说风动，是站在风的角度看；一个执着于幡，一个执着于风，都是片面的。这种片面的观点，产自内心的错误见解。所以，我说，既不是幡动，也不是风动，是他们片面的心在动。因为佛性的真理是不动的，佛性没有动与静的分别。”

印宗法师听了慧能的一番解说，认为他禅悟透彻，禅理深刻，打心眼里佩服。印宗法师起身向慧能敬礼，说道：“罪过，罪过，原谅老僧有眼不识泰山，行者必定是非常之人，请问您的老师是谁？”

慧能心里想，事隔多年，现在无须再隐瞒实情，到了亮明自己身份的时候了。慧能就向印宗法师说出了自己的身份和经历。印宗听说，顿时惊呆了，哇噻！原来眼前这位农夫模样的行者，就是有着传奇色彩的禅宗六祖！印宗和尚兴高采烈，立即向慧能行弟子之礼，拜慧能为师，请求慧能为自己讲授禅法。

随后，印宗法师马上召集众僧人来禅房，并兴奋地对大家宣布：“我印宗是十足的凡夫俗子，今天有幸遇上了肉身菩萨、著名的六祖慧能大师。”

印宗指着慧能向大家介绍。随即，慧能取出祖传的“衣法”，供和尚们瞻仰和礼拜。不久，印宗法师请来了当地社会上的名流贤达和各寺院的高僧，为慧能举行“剃度”法会，又为慧能授了“俱足戒”。慧能终于从行者变成了和尚。

几天后，慧能在法性寺的两棵菩提树下，宣讲他的“东山法门”。慧能的独特观点不仅让佛僧们震聋发愦，而且使普通百姓也感到了学佛的便捷和成佛的希望。慧能一举成名，慧能的讲法使他成为广州城的文化明星，法性寺的香火日日旺盛。

第二年二月八日，慧能突然对印宗法师说：“我想回到韶关曹溪宝林寺去。”

慧能为什么要离开南海到曹溪宝林寺去呢？大概的原因是，他的老师弘忍，历来主张修道应远离城市，过山居生活。弘忍曾说：“大厦之材，本出幽谷，远离人间，不被斧斤，长成大物，堪为栋梁。”这是弘忍创建的山林佛教的重要遗训。法性寺处于繁华闹市中，不利于传法，又违背了弘忍的遗训，所以，慧能远走曹溪。

印宗法师知道无法挽留住大师。慧能离开时，上千的和尚和老百姓来送别慧能，场面宏大，情境感人，就像现代“粉丝”送别迈克尔 · 杰克逊等天皇巨星一样。



## 二

慧能在曹溪宝林寺（现今叫“南华寺”）建立了根据地，大力弘扬东山禅

法，宣讲“顿悟成佛”的方法。很快，四方八面的信徒都会集在曹溪宝林寺，听慧能说法，东山禅法成为声名显赫的教派，就像前两年的“百家讲坛”一样。

不久，韶州的刺史韦璩到宝林寺，请慧能大师到城内的大梵寺讲东山佛法。城内的百姓听说慧能大师来城里说法，一时间倾城出动，万人空巷，整个大梵寺被人们拥挤得水泄不通。按照刺史韦璩的安排，慧能大师的这次讲演，由他的大弟子法海担任记录。法海把这次法会上慧能所宣讲的，以及平日慧能所讲的记录，经过整理后公布于众，这就是慧能著名的《坛经》一书的来历。

树大招风。人人都渴望成为明星。明星可以给你带来荣誉、尊重、地位，带来鲜花和掌声。明星又必然会给你带来妒忌、仇恨和污水！慧能一不留神，成为了当时的禅学明星。这两种效应立马都显现出来！

好的效应是：树大招风！

慧能的传奇经历和他的“顿悟禅法”所产生的冲击波，波及到京城，引起了皇帝唐中宗的关注和兴趣。为什么唐中宗关注慧能和他的禅法呢？是因为有人极力推荐。推荐者就是慧能的两位师兄：神秀和慧安。原来，皇帝唐中宗神龙元年（公元705年），唐中宗李显，恭请神秀和慧安二位大师进宫，任命他们为皇帝的宗教导师。慧安和神秀都一再推谢，并竭力推荐师弟慧能担当这一重要的职务。

皇帝派遣内侍薛简到宝林寺迎请慧能进京。薛简到了宝林寺，传达皇帝的圣旨。慧能立即给皇帝写报告，借口自己因身体患病而不能进京赴任。这期间，薛简曾向慧能大师请教他对禅法和修禅的见解。慧能对薛简所阐述的观点，就是他在《坛经》中的基本观点。

薛简返回长安后，向皇帝汇报了慧能的情况，介绍了慧能的基本观点和独特的见解。皇帝奖励给慧能一件磨衲袈裟，绢五百匹，宝钵一口，并命令把“宝林寺”更名为“中兴寺”。三年之后，皇帝又命令当地官员装修寺院，又赐予寺院一块“法泉寺”的匾额；同时，又把慧能家乡新州的旧居改名为“国恩寺”。唐中宗利用慧能的名气，又火了一把：既表现了自己的开明，又显示了皇恩浩荡！

## 三

坏的效应是什么呢？被杀手刺杀。

慧能为什么会遭杀身之祸呢？老实巴交的、善良的慧能在什么地方得罪了别人呢？没有！为什么别人要想方设法杀死他呢？原因很简单：妒忌，人性中最可怕的就是对别人的妒忌，妒忌最容易转化为仇恨。妒嫉往往是悲剧之源，杀人之因！因为“东山禅法”由于神秀和慧能的努力，既形成了宏大的气象，也形成了南北两宗双峰并峙的局面，更是造成了南、北两宗门徒之间强烈的宗派对立情绪。

神秀是儒雅的禅师，很有修养和风度，他多次向皇帝推荐慧能师弟。但他手下的少数门徒，就缺乏老师的气魄和风度了！老师是谦谦君子，少数弟子是肮脏小人。北宗的门徒们到处宣扬神秀大师是禅宗六祖，但那时，满天下的人又都知道慧能是弘忍大师的“衣钵传人”，因此，神秀大师的门徒们感到很没有面子，非常忌讳这一说法。北传禅宗的门徒们面对这种尴尬的处境怎么办呢？他们有的采取诋毁的方式，有的采取鄙薄的态度，有的干脆就采取江湖上的黑道手段——谋杀慧能，以干净彻底、一劳永逸的方式清除掉“顿悟禅法”。这正印证了“哈叭狗儿有时比它的主人更凶恶”这句话。要干这见不得天的阴谋勾当，在哪里去寻找杀手呢？

神秀的一些门徒联络了一帮江湖混混，最终寻找到一个最佳的人选。这个人是谁呢？

这个杀手名叫张行昌。他从小练习武术，因而武功卓著，身手不凡，是江湖上知名的游侠。北宗门徒中有人以重金约请张行昌去曹溪宝林寺刺杀慧能大师，重赏之下必有勇夫，张行昌慨然签约。

多年来，慧能心中就一直铭记着弘忍大师的嘱咐：“自古以来承接衣法的人，都身处险境，命如悬丝。”自弘忍大师传法给自己那时起，慧能就明白了弘忍大师这话中的分量。因此，早已把生死置之度外，也坦然地面对各种诋毁与责难。

张行昌接受了这笔杀人定单之后，就夜行日住，风餐露宿，两个月之后来到曹溪。他在寺外住下来。几天之中，张行昌白天混进香客之中，在慧能大

师讲经说法时，认识了慧能的长相；同时，他又细心踩点，熟悉宝林寺院中的门径，窥测进退的路径。夜晚又偷偷溜上寺院外的大树上，探究慧能的起居动静。

几天之后的一个无月的夜晚，寺院里房影黝黝，树影晃动。张行昌穿着黑色的夜行衣，潜入了寺院中，径直溜到了慧能大师的禅房外。他看见慧能大师独自一人，正在静坐沉思。张行昌溜进室内，正要逼进慧能时，慧能头也不动地说："你来到本寺已经几天了，我也等你几天了。今夜我早已伸长脖颈恭候你多时了！"

慧能大师的先知先觉和沉静的态度把一向好勇斗狠的张行昌吓了一大跳。张行昌在慌乱中，抽刀对准慧能的脖子连砍了几刀。几刀下去，一个人倒了下去！奇怪的是，倒下去的是杀手，慧能却屹坐不动，端坐在那里。这是怎么回事呢？邪不压正！张行昌从来没有遇上过这种奇特的人，也从来没有碰上杀不死人的事。他在一阵惊恐之中，昏厥在地上，杀手居然因慧能的正气吓晕了过去！

慧能顺手把一杯凉茶泼在杀手脸上。过了一会儿，杀手苏醒过来，神色惊恐万分。慧能转过身来，对张行昌说："正义的剑从来不做邪恶的事，邪恶的剑从来做不了非正义的事。我只欠你的金钱，而不欠你的命，所以，你杀我不死！"

张行昌惊恐万分地对慧能说："大师！我罪孽深重！请您饶

恕我吧！我愿意出家，罚我天天念经来赎清自己的罪孽吧！”

慧能听了张行昌的忏悔，叹息了一阵，对他说：“你和我无冤无仇。你来杀我，无非是贪图别人的钱财。我早已为你准备了十两黄金，你拿去吧！”

张行昌不敢收下慧能的钱，只是不停地说：“请让我出家赎罪吧！”

慧能对他说：“你赶快离开这里！时间长了，我的徒弟们知道你来杀我的事，他们肯定会反过来伤害你的！如果你真想‘放下屠刀，立地成佛’的话，你就过些日子再来。我希望再见到你的时候，你已改变了这副屠夫的外表和容貌。那时，我再收你为弟子。”

深夜，张行昌流着悔罪的眼泪离开了慧能，人不知鬼不觉地偷偷逃离了宝林寺，趁着夜色远远离开了曹溪。

寺院里的僧人们，都不知道这天夜里所发生的惊心动魄的刺杀事件。

后来，张行昌在江西北部山林中的一个寺院里削发出家。他每天都在青灯古佛下虔诚修行，攻读了多部佛教经典。有一天，张行昌想起了慧能大师所说：“当你改变了这副屠夫的外表和容貌时，我就收你为弟子”的话。他就从遥远的赣北的山林中，来到曹溪宝林寺，拜谒慧能大师。慧能大师一看见

这位求见的和尚，就说：“我长久以来，一直挂念着你。你怎么这么晚才来见我呢？”

张行昌见到慧能大师仁慈的笑容和赞赏的眼光，就一下子跪在慧能脚前，嚎啕大哭不止，这使得在场的人都感到很惊讶：人们不理解，为什么这个人一见大师的面，就如此嚎啕，更不知道慧能大师和他还有一段不为人知的、险恶的“旧交”。

张行昌泪流满面说：“我深深地感谢大师宽恕了我过去深重的罪孽。虽然现在我已出家修行，以加倍的苦行来赎清往日的罪孽，但是，我还是难以报答师傅的大恩大德啊！”

慧能笑着说“我们是‘往昔旧交，今日新知’。沧海变桑田，游侠成禅僧。佛性即无常啊！”

慧能的人格魅力和超常的智慧，在社会上产生了巨大的影响力。几十年后，终于使南传禅宗的“顿悟法门”成为中国佛教的主要流派，开成了后来“一花五叶”的宏大气象。

那么，神秀呢？经过东山寺那次思想的碰撞，神秀的人生轨迹又发生怎样的转变呢？

## 第六节 从玉泉寺到长安城——神秀的渐悟禅法

前面，我们讲了东山寺之后慧能的命运。那么，神秀的命运怎么样了呢？有人喜欢以成败论英雄，难道神秀真的是一个失败者吗？

### 一

史书记载，在慧能离开东山寺后不久，神秀也“涕辞而去，退藏于密”。这就是说，神秀流着眼泪离开了黄梅东山寺，回到原来的荆州当阳玉泉寺隐居了。

神秀为什么会“涕辞而去”呢？有人认为，这大概是因为神秀没有成为六祖的衣钵传人而难过吧！如果这样看，就是偏见和误解了。

其实，只要把此时神秀的心境稍加分析就可以理解了。神秀是弘忍培养的接班人，自己的偈语未能得到老师的认可，反而是没有文化的小师弟慧能成为衣钵传人，这其中有着对老师深深的愧疚，有着深刻的自我批评。加之，寺里几百名和尚为了打抱不平，去追回衣钵，更令神秀感动不已。可以说，神秀离开玉泉寺时，真是百感交集，因此，才“涕辞而去”。如果人们把神秀看作是失败者而轻视神秀的话，那就是大错特错了。为什么这么说呢？神秀回到玉泉寺后，继续积蓄思想，不断深刻反思，后来终于创立了声名显赫的北传禅宗。

为什么神秀把玉泉寺当作退隐的道场呢？玉泉寺有什么特别之处呢？

湖北当阳县城郊有一座大山，史称“紫陵山”、“当阳山”、“玉泉山”，当地民众称之为“覆船山”，大概是因为山顶的轮廓像一艘翻倒了的船的肚子吧。覆船山上树林繁茂，古木参天，四季苍翠，一股股清泉汇聚成纯净的池塘和溪流，凉爽宜人。玉泉寺风景非常优美，可以说是现今中国佛教寺庙中少见的优美之境。

隋朝开皇十三年（公元 593 年），中国佛教天台宗的创始人智顗（智者）大师在当阳山的东麓，一个汉代寺庙的废墟上创建了规模宏大的“一音寺”，后来隋文帝杨坚赐了一个匾额，题名为“玉泉寺”，以后，这个寺庙就一直称之为玉泉寺。中国佛教天台宗是把印度佛教加以改造，并成功转型为中国化佛教的著名宗派，天台宗的思想是印度佛教和中国佛教教义的分水岭。天台宗的宗旨显示出了中国哲学思想对外来佛学的参透和改变，它把中国传统哲学观念注入到中国佛教之中。

从唐、宋时期起，玉泉寺就是名扬四海的著名佛寺。当时玉泉寺与灵岩寺（今山东长清）、栖霞寺（今南京市）、国清寺（今浙江天台市）、并称之为佛教丛林的“天下四绝”。玉泉寺在中国佛教史上的重要地位在于，它既是天台宗的名寺，又是中国北传禅宗的发祥地。直到今天，玉泉寺中还保存有隋朝大业十二年（公元 616 年）所铸造的那口高 0.85 米，直径 1.75 米，重达 1.5 吨重的特大号铁镬（铁锅）和宋代嘉佑六年（公元 1061 年）铸造的高约 17 米的 13 层铁塔。由此可见当年玉泉寺的盛况。

玉泉寺的盛名还表现在：从玉泉寺先后走向全国的顶尖级佛学大师就有若干人，其中就有天台宗的创始人智顗（智者）大师（公元 538—598 年）；北传禅宗的神秀大师；著名的佛学家、天文学家一行大师（僧一行，公元 673—744 年）。至于历代出自玉泉寺的高僧，可以说是灿烂若群星。玉泉寺可以说是“寺中代有人才出”，它就像一个永不干涸的思想和智慧的源泉，不断地涌现出著名的智者。

## 二

从东山寺返回之后的十四年间，神秀一直在山中刻苦研究佛典，坚持严格修炼，并没有宣扬自己的禅法。神秀不追名逐利，能坐冷板凳。他深知：“耐得住寂寞才不寂寞”的道理。直到十四年后，也就是弘忍大师去世后，神秀才开始在玉泉寺向外界传授自己所总结的禅法。据传说，当时“就者成都，学来如市”，以至于“庵庐雁行于丘埠。”就是说，当时许多前来学习神秀禅法的人，把宁静的玉泉寺变成了一个热闹的都市，就像今天的少林寺一样。

当神秀讲法的时候,人们像赶集一样地拥挤在一起听他传授禅法。这么多人的吃、住问题怎样解决呢？临时的旅店和饭店就应运而生！以至于这些临时居住的简易房屋,一幢接着一幢地在山丘中延伸下去,就像大雁飞行时排成的队列一样。神秀为当时的社会创造了多少就业机会啊！就凭这一点,神秀就是活菩萨。(这些记述,见于神秀的弟子张说为他写的《碑铭》中。)神秀在玉泉寺传法时,年纪已经七十岁。他执着的研究精神和坚韧的人生态度是值得后人敬佩的。

神秀的北宗禅法的智慧表现在哪些方面呢？这就是神秀的"染净二心"的"心性"说。

对于神秀的"心性说"所表现的智慧,可以总结为三个要点：

第一,善恶并存于"心"。

神秀在其《观心论》中说：任何人的心,都善和恶两方面："心是众善之源,是万恶之主。……常乐由自心生,三界轮回亦从心起。"[1]就是说,每一个人的心中原本就包含有善与恶的两种基因,善和恶都出自于这颗心。人性天生就有善恶、有精神追求和肉欲享乐两个方面,因此,从人的心中既可以流淌出善,又可以流淌出恶。就像山溪的水,既可以是清纯之水,也可以是混浊之水一样。

西方思想家、俄国大作家托尔斯泰也有类似的看法。托尔斯泰在长篇小说《复活》中,在描写聂赫留朵夫骗奸纯情少女卡秋霞时的心里活动时写道："在聂赫留朵夫身上就跟在一切人身上一样,有两个人。一个是精神的人,他为自己所寻求的仅仅是对别人也是幸福的那种幸福；另一个是兽性的人,他所寻求的仅仅是他自己的幸福,为此不惜牺牲世界上一切人的幸福。在目前这个时期,彼得堡生活和军队生活已经在他的身上引起利己主义的疯魔状态,兽性的人在他身上占着上风,完全压倒了精神性的人。"[2]当他诱奸卡秋霞的这个夜晚,"在他身上活着的兽性的人,现在不但已经抬起头来,而且把他第一次做客期间,以至今天早晨在教堂里的时候还在他身上活着的那个精神的人踩在脚下,那个可怕的兽性的人如今霸占了他的灵魂。"[3]我们生活在滚

① 《观心论》,《大正藏》第85卷,1273页上。
② 列夫•托尔斯泰：《复活》,第71页,人民文学出版社,1979年版。
③ 列夫•托尔斯期泰：《复活》,第80页,人民文学出版社,1979年版。

滚红尘之中，各种物质享受的引诱，各种欲望的冲击，难免使人们沉陷其中，这种贪欲就是"污染心"，也就是恶心。例如，追求金钱、美色、权力、享乐等等都是污染人心的东西。你要想成佛，就是要去掉"污染心"而获得"清净心"，"清净心"也就是善心。

什么是"清净心"呢？就是不被各种欲望占有的心，不受各种物质享受所诱惑的心。一个人有了"清净心"就能抵御人世间各种物质欲望的污染和腐蚀。

第二，"勿令起恶"。

神秀认为，清净心就是佛心，污染的心就是贪欲之心，每一个人都有这两种心，这正如一个钱币的两面。应该使自己"勿令起恶"，而要宣扬善、放弃恶，尽力去消除生活中由于各种欲望引起的污染及其罪恶。这就是为什么恶人也可以"放下屠刀，立地成佛"的原因。

这里讲一个故事。

有一个名叫禅海的和尚，多年前是一名剑客。曾经当过一位大官的贴身警卫。由于他经常出入于大官的内室，就同这位大官的小妾发生了私情。纸包不住火，不久就被大官发现了。在大官捉奸的时候，搏斗中为了自卫，禅海无意中杀死了这位大官，他与这位小妾就逃跑了。由于没有生活来源，他们堕落为贼，到处流浪。后来，这个女人又跟着另外一个人私奔了。禅海深感自己有罪，就皈依了佛教。他出家后成了一个游方僧人，四处飘流。在飘流中，他经过一个险峻的山崖，这个山崖的陡峻的小路是通往外面的必经之路，这里每年都要摔死人，多年来已有许多人葬身崖下。禅海为了补偿自己的罪过，为了赎清罪孽，他下定决心，要在有生之年挖成一条隧道，供人们行走，使人们不再在悬崖上攀爬。

从此，禅海白天到处乞讨，夜晚就挖隧洞。三十年来，这个隧洞就是他的家。经过三十年的不断努力，隧洞即将挖通了。一天晚上，禅海打着火把正在挖土，突然他感到一把刀架在了他的脖子上。这时，禅海对这位持刀的刺客说：

"壮士，我是个和尚，我在这里挖隧洞，连我吃的东西都是讨来的。我可没有钱给你！"

这个刀客说："我不要钱，我要你的命！"

禅海说："为什么要我的命呢？"

刀客说："我是来报杀父之仇的！"

禅海问："你是谁？"

刀客说："我是被你所杀的人的儿子！我从小因为你而成为孤儿，当时我就发誓要成为一名优秀的剑客，走遍天涯海角也要找到你，杀死你，为父报仇！这么多年来，你成为了生活的惟一目的，成了我生活的全部！"

禅海跪在那里说："我心甘情愿被你杀！但你要知道，这些年，我也正像你一样，把挖隧道当成了生活中的惟一，当成了我生活中的全部。希望你让我挖通这隧洞再杀我。"

刀客问："你为什么挖隧洞呢？"

禅海说："这山崖的小路上摔死了许多人。我为了忏悔我的罪行，想挖通这条隧洞，使得今后不再有人从山崖上摔下去死了。现在隧道即将挖通。我请求你等我挖通隧洞的那一天，再杀我。"

刀客收起了刀。从这天起，这个复仇者就如影随行地跟着禅海。禅海讨饭，他跟着，禅海挖土，他盯着。晚上也睡在一隧洞里。后来，刀客的报仇心使他不耐烦等下去。怎么办呢？刀客就默默地帮忙干起来了。工程进度明显加快了。这样，不知不觉已过了一年之久。隧道终于挖成了。禅海同刀客在隧洞中来回走了一遍，他们心上的担子和身上的担子都落下来了。

这时，禅海对刀客说："现在你可以杀我了！这样，你的复仇使命就完成了，你的新生活即将开始，我的新生命也即将来临。"

刀客低着头，走出了洞口。他转过身来对禅海说：

"你让我懂得了什么是'放下屠刀，立地成佛'！你先放下了屠刀，又教会了我怎样去放下屠刀！你是我的恩师。我感谢你！"

刀客扬长而去了。

这就是神秀说的"勿令起恶"，一旦心起恶念，你就走向地狱之门，一旦心起善念，天堂之门就为你打开。这就是我们通常所说的："放下屠刀，立地成佛。"

第三，时时勤拂拭，莫使染尘埃。

凡是学佛的人、向往善的人，应当抗拒物质欲望的引诱，保持内心的清净之心、无污染之心，这是“调心”、“治心”，也就是成佛的关键。因此，学佛之人就要坚守善念，“时时勤拂拭，莫使染尘埃”，这样才能够永远保持住“清净之心”。

禅宗公案有一个故事说，有个画师遇见了一位很久没有见面的朋友。那个朋友见了画师很惊讶。画师问他：“你怎么这样看着我呀？真是怪怪的！”

朋友回答说：“恕我直言，你的模样怎样变得这样凶神恶煞，这样可怕呢？”

画师感到莫名其妙。回到家中，用镜子照自己的脸，他也感到大吃一惊。这张凶恶的脸是自己的脸吗？怎么会变得如此凶恶难看了呢？他想了好久，才想起这些日子里，他受人之托，老是在寺庙里画地狱中的夜叉、鬼怪、魑魅魍魉。为了画好这些东西，他心中日思夜想，总是想象这些丑恶的形象，原来“面相随心变”，无形中，自己的面相变得凶恶起来。

从此，画师拒绝画鬼怪，而专画佛陀和观音的像。过了一年，画师又见到这位朋友。这位朋友见了画师更加惊讶！“哇噻！你现在多美呀！满脸慈善祥和，真是人见人爱哩！”

这就是神秀说的：“时时勤拂拭，莫使染尘埃。”

神秀主张的“调心”和“治心”的活动就是不断地坚守“清净心”的过程，这是一个循序渐进的过程，是一条漫长而艰辛的心路历程，不能一蹴而就，只能依靠长期的努力，依靠“时时勤拂拭”才能够做到“莫使染尘埃”。这就是“北宗禅学”的“渐悟成佛”主张的思想依据。

## 三

神秀在玉泉寺传法时，唐王朝正值武后（武则天）执政。这位权倾四方的女皇对于百姓聚众活动都十分关注。既然神秀具有这么大的感召力和影响力，自然就引起当地官员和朝廷的注意和警觉。武后把神秀召至东都洛阳，请他为皇室和高官们讲授禅法，这样，就使神秀远离了人民大众。那时神秀已经九十多岁了。

武则天对神秀相当尊重，赐予神秀“肩舆上殿”，就是让神秀坐着轿子来到金殿，这是非常荣耀的待遇。当武则天第一次见到神秀的时候，还亲自向

神秀下跪行礼。可以说，神秀在唐王朝受到了最高礼仪的待遇。与神秀一起被召去东都洛阳去的还有他的师弟、嵩山的慧安（因年龄大而被称之为“老安”）。以后又陆续被召去的名僧还有玄赜、玄约、智诜等人，他们都是弘忍大师的直传弟子、神秀的师弟。后来皇帝又把神秀召至长安。武则天和后来的几位皇帝都非常尊重神秀和这些著名禅师，神秀还成为了武后、唐中宗、唐睿宗三代皇帝的“帝师”（宗教方面的精神导师），当时的人们尊称他为“两京法主，三帝师门”。

尽管神秀地位显赫，誉满朝野，但面对满目的锦绣华丽他却依然思念清净、优美的覆船山和玉泉寺。他多次要求皇帝准许他返回玉泉寺，但始终未得到允许，最后还是死在洛阳的天宫寺。这是中国封建社会中，“王权始终严格地控制着宗教”的一个典型的例子。

神秀不仅禅风朴素，而且人格高尚。弘忍大师去世后，他开始传授自己的“渐悟”的禅法。那时，慧能也在南方亮出了弘忍所传授的“衣法”，开始讲授自己的“顿悟”禅法。这就形成了同出自“东山法门”的两支影响深远的“北宗禅法”和“南宗禅法”。因此，后世才有“南能北秀”和“南顿北渐”之说。

神秀在北，慧能在南，两人禅法不同，各自都有大量的信徒，可是神秀非常推崇师弟慧能，没有一丝嫉妒之心。史书上说：“二宗主虽亡彼我，而徒侣竞起爱憎。”[①]当年神秀还在玉泉寺弘扬禅法时，他的弟子们很鄙视慧能的南宗禅法。神秀的弟子们对慧能大师怀有很深的成见：他们认为，慧能不识字，有什么了不起的地方呢？神秀知道了弟子们的这种成见和误解之后，对他们说：“我的师弟慧能可是一个大智大慧的人啊！他学禅，是无师自通，而且领悟到了上乘的、最高境界的禅理。这一方面，我远不如他啊！况且，我的师傅——弘忍大师亲自把祖传的衣钵传给他，这不是没有理由的。我怨恨自己年老了，不可能远去慧能师弟那里向他请教。你们这些人，没有必要滞留在玉泉寺。我希望你们去曹溪宝林寺向他请教，请他解答你们心中的疑问和难点。”

有一个名叫志诚的和尚表示愿意去曹溪宝林寺，向慧能学禅。神秀嘱咐他：“你去后，好好向慧能大师学习禅法，学成之后，希望你回到这里把他的

① [宋]普济著：《五灯会元》上，卷二，中华书局，1984年版，第88页。

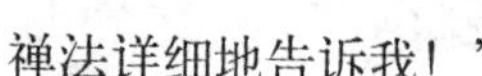

禅法详细地告诉我！”

俗话说，“同行相妒嫉”，“文人相轻”。世间的人们，往往扬才露己，贬低他人，甚至像此前达摩和慧可所遭遇到的那些没有人格的和尚一样，由妒嫉而生仇恨，甚至产生出杀人之心。相比之下，神秀的宽阔胸怀和恢弘气度，正是值得让人们永远尊敬他的地方。后世的禅学研究者对神秀和慧能、南北两宗的关系，有着客观准确的评论。例如，日本学者忽滑谷快天就说：“南北两宗虽冰炭相阋。在神秀与慧能则水乳相如。”[①]唐中宗神龙元年（公元 705 年），皇帝降诏书给慧安、神秀大师说：“朕请安、秀二师宫中供养，万机之暇，每究一乘。二师并推让曰：‘南方有慧能禅师，密受忍大师衣法，可就彼问’。”慧安与神秀同时推荐慧能给皇帝讲经，可见神秀博大的心胸和谦虚、容纳的品格。唐中宗听信了他们的推荐后，立即派遣内侍薛简持诏书赶往南方，专门迎接慧能进京。慧能借口自己体弱多病而谢绝去长安，但神秀的推荐却是出自于大力弘扬东山禅法的目的，这是值得充分肯定和赞扬的。

神秀的弟子众多，成为了杰出的禅师就有 19 人，其中嵩山的普寂、长安的义福都是名冠一时的大师，受到朝野的赞赏和尊敬，以至于当时“两京之间，皆宗神秀。”后来，普寂的弟子道璇又把神秀的禅法传播到日本，促成了日本佛教禅宗的盛行。

在禅学思想史上，把禅宗从一个并不起眼的佛教的小宗派，发展为气势宏大的显赫宗派的人，不是慧能，而是神秀大师。神秀是唐代北方禅学的首座，是中国禅学史上的重量级人物。禅学思想史上，很早就有“南能北秀”、“南顿北渐”的说法。值得注意的是，无论北传与南传，北渐与南顿，中国禅宗思想的发祥地都在唐代的湖北，这是一个值得学者们进行深度研究的文化课题。

① 忽滑谷快天：《中国禅学思想史》，上海古籍出版社，1994年版，第135页。

## 第七节 北禅南禅的较量

禅宗自达摩来华（据说是梁普通七年、公元519年）到神秀等人被武则天皇帝召进洛阳，在将近二百年的时间之中，禅宗从北方崛起，在历尽血雨腥风，经受许多磨难坎坷后，结束了它悲剧性的长征，现在又回到了北方的故土。自从神秀大师成为了唐王朝“两京法主、三帝师门”以及慧安、玄赜、玄约、智诜等大师陆续来到两京后，中国北方禅学大盛。

神秀大师的弟子所坚持“渐悟法门”炽盛于东京洛阳、西京长安和北方地区，尤其在上层社会中非常流行。当时两京和中原的王侯、知识分子及普通老百姓，只知道禅宗就是神秀的北宗，根本不知道还有什么慧能和南宗顿悟禅法。因此，神秀禅宗的影响覆盖了北方的城市和乡镇。北禅宗不仅人才济济，而且又相对较集中，容易缠绕成一股势力。

慧能在世时，南宗的“顿悟法门”吸引了广大的佛教信徒，长江以南地区的广大民众也普遍信仰南禅。慧能大师的门下人才济济，宗匠如林。但是，慧能去世之后尽管他的弟子们所奉行的“顿悟法门”的宗旨没有改变，但各门派在开启人们心智方面，所用的巧思和方法不同，他的弟子各树旗帜，曹溪禅法又分为了若干派别，各自又表现出突出的特点。南禅宗坚持在民间传法的传统，尤其是坚持了它的“山林宗教”的特点，因此，同上层的权力社会的关系相对疏远。

神秀去世后，他的弟子普寂禅师自称是“渐悟法门”的继承人，普寂禅师的门徒就把他尊奉为“禅宗七祖”。他承接了神秀的“两京法主”、“三帝师门”的皇室“宗教导师”的地位，朝廷的大臣们都归附在他的门下，信奉他的“渐悟法门”。普寂的社会地位崇高，政治影响很大，没有人敢同他对抗。史书上说：“普寂禅师，秀弟子也，谬称七祖，二京法主，三帝师门，朝臣归崇，敕使监卫，雄雄若是，谁敢当冲？”[①]但是，在当时的佛学界，许许多多的人都



① 《续藏经》第一辑第十四套第三册，第277页。

知道，禅宗祖传衣法在曹溪宝林寺，慧能是弘忍大师所传的六祖。神秀大师也亲口说过，弘忍大师的禅法和衣钵传授给了慧能。面对这一状况，普寂也明白，自己这个"七祖"其实就是一个僭祖。对此，普寂和门徒都感到心虚，每逢触及到这一敏感的话题时，他们就感受到底气不足，心神不定。

怎样才能够使自己的血缘出身从偏份变成正份呢？

普寂的门徒们多次派人去宝林寺偷取祖传的"衣法"，但是都没有成功。

慧能的门徒面对这种防不胜防、朝夕不安的情境，他们也在想办法。他们想出了什么办法呢？这就是镌刻石碑。他们把弘忍大师如何把衣法传给慧能大师的经过，以及祖传衣法的样式、文字等都镌刻在巨大的石碑上，昭示天下。尽管这样，还是"道高一尺，魔高一丈"，石碑又被不明身份的人把慧能的名字磨去，改刻成神秀的名字。这样反复改刻，石碑被弄得字迹模糊，最终还是被人砸掉了！

面对多次的侵扰，南禅和尚们忍无可忍，他们决定扯下脸皮，径直去洛阳，当面质问北禅的普寂：你用什么东西来证明你是祖传的"七祖"？并且，决定公开与普寂及其弟子展开禅学方面的辩论。

如果让人直闯京都，去同有权有势的普寂及其弟子们辩论，揭穿这个假七祖的面目，这是非常危险的事，真有"蚍蜉撼大树，可笑不自量"的意味！因此，将来去京城的这个人，必须具备三个以上的优秀的条件：第一，要有临危不乱、镇定自若的胆识；第二，要具备高深的佛理和禅法；第三，要思维灵巧，能言善辩。那么，南传禅宗中，有谁具备这些能去的条件呢？谁又敢去呢？前去当面揭穿普寂假七祖的人，必须要抱着敢于"像龙身剥去鳞甲，像老虎断掉尾巴"一样的"殉命忘躯"的决绝赴死的精神才行。

经过南禅学派众人的推选，这个重担落在了慧能大师最赏识的弟子神会身上！神会是一个什么样的人呢？

神会（公元668—760年）是湖北襄阳人，俗姓高。从小学习儒学经典和老庄著作，后来，又热衷佛学，在襄阳国昌寺出家，拜颢源和尚为师。神会生性聪敏，学习刻苦，出家后阅读了大量的佛学经典。神会还是一个小沙弥时，就独自长途跋涉，去曹溪宝林寺学习顿悟法门。在路途中，他不畏艰辛，鞋子破了，就把衣裳撕破来裹脚；渴了就喝泉水；饿了就摘野果充饥。这样，神

会在路途中，经过了冬春夏秋，终于抵达了曹溪宝林寺。

神会到宝林寺拜谒慧能大师时，年仅十四岁。尽管他衣服褴褛，面容憔悴，但慧能见到神会聪明活泼的模样就很喜欢。慧能故意逗神会："哟！这位朋友，你翻山越岭、渡江涉水，大老远的来到这里，非常辛苦呀！你把你的"本性"带来了吗？如果你有本性、本心，就符合你要拜见的师傅的心意了，你试着说说看！"

神会回答："法无自性，因此，法无所住；'无住'就是我的本性，随缘而起的因缘就是我内心中的自性！"

慧能就假装生气说："你这个小沙弥怎么能说这种没有边际的话！"

慧能说完，就用手杖去打神会。神会被打了几下，心里想：像慧能大师这样大善大德的智者，是几千年几万年才能够碰上的人。现在我遇见了他，就是舍掉生命也是值得的呀！"因此，神会对于挨打不仅不反感，而且嬉笑着说："弟子该打！弟子该打！"

慧能此后打心里疼爱这个小沙弥了。

从此，神会就拜慧能为师，跟随慧能学习顿悟法门。他在慧能身边多年，慧能大师非常赏识他的聪明和机敏。

有一次，慧能对他的徒弟们说："我有一件东西，它无头无尾，无名无字，无背无面，你们知道这是什么东西吗？”

神会立即站出来回答：“这就是万物的本源，也是神会的佛性。”

神会的回答对不对呢？是对的。神会回答的就是：这个东西就是“空性”，空性是万物的本源。佛性就是空性，空性就是如来性。神会说明了自己的“自性”也就是空性。神会这样说，就意味着自己是已经得道的菩萨了，这就显得太自负、太张狂了！

慧能听了神会的回答，就呵斥神会喜欢“扬才露己”——出风头！慧能说：“我对你说了这个东西‘无名无字’，你为什么偏偏要给它加上一个‘本源佛性’的称号呢？居然还说是你神会的佛性！”

在慧能看来，只要给“空性”加上任何一种称名，都违反了“不立文字”的表达原则，也就违反了禅宗的立宗之旨。所以，慧能严厉地批评神会：“这家伙这样下去，往后只能够是一个‘用白茅草做帽子’来遮风蔽雨，以假充真，名不符实的、玩点小聪明的人！”

神会经过多年的学习，逐渐成为慧能大师最赏识的弟子。唐先天二年（公元712年）七月一日，慧能把众位弟子聚集在自己身边。慧能说：“我在八月份，就要离开人世间。如果你们对于禅法还有什么疑问，就尽早问我。我可以再为你们破解疑难。如果我死去了，就没有人再教导你们了！”

听了师傅临终前的肺腑之言，法海等师兄们早已经泣不成声，真是心如刀绞，悲痛万分。惟有神会表情凝重，不动神色，没有哭涕。慧能望着神会说：“只有神会小师傅做到了‘得善不善等，毁誉不动，哀乐不生’。”

慧能对神会的评价，就是当年达摩对慧可的评价：神会得到了师傅禅学的精髓！

慧能去世后，神会被派遣到河南南阳龙兴寺，讲授禅法。

如今，南禅的弟子们既然要神会去北方的两京，去澄清本源，剥去普寂及其弟子的伪装，那么，神会就毅然这一承担下这一重任，他就以决绝赴死的精神，踏上了去两京之路！

当时长安、洛阳两个京都的情况是：“两京之间皆宗神秀，若不淰之鱼鲔附沼龙也。”[1]这是说，当时两京的佛教信徒都像是在平静的水塘中长大的

① 赞宁：《宋高僧传》（上），中华书局，1987年版，第179页。

鱼儿追随着水塘中的蛟龙那样，它们没有见过世面，没有经历过大风大浪，所以，只知道一个劲儿追随神秀、普寂的北传禅宗。这说明，当时，长安、洛阳两京都的人，都只知道有神秀的北传禅宗，而不知道有慧能的南传禅宗，在当时唐王朝大臣李益所写的《大照（普寂）禅师碑》的碑文中，明确地写道：普寂是禅宗的第七代传人："忍受于大通（神秀），通贻于吾，今七叶矣！"

神会来到两京弘扬南禅佛法时，普寂禅师已去世。神会利用一切可能的场合，宣扬南宗的顿悟禅法，指明慧能大师才是真正的第六代衣钵传人。神会的做法，使北宗门人非常恼火。北宗和南宗的衣钵和教义之争就此公开化，尖锐化。

神会的宣教终于导致了北宗和南宗的公开辩论。唐玄宗开元12年农历正月十五日，神会同普寂的弟子崇远禅师等人在河南滑台（今河南滑县）召开了"无遮大会"。所谓"无遮大会"就是没有任何遮蔽或保密的大会，是任何人都可以参加的、公开的、自由平等的辩论会。

神会在会上，借用神秀大师本人所说过的："自己没有得到弘忍大师衣钵"，以及向皇帝推荐慧能时所说的"慧能是弘忍大师的衣钵传人"这些话，以及其他材料，以无可辩驳的事实说明：弘忍大师的衣钵在南传慧能大师手中，慧能才是真正的衣钵传人！神会毫不留情地指出：北宗"师承是旁，法门是渐"，[①]然后，又明确地阐明了南禅的思想特点，尖锐地指出了北宗"渐修"禅法的缺点。

这次"无遮大会"以南禅的胜利而告终。史书上讲：神会的宣教，"荡其渐修之道矣！南北二宗时始判焉，致普寂之门盈而后虚。"[②]这是说，神会通过辩论和演说扫荡了北宗的"渐修"禅法，使人们了解到了南宗"顿悟"禅法和北宗"渐悟"禅法的明显区别，也使过去普寂时代那种门徒盈门，信徒如云的状况一下子变成为"门庭冷落车马稀"的局面。

但是，哪有一次辩论会就能撼动北宗禅法经营了几十年所形成的雄厚的根基呢？史书上也讲道："然北宗门下势力连天！"[③]



所以没过几年，北宗门人就凭借自己在朝廷和官府中的影响力，开始对

① 《中华传心地禅门师资承袭图》，《续藏经》，第一辑第二编，第15套，第5册，第434页。
② 赞宁：《宋高僧传》（上），中华书局1987年版，第179—180页。
③ 赞宁：《宋高僧传》（上），中华书局1987年版，第180页。

神会等南宗弟子“秋后算账”了！北宗门人借用皇权和官府之手,残酷迫害异己。根据多种史书上的记载：天宝十二年,神会被诬告为“聚集众生,图谋不轨”,被朝廷赶出两京,以罪犯的身份发配到江西弋阳郡,过了几年,又被发配到湖北武当郡。又过了若干年,神会再次被发配到荆州开元寺修行反省。但是,南宗简便的“顿悟法门”却在这期间在社会上慢慢传开了,信仰的民众渐渐增多,在朝廷和社会上逐渐产生了深远的影响。

安史之乱时,神会在襄阳打起“爱国护教”旗帜,动员广大禅僧化缘,号召民众为唐军筹措军资,支持郭子仪的军队,打败了安禄山、史思明的军队,最终平息了这场持续多年的内乱,赢得了最后的胜利。因为神会支持抗敌有功,朝廷才逐渐改变了对他的态度。直到唐朝肃宗皇帝时,神会的“冤假错案”才得以平反！肃宗皇帝下命令在洛阳建立一座名为“荷泽寺”的禅寺,供神会定居。当时的人们就把神会所宣扬的禅法叫做“荷泽禅”。公元 760 年,神会去世。

在禅宗内部的派系斗争和倾轧中,南禅同样一点也不手软。在南宗鄙薄、诋毁北宗的事例中,其主要手段是从理论上贬低别人,抬高自己。这里举几个事例来说明。

其一：

崛多三藏禅师是印度来华的和尚。听了六祖慧能的教导而得道开悟。后来,他游学五台山时,看见一个和尚在草庵中天天静坐。崛多三藏就问这个坐禅的和尚：“你每天都在这里孤苦地坐禅,有什么用呢？”

和尚说：“我在观静。”

崛多三藏又问他：“正在入定观察的这个人是什么人？他所观察的又是什么呢？”

和尚站起来向崛多三藏致礼,并问道：“你刚才问的话,是什么意思？我听不懂。”

崛多三藏回答说：“你为什么不自己观察一下自己,看看自己的本性是什么？自己的心境是否是清净的呢？”

和尚感到一片茫然，说不出话来。

崛多三藏又问他：“你学习的禅法出自哪家门派？”

和尚回答说：“我学习的是北禅神秀大师的法门。”

崛多三藏说：“在我们印度的各种旁门左道中，哪怕是最低下的门派也不会堕落到这种愚蠢的见解之中。像你这样的独自空坐，对于求禅悟道有什么益处呢？”

和尚对崛多三藏的话感到吃惊，就问他：“禅师是向哪一位师傅学习的禅法？”

崛多三藏说：“我的师傅就是六祖慧能大师。你为何不立即去曹溪宝林寺向慧能大师学习禅法呢？他可以给你指出学禅的正确的道路。”

这个和尚听了崛多三藏的一席话，就立即下决心远赴曹溪向六祖学禅去了。

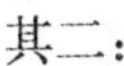

其二：

玄策禅师是六祖慧能的弟子。他曾远游到河朔一带。在河北，他遇见一位前辈和尚，名叫隍禅师的长者。隍禅师曾在五祖弘忍门下学习禅法。他在东山寺期间，选择的是修习“渐悟”的法门。隍禅师游方到河北后，就自建了一个草庵，在那里天天坐禅，时间长达二十年之久。玄策禅师见他勤奋坐禅，居然经历了二十年之久丝毫也不懒惰。玄策禅师同他聊天之后，知道他没有得到真正的“东山禅法”，就问他：“你天天坐禅是为了什么？”

隍禅师说：“为了进入禅定之中。”

玄策说：“你说为了进入禅定，你有心？还是没有心？如果有心的话，那么，对于有心的人而言，他做任何愚蠢的行动，他都可以入定，他都能够专注于一件事情之中。如果没有心，那么，对于那些没有心的东西，例如草木之类的东西来说，它们自然而然地都处于一动不动的寂静之中。”

隍禅师说：“我处在禅定中时，没有觉察自己是有心或无心。”

玄策禅师又说：“你既然觉察不到自己有心还是无心，那就是处于‘常定’之中。既然你处于‘常定’之中，哪里还谈得上什么‘入’、什么‘出’？如果说，有‘出入’的话，那就谈不上是真正的禅定（大定）。”

隍禅师回答不出话来。他沉默了很久之后问玄策禅师：“你的老师是谁？”

玄策说：“我的老师是曹溪宝林寺的慧能大师。”

隍禅师问：“慧能大师是如何禅定的？”

玄策就向隍禅讲述了六祖“反对坐禅”、“随缘任运”和“顿悟”的禅法。

隍禅听了之后叹息说：“我前二十年所得的‘自心’都成了无影无踪的气泡了！”

隍禅师在玄策禅师的激励下，不远万里到曹溪向慧能大师学习禅法。慧能大师被隍禅师艰苦卓绝的求禅精神所感动，就细心地开导他。隍禅师很快就开悟了。在隍禅师开悟的那一天，远在河北的信仰禅法的僧侣和民众，忽然听到空中响起了雷鸣般的声音：“隍禅师今天得道了！”

后来，隍禅师回到河北传道，以慧能的禅法教导四乡的人们，受到民众热烈的拥戴。

其三：

司空本净禅师舌战北宗群雄的故事。南传禅宗的人往往借这个故事来讥笑北宗无能无识的丑态。

本净禅师自小在曹溪宝林寺出家，是六祖慧能的再传弟子，也就是慧能

的徒孙。后来,他在司空山无相寺宣扬南宗禅法。有一天,唐玄宗派遣一名叫杨光庭的官员到山中去负责采取“常春藤”。据说,“常春藤”是制作“不老之药”的原料。在山中,杨光庭无意间来到了本净禅师修行的寺院。杨光庭早就仰慕本净禅师的大名,偶然遇见,就很是高兴。就请求本净和尚给他讲道。本净和尚不想同这位官员交谈,说:“‘天下禅宗硕学,咸会京师’。你去问他们吧!我整天依山傍水,无所用心,我能给你谈什么呢?”

本净禅师的意思是说:你从京城而来,北传禅宗的门徒不是在那里宣扬他们的禅法吗?你们当官的不是那样热烈地吹捧他们吗?既然如此,何必向我求教呢?

在杨光庭苦苦要求下,本净禅师还是对他讲授了南宗禅法的基本原理。本净禅师说:“若欲求佛,即心是佛。若欲求道,无心是道。”

这意思是说:你如果要了解佛法是什么?那么,我的回答就是:你的“本心”就是佛法。

什么是“本心”呢?就是你的“自性”、你的本性。

你的本性、“自性”是什么呢?就是“空性”。

什么是“空性”呢?万物都是四种元素和合而成,每一种存在都没有自己独特的性质,每一种东西只是形态上同其他东西有区别,而本质都是一样的,这是“空性”的第一层含义;此外,万物都有着生成、变化、消失的过程,所以说,一切事物在形态上也是不断变化的,你怎么能够把握住它?怎么能够使它不变化呢?这就是“空性”的第二层含义。

所以,“悟禅”就是要领悟到“空”是万物的本性,也是人的本性,心的本性。领悟到了“万法皆空”的道理,就是悟到了“佛性”的真理。你就是佛。所以,懂得了“自性”就是“空性”,“空性”就是佛性。这就得“道”了。求道与得道的过程,就是领悟“自性”本是“空性”;“空性”就是佛性的过程。既然“悟禅”就是“悟空”,那么,北禅所强调的天天坐禅,而不去领悟“空性”即“自性”,不去品味“自性”即“佛性”的道理,他就能“坐而成佛”吗?岂不是荒谬无稽吗?



本净禅师的一番话,使杨光庭心中豁然开朗,他非常感激本净禅师的开导。他返回宫中后,立即把他在山中遭遇本净禅师的事向玄宗皇帝禀报。唐

玄宗听说后，立即下旨召本净禅师进京说法。

然而，杨光庭的热心举荐，却给本净禅师惹来不少麻烦……

本净禅师给皇帝和宫廷内的大臣讲禅法，得到了皇帝和大臣们的赞叹。唐玄宗生性风流，崇尚风雅，又喜好标新立异，玩新花样。第二年，皇帝兴致来了，安排了一个大法会，即大规模的学术讨论会。皇帝命令京城内所有著名的和尚都来参加这个学术讨论会。唐玄宗兴致勃勃地也来聆听会议的发言。这是一个高层的禅学论坛，云集了当时京城内的禅学“大腕”和专家。但是，这些大腕们，“清一色”的都是北宗禅学的权威。本净和尚作为大会的主要发言人，从一开始，他就是树立在那会议上的“靶子”了， 成为北禅大腕们的“众矢之的”。人们早已预测：这些大腕、专家的如雨之箭一旦射向本净，最终会让本净禅师像刺猬一样地滚下台来。

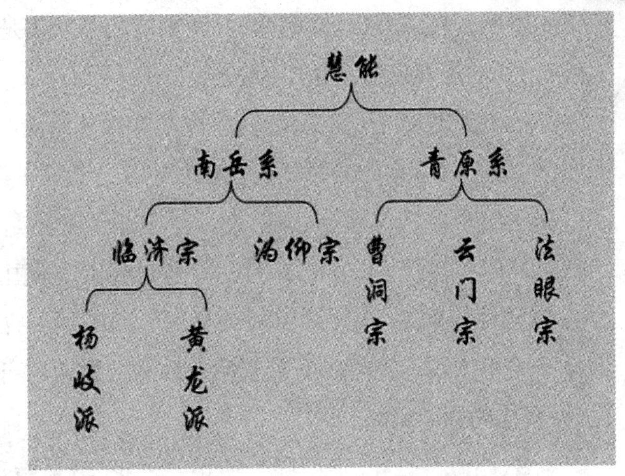


学术讨论会开始了。

首先发难的是名叫远的禅师。他高声说："今天面对圣上，我们较量彼此的宗旨，看到底谁是谁非。但是，有一条原则，请本净禅师一定遵守。这就是：必须直截了当地阐述观点，明明白白地回答问题，不能采取'弯弯绕'的'绕路说禅'方式表达。如果同意这一原则，那么我就提问了。请问：你以为什么是'道'？"

远禅师提出的所谓表述原则，可以说是"居心叵测"，用心险恶。为什么这样说呢？因为，真正的禅意表达，是要求不立文字，不落言筌，所以必须用比喻、象征的方式来"绕路说禅"。远禅师要求直言直语回答问题，这就切断了禅的表达方式，明摆着是让本净禅师违背禅的表达原则。

本净禅师回答："无心是道。"

针对这一观点，本净禅师用浅白的语言和生动的事例，阐明了南宗的"自性"是"空性"；"空性"是"佛性"的基本思想。本净的回答获得人们的喝彩。

随后，北宗禅师中又有名叫"志明"的禅师、名叫"真"的禅师和"法空"禅师等人像放连珠炮似的围攻本净禅师。之后，又有名叫"安"的禅师和"达性"禅师等人都提出问题对本净禅师加以诘难，皇帝身边的大臣也提出了不同方面的问题请求解答。本净禅师舌战群师，从容镇定，对他们的问题一一回答，对他们的诘难一一破解。最后，这些禅师无问题可问，无难题可以难倒本净禅师。本净禅师真可谓做到了"四两拨千斤"。他利用这次高层的学术论坛，详尽地阐明了南禅的"顿悟法门"。

上面几则公案故事是从史书上摘录下来的，这是南传禅宗猛烈攻击北传禅宗的证明。可以看出，禅宗南、北两宗的相互攻击是激烈而长期的，足以令人感叹："本是同根生，相煎何太急"！

从历史的发展看，在南、北两宗禅法的生死对决中，最终是以南禅的胜利而告终。因为，南宗的"顿悟"禅法最终形成了"一花五叶"的宏大局面，几乎占据了整个中国佛教的领域，形成了名山无处不是禅的宏大格局，并且还不断向外传播，到了朝鲜半岛的新罗、高句丽和日本国。

值得注意的是，南传禅宗成为显耀宗派的原因，决不是因为它打出了所谓禅宗"正宗衣钵"招牌，而是它所采取的"简便修行"、"顿悟成佛"的世俗化、大众化的立宗策略。

什么叫做"一花五叶"呢？所谓"一花"就是指慧能为代表的南宗"顿悟法门"。所谓"五叶"有两种含义：

其一，就是指慧能嫡传的弟子青原行思、南岳怀让、荷泽神会、永嘉玄觉和南阳慧忠等五位禅学大师，以及由他们发展出来的、各有特色的支流宗派。

其二，是指由青原行思和南岳怀让两系生发出来的五个支流宗派。这"五叶"因其门徒众多，影响力很大而特别知名。

它们分别是：

由青原行思一系衍生出来的"曹洞宗"、"云门宗"和"法眼宗"。

由南岳怀让一系衍生出来的"沩仰宗"、"临济宗"。

当然，南宗顿教还生发出了其他的若干宗派，只不过因为"五叶"的显赫名气而被遮蔽了而已。

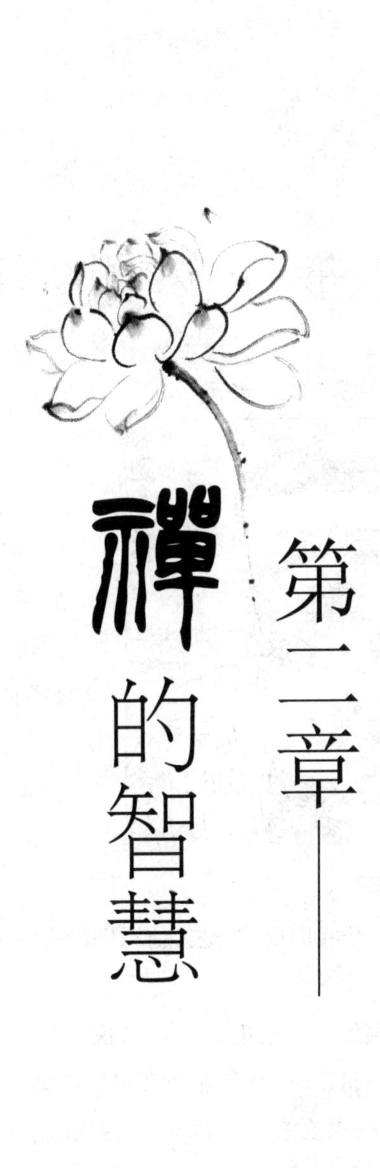

# 第二章 禅的智慧

## 第一节 教外别传与不立文字

### 一

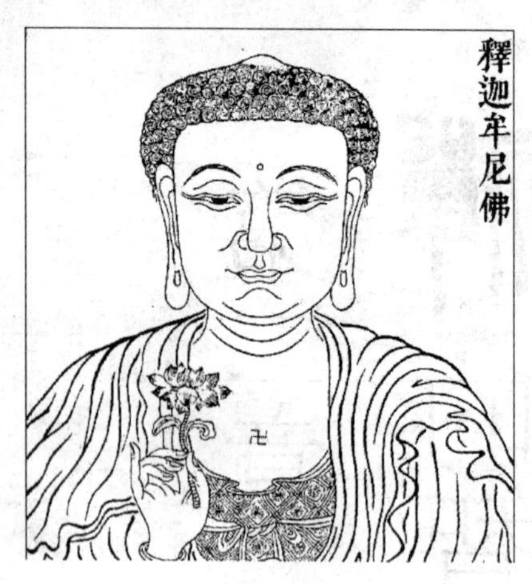


在南北朝时期的佛教宗派中，禅宗只是一个不起眼的小宗派。它怎样摇身一变，成为中国佛教的主流宗派的呢？秘密在于，它的独特的广告炒作和标新立异的运作方式。禅宗的广告是什么呢？就是"教外别传"。所谓"教外"，是说我们玩的东西，同其他的和尚们玩的东西不一样，是大家没有见过的。所谓"别传"，就是我们玩的，是其他派别没有的独门绝活！这绝活是什么呢？待会儿再讲！

有一个美丽的"拈花微笑"的传说[①]：

有一天，佛陀——释迦牟尼在灵鹫山举行盛大的法会，他对大众宣讲佛经，说明佛法的重要意义。大梵天，这位印度婆罗门教的大神也来到灵鹫山听佛陀说法。他献给佛陀一支金色的波罗花，并且趴在地上，把自己的身体当成佛陀的座位，请佛陀坐在自己的身上，为大众说法。佛陀登上座位后，拈起金色波罗花，给大众看。众人看到佛陀的拈花示众的举动，都不理解佛陀的手势是什么意思，因此，都沉默不语。惟有站在佛陀身边的大弟子迦叶，领会了佛陀拈花示众的内在含义，就忍不住而露出了微笑。佛陀看见迦叶领悟了自己的意思，就对大家说了一段为禅宗"开宗立旨"的话。根据这个传说，

① 《宗门杂录》中载，据说，此故事出自王荆公（王安石）看过的《大梵王问佛决疑经》

这件事被记录为：

“世尊在灵山会上，拈花示众。是时众皆默然，唯迦叶尊者破颜微笑。世尊曰：‘吾有正法眼藏，涅槃妙心，实相无相，微妙法门，不立文字，教外别传，付摩诃迦叶。’”①

这句话的意思是说：“我拥有‘达摩’（正法）智慧宝藏。这‘达摩’智慧宝藏就是：能够达到涅槃境界的美妙心灵；能够看破实相无相的智慧之眼；能够掌握精深玄奥的真理的方法——这方法就是：‘不立文字’、‘教外别传’。”这就是所谓禅宗的起源。

这一“经典”中，释迦牟尼所做的事、所说的话，就是禅宗立宗的纲领和宗旨。

在“佛祖拈花，迦叶微笑”的举动中，佛陀发出了什么信息？迦叶又接受到了什么信息呢？这是什么意思呢？

其实，佛陀“拈花示众”所表达的意思是明白的，佛陀所说的意思就是“一切皆变”，“世事无常”的道理。美丽的金波罗花也是很快就要枯萎和消失的，天国中的金波罗花也是“无我”的、“无常”的暂时的存在，金波罗花也是“空性”。说穿了，就是“一切皆空”。

## 二

禅宗“别传”的独门绝活是什么呢？就是“不立文字”。

什么叫“不立文字”呢？指禅宗教理不依靠文字流传，是在传统佛教经典之外传承的教义，就是反对以抽象的概念、教条和道理来说教、来教导别人。

慧能说过：“诸佛妙理，非关文字。” 大家不禁要问：“不立文字”却能够传法，不谈道理却能让人领悟佛理，这“教外别传”走得通吗？

从理论上讲，这条路走得通；从历史事实看，这条路走通了，而且这条路

① [宋]普济著：《五灯会元》卷一，中华书局，1984年版，第10页。

成为了中国佛教发展的“主干道”。

为什么说，“不立文字”从理论上讲行得通呢？

“不立文字”揭示了一个语言学的重要秘密，这就是：人类表情达意的方式有多种多样，我们通常所使用的有声的、概念性的语言，其表达范围极其有限。

20世纪英国哲学家波兰尼说：“我们能够知道的比我们能说出来的东西多。”这说明了语言的功能是极其有限度的。人类生活中许许多多丰富的情感体验，有许多是无法通过语言来表达的。禅宗独辟蹊径，是有传统依据的。古代印度人和中国人，就采用多种非语言的传达方式，来表达情感体验和思想。例如，大量的形体语、手势语、眼神语、表情语、图形符号、音调、鼓点等。这些表情达意的方式既可以达到交流沟通的目的，又凭空增添了神秘性和敬畏感，也达到了对有声语言的排斥和回避。禅宗的“不立文字、教外别传”走的就是这一路子。这就是禅宗的创造性之一。

人们的思想情感中有很多个人体验是无法表达出来的。尽管很难表达，但又不得不表达。这种“不可言说”，而又必须“言说”的诉求，就形成了一种独特的表达方式，这种方式就是“不立文字”。

“不立文字”就是用象征、比喻、暗示的方法来表情达意。它不用干瘪的说教为手段，不用抽象的概念为媒介。

所以，禅者之间的对话，是大量利用隐语、暗语、形体语、手势语、眼神语和各种图形符号来表达心中的想法和体验。这就是“绕路说禅”。禅家相互之间所谓的“参禅”，就是“绕路说禅”，也就是用弯弯绕的方式来表情达意。正是这种表达方式，使禅僧之间的对话显得扑朔迷离、神奇无比，处处有玄机，句句有言外之意、弦外之音。这就是“不立文字”。

以“不立文字”这种奇特的方法来传授禅法，就叫做“教外别传”。这就是禅宗的独门绝活，这也是禅宗最根本的特点！

“不立文字”在实践中行得能吗？完全行得通。我举一个例子说明。

众所周知，谈恋爱，最困难的是相互之间那一刹那的表白。《红楼梦》第91回中有贾宝玉、林黛玉之间的对话，就是以“绕路说禅”，或者说用参禅的方式来谈情说爱。

宝玉和黛玉有些日子未见面，黛玉心中有些猜疑，担心宝玉移情别恋。当他们见面后，黛玉听宝玉讲：近日是因为学禅而没来看她，黛玉趁机用参禅的方式来试探宝玉对自己的真情实感。

黛玉乘此机会，说道："我便问你一句话，你如何回答？"

宝玉盘着腿，合着手，闭着眼，撅着嘴道："讲来。"

黛玉道："宝姐姐和你好，你怎么样？宝姐姐不和你好，你怎么样？宝姐姐前儿和你好，如今不和你好，你怎么样？今儿和你好，后来又不和你好，你怎么样？你和他好，他偏爱不和你好，你怎么样？你不和他好，他偏要和你好，你怎么样？"

宝玉呆了半晌，忽然大笑道："任凭弱水三千，我只取一瓢饮。"

黛玉道："瓢之漂水，奈何？"

宝玉道："非瓢漂水；水自流，瓢自漂耳。"

黛玉道："水止珠沉，奈何？"

宝玉道："禅心已作沾泥絮，莫向春风舞鹧鸪。"

黛玉道："禅门第一戒是不打诳语。"

宝玉道："有如三宝。"

黛玉听了这话，低头不语。[1]这里的"弱水"指女性，"三千弱水"指大观园中的所有女性，包括宝钗。宝玉所说"只取一瓢饮"，这是一句参禅的暗语。

贾宝玉这话的意思是说："无论你怎样颠三倒四地糊弄我，我的态度很明确，我只爱你一个人。"

① 《红楼梦》第91回，人民文学出版社，1979年版。

黛玉所说的“瓢之漂水，奈何？”其意思是说：“那可不一定啊！你身边那么多姐姐妹妹，那么多迷人的女孩，尤其是宝姐姐那么才高貌美，你把握不住自己，花了心怎么办？”

宝玉的回答：“水自流”、“瓢自漂”，其意思是说：“水流归水流，瓢漂归瓢漂，各不相干。”其暗示的意思是：“宝姐姐是宝姐姐，我是我，各不相干，何必把她同我扯在一起呢！”

黛玉所说的：“水止珠沉，奈何？”其意思是问：“宝姐姐是水，你是珠，她一个劲地要同你好，你怎么办？”

宝玉回答的“禅心已作沾泥絮，莫向春风舞鹧鸪”两句诗，是脱胎于宋人笔记中参寥的诗句：苏东坡被贬到彭城做官，参寥来拜望他。随后，苏东坡派人去向参寥索要他的诗作。参寥写的诗句中有“禅心已作沾泥絮，不逐东风上下狂”之语。宝玉借用此诗句的意思是表明这样的意思：“自从我爱上了你，我的心已经像沾上了泥的柳絮，不会随风飞舞，心已经安定在一处了。”

所以，黛玉听了，连忙说：“佛门第一戒是不打诳语。”

宝玉立即发誓道：“我的话有如佛门三宝。”

“三宝”是什么呢？“三宝”是佛家用语，意指“佛、法、僧”。

“佛”是指真理的觉悟者释迦牟尼，他是“佛宝”。

“法”是指宇宙的真理，也就是释迦牟尼所宣讲的法，就是指佛法的教义，这就是“法宝”。

“僧”是指佛门出家弟子的团体，他们是继承和宣扬佛教教义的人，是奉行真理的人，叫做“僧宝”。

所以，“三宝”是神圣的、具有真理性的、永恒的。

宝玉所说的“有如三宝”就是向黛玉表明：“我对你的爱是神圣的、真心真情的、永不变心的。”

在上面的对话中，无一字一句是谈情说爱，但无一句无一字不是非常炽烈的爱情表白。如果我们用直白浅显的话语来表现心中的爱情，那就不是禅语了。

明代小说《西游记》中，也有模仿弘忍、慧能师徒之间在舂米房中那一段

“不立文字”的公案故事：孙悟空在西洋三星洞向须菩提祖师学法。由于学法的人多，须菩提祖师讲得很浅显，孙悟空觉得没兴趣。须菩提问孙悟空：“你这也不学、那也不学，你到底想学什么？”

孙悟空说：“我只拣最好的东西学。”

须菩提假装生气了，用戒尺指着孙悟空说：“你这猢狲，这般不学，那般不学，你到底想干什么？”

须菩提祖师装着生气的样子，用戒尺在孙悟空的头上打了三下，倒背着手，向里面走去，把中门关了，撇下大众而去。大家都埋怨孙悟空，说他冒犯了祖师。孙悟空一点也不生气，只是在那里对大家挤眉弄眼，给大家陪笑脸。原来，孙悟空心中已明白了祖师的意思：祖师打他三下，是叫他三更时分去祖师房中；倒背着手，走进里面，把中门关上，是叫孙悟空从后门进去，秘密传法给他。因此，孙悟空得到了须菩提祖师传授的“七十二变”的密法。

## 三

禅宗“不立文字”的立宗宗旨，必然带来一系列具有反传统意味的革新。这一革新的意义有三个方面：

第一，普及禅法。“不立文字”排除了传统佛教“皓首穷经”的学习佛教典籍的方式。禅宗不依赖经典，不死抱经典的主张，就为学佛的民众开辟了一条便捷之路，大大降低了学习佛教道理所需要的文化门槛，方便了佛教和禅宗在民间的推广。这方面，慧能就是代表。

当年慧能去湖北黄梅东山寺的路上，他来到韶州曹溪时，结识了一个名叫刘志略的朋友，刘志略的姑姑是一个尼姑，法名叫做“无尽藏”。这个尼姑常常读《涅槃经》。慧能听了几遍后，就懂得了《涅槃经》的意义。有一次，无尽藏尼姑不认识经卷上的一些字，她拿着经卷来问慧能。慧能不认识字，就说：“我不认识经卷上的字，但你要问其中的含义，我可以为你讲解。”



尼姑感到好笑，说“你字都不认识，怎么能说清楚其中的意思呢？”

慧能大笑起来，说：“诸佛妙理，非关文字。”这意思是说：各种佛教经典中的玄妙的道理，都与文字无关，只与思想、意义有关。如果一个学习佛法的人,仅仅依赖文字,而不懂得其中的道理,这不就像鹦鹉学人说话,只会说人的话而不懂得其中的道理一样吗?

慧能的回答,使无尽藏尼姑大为惊叹! 没想到这个农夫竟然有如此深刻的见解! 这是慧能初露锋芒。

第二,标新立异。"不立文字"促成了"参禅"和"顿悟"等独特的、标新立异的修炼方式。"参禅"就是以打哑谜的方式来交流。

例如,五代时期有一个著名的蕴禅师。有学生问他:"老师! 什么是禅?"

蕴禅师回答:"石上莲花,火中之水。"

学生听不懂。学生又问:"老师! 什么是道呢?"

蕴禅师回答说:"楞伽峰顶一棵草!"

学生依然不明白。学生再问:"那么,禅与道有什么差别呢?"

蕴禅师回答说:"泥人落水,木人打捞。"

蕴禅师对第一个问题的回答,是说,你见过石头上生长的莲花吗? 你见过火中的水吗? 禅是看不见的,摸不着的。

对第二个问题的回答,是说:"'道'就像佛教传说中的圣山楞伽山峰顶上的一棵草",它的确是存在着的,但你既看不见,又摸不着。

对第三个问题的回答是:"禅与道各不相干。正像泥巴做的人落入水中,木头人去打捞一样! 一个沉入水底,一个漂在水面,各不相干!

这种叫人难以捉摸的回答,就是绕路说禅的、打哑谜似的"参禅"!

第三,不读佛经。"不立文字"直接导致和尚们不读经典,老师也不讲经说法,老师只是在关键的时候加以点拨。学禅的人,只能依靠自己领悟真理。这就是南传禅宗的"顿悟"法门。

禅师不许弟子诵读佛经。那么,禅师自己读不读佛经呢? 其实,禅师自己还是要诵读佛教经典的。禅师开悟之后,他在诵读佛经时,他对佛理所理解的深度和心灵中的体会就与没有开悟的弟子就有所不同了。即便是这样,禅师们诵读佛经还是偷偷摸摸的、背着人们进行的。有一则故事:

著名的惟俨药山禅师博学多才,思想深刻。他每天都抽出时间,躲在禅房刻苦攻读《法华经》、《华严经》、《涅槃经》等经典。有一天,他在禅房中悄悄阅读佛经时,被弟子撞见了。弟子就问他:"和尚平日里不许别人诵读

佛经，为什么您自己却在房中悄悄看佛经呢？”

药山禅师被弟子撞了个正着，抓了一个“现行”，并受到弟子的诘问，觉得很不好意思。他只好敷衍说：“外边日光太亮了，我只是用书来遮遮眼嘛！”

弟子又问：“我能不能也学着老师这样，也用经书来遮遮眼睛呢？”

药山禅师摇着头说：“不行！不行！你不能学我这样。因为你年轻，眼光好，即便是一张厚厚的牛皮，你也能把它看透！所以，你用经书来挡光，是遮不住亮光的。”

这说明，“教外别传”和“不立文字”是禅宗“独走偏锋”的创新性智慧。禅宗既然强调不立文字，那么禅师们又采取什么方法来表情达意呢？他们彼此又如何相互沟通呢？

# 四

禅宗强调不立文字，但彼此之间又要沟通，又要表情达意，怎么办呢？禅师们只好采取一种独特的表达方法，这就是“绕路说禅”。

什么是“绕路说禅”的交流方式呢？

就是用“弯弯绕”的方式说禅，用借此而言彼，借物而说事的方法来说明禅的道理。这种方式就是用比喻、隐喻的方式来说明道理。采取这种方法的结果是，禅僧之间的对话，都采取化显为隐，化明为暗，从而就使人感到对方的话语神出鬼没，奇异怪戾，让人摸不着头脑，抓不住要领。要理解对方的意思，就得以心会心，去揣摸、猜测对方话中的意思。“绕路说禅”就是禅师们所谓的“参禅”。从参禅又发展为用形体语、身体语言来说禅，这就是大量采取“比划”和“捧喝”的方式来说禅。这就更加令人摸不着头脑，也使参禅走向刁钻而庸俗的游戏了。

关于“绕路说禅”的有趣例子不可胜数。例如，有一则公案故事说：

德山宣鉴禅师跟随龙潭崇信禅师学习禅法，一天晚上，德山久久侍立在龙潭崇信禅师身边。龙潭说：“夜已深了，你为什么还不离去？”

德山听说后，向龙潭致了晚安就离开了。德山走到门口，回过头对师傅说：“师傅，外面太黑了，看不见路。”

龙潭禅师就点燃了一支纸做的蜡烛递给德山。德山刚要伸手接蜡烛时，龙潭禅师就把蜡烛吹灭了。德山茅塞顿开，刹那间觉悟到了禅理。[①]

龙潭禅师这一奇怪的举动有什么意思呢？为什么德山顿时开悟了呢？龙潭的意思是说，德山在黑暗中出门行走，想借助光明。在德山的观念中，无疑就是把黑暗和光明区别开来了，这就执着于明、暗的分别心，从而落入了虚妄谬见。龙潭把燃烧的蜡烛吹灭，其意思是说明：夜的世界本来就是漆黑一片；有了烛的光亮，就有了明暗的分别。所以把蜡烛吹灭了，从而世界又是一片黑暗，就复归为“一”。德山就此领悟到了禅所理解的“空”性，是无所分别的。

① [宋]普济著：《五灯会元》卷七，中册，中华书局，1964年版，第372页。

再如，唐代的百丈怀海禅师是著名的高僧。有一次他同师傅马祖道一禅师外出，看见一群野鸭子飞过。

马祖道一问百丈怀海："这是什么？"

百丈怀海回答说："野鸭子。"

马祖道一又问："什么地方去了？"

百丈说："飞过去了。"

马祖道一一下子猛拧百丈怀海的鼻子，百丈疼痛难忍。

马祖道一接着说："何曾飞过去？"

百丈猛然醒悟。百丈回到僧房，失声大哭。

有一个和尚问他："你是想念父母了吧？"

百丈说："不是。是师傅把我鼻子拧痛了！"

这个和尚问百丈"师傅为什么拧你的鼻子呢？"

百丈说："你去问师傅吧。"

和尚去问马祖，马祖回答说："这是他已经悟道了，你回去问他吧。"

回到禅房，和尚对百丈说："师傅说你已经开悟了，叫我来问你，是否是这样？"

百丈怀海突然大笑不止。

这个和尚说："你先前哭，现在笑。这是怎么回事呢？"

上述这些话真是扑朔迷离，处处有玄机，句句有言外之意，字字有弦外之音。马祖道一拧百丈怀海的鼻子，是因为百丈说"鸭子飞过去了"。按常理讲，说"鸭子飞过去了"并没有错。但是，从"不二法门"的"非此非彼，即此即彼"，不落一边的道理看，既然说鸭子"飞过去"，当然就有"飞过来"。只说"飞过去"就片面了，执着于一边了。正确的说法应当是"鸭子飞了"，这样说，就不存在"过去"、"过来"的时间差异和方向差异了。

"绕路说禅"的结果是：禅僧之间的对话，都采取化显为隐、化明为暗，好像句句有言外之意，字字是弦外之音，使人感到扑朔迷离，奇异乖戾，摸不着头脑。再举一则著名的公案为例：



有一次，有一位僧人从洞山良价禅师那里来见庆诸禅师。庆诸禅师就问这个和尚："你来的时候，（洞山）和尚叫你带什么话来开示我这个徒弟呢？"

这个和尚说："在七月十五日，也就是'解夏'那天，良价禅师在上堂的时候对我们大家说：'秋初夏末，兄弟们有的要去东边云游，有的要去西边云游。但是，无论去何方，都必须到那个万里没有生长寸草的地方去。'过了一会儿，禅师又问：'请问大家，万里没有生长寸草的地方如何得去呢？'"

庆诸禅师问这个和尚："有人回答老师的问话吗？"

和尚说："没有人回答。"

庆诸禅师说："你们为什么不回答说：'出门就是草'呢？"

这个和尚回到洞山良价禅师那里之后，向洞山良价禅师告诉了庆诸禅师的答话。

洞山良价禅师听了庆诸禅师的答话后，不禁感叹说："庆诸的话，是能够吸引并聚集一千五百名僧徒的高僧才能说出来的妙语啊！"[①]

洞山良价所说的，"到那个万里没有生长寸草的地方去"是什么意思呢？这里的"万里不生长寸草的地方"就是指人的"自我"、"心性"，就是指"心灵的空灵清净的境界"。洞山良价禅师所说的就是一句参禅的隐语，其意思是说："你们无论向何方去，都必须做到心性空净。"

① 注释：[宋]普济著：《五灯会元》卷五，中华书局1984年版第286页。

庆诸禅师所回答的："出门就是草"，是什么意思呢？为什么会得到洞山良价禅师的高度赞叹呢？因为"天涯何处无芳草"，无论和尚们到什么地方，只要心中有佛性、有空灵的自性，即便"出门就是草"，也无所谓。万里无寸草的地方只能在心性之中，在清净的自我心性之中。这就道出了心性的空性。庆诸的意思是说明了，万里没有生长寸草的地方只能在自己的心中，在现实的物质世界中出门就是草。只要你心性清净，即便出门就是草，对于你来说，心中也就没有草！

## 五

禅思的表达似乎在无意之中，同文学艺术借物咏意的间接、曲折的表现方式发生了重迭、重合。

不仅《红楼梦》第91回中有贾宝玉、林黛玉用参禅的方式来谈情说爱，而且俄国大作家托尔斯泰在他的长篇小说《安娜·卡列尼娜》中，也描写了一对恋人，他们也采取了不立文字的、隐语式的传达方式，来表达心中苦涩而炽烈的爱情。

长篇小说《安娜·卡列尼娜》中有两对主人公。一对就是安娜·卡列尼娜和她的情人渥伦斯基；另一对主人公叫列文和吉提。列文和吉提两人的家庭是世交关系。列文和吉提早就相识，列文内心中一直深爱着吉提。吉提也知道列文的心思。这期间，一位从彼得堡来到莫斯科的青年英俊的军官渥伦斯基见到了吉提之后，就拼命追求吉提。他的英俊美貌和翩翩风度，加上他的甜言蜜语，使吉提着迷似的爱上了他。列文不知情，在这个时候向吉提求爱，遭到吉提的拒绝。列文陷入了绝望之中。大家都认为渥伦斯基将在吉提家举办的大型舞会上向吉提求婚，吉提也在等着这一时刻的来临。但是，在舞会上，安娜·卡列尼娜出现在舞会上。安娜美丽迷人、高贵的气质使渥伦斯基大为惊叹。渥伦斯基转而追求安娜，并追随安娜返回彼得堡。吉提的自尊心受到了致命的一击，随后就大病一场。一年之后，吉提来到乡下的庄园养病，这个庄园离列文家的庄园不远，列文出于礼貌来拜见吉提的父母，也见着了大病初愈的吉提。列文依然深爱着吉提，但又不敢表白。吉提心里也期待着列文会原谅她过去拒绝他的求爱。人们都看出了列文和吉提的心事，大家就借故离开了客厅。这时，吉提无心地在一张小黑板上胡乱写画着什么。列文凝视着吉提，就用粉笔在黑板上写下了一些神奇的字母。吉提认真地看着，揣摸这些字的含义。列文写的这些字母是什么意思呢？吉提为什么不认识这些字母的意思却能细心地揣摸出其中的含义呢？原来，列文是用俄文字母写下了他所要讲的话中的每一句话的第一个字母。吉提要弄清列文话中的意思，就只能先猜测列文话语中的思路，按照列文的思路去解读他的意思。这就是说，他们的思路必须接近才有彼此了解的可能。这就是说，他们之间彼此要以心会心，心心相印才有可能展开这隐语似的对话。列夫·托尔斯泰是这样写的：

吉提信手在桌布上画着同心圆，当列文来到她身边时，吉提红着脸说："噢！我乱画了一桌子哩！"她起身要走。列文感到一阵恐惧，深怕她离开。列文拿起了粉笔说："等等。"列文在桌旁坐下说："我早就想问你一件事。"吉提说："请你问吧。"列文就在桌布上写下了一些字母。这些字母所表示的意思是："当你对我说那不能够的时候，那意思是永远呢，还只是那时候？"在列文看来，这是很难希望吉提领悟的复杂的句子。吉提把头支在手上，开始念着。吉提不时偷瞟列文。过了一会儿，吉提说："我明白了。"随后就写下了："我那时候不能够不那样回答。"列文写道："仅仅是那时候吗？"吉提写道："是的。"列文写道："那么，现在呢？"吉提写道："只要你能忘记，能原谅过去的事情。"列文写道："我没有什么要忘记要原谅的，我一直爱着你。"吉提写道："我明白了。"

这就是列文和吉提用隐语的方式所作的爱情表白。这说明，非概念性的隐语或暗示性的表达方式，不只是古代印度或中国才有，这是古今中外人类共同的一种思想表达方式，只不过禅宗有意把它发挥到了极致而已。

其实，禅宗"不立文字"的意会表达方式也有一个逐渐演变的过程：这就是从常语（平常话语）到"准常语"，再到"机锋"话语的衍化过程。

平常语：

什么是禅的平常话语表达方式呢？平常语的表达就是用日常的、平实的，甚至是浅白明了的话语来讲述道理（佛理），其语言思维基本上符合常情常理。

例如，神秀讲道说法的偈语："身是菩提树，心如明镜台。时时勤拂拭，莫使染尘埃。"慧能的偈语："菩提本非树，明镜亦非台。佛性常清静，何处染尘埃？"他们的偈语，都是日常的、平实浅白的话语。同样，慧能所说的："不是风动，也不是幡动，乃仁者心动。"其道理虽玄，但所用的语言文字还是平实的，其意义是明了的。

再如芙蓉道楷禅师说："遇声遇色，如石上栽花；见利见名。似眼中著屑。"[①]

这种教导别人学禅、悟禅的方法，仍然是耐心地、直截了当灌输知识，讲明道理。这种平常语的教学和说理，不必叫人去猜测、捉摸，上智下愚都能懂得，都能有所领悟。

准常语：

所谓"准常语"的表达方式是，在说禅喻理中，已经开始运用一些隐语、手势语和肢体语，来曲折地表达心意。其用语的意思开始趋向含糊、多义，但用心者会心一想，其意义依然是明确的。例如：

长庆大安禅师曾经拜访百丈怀海禅师，并向他求教："学人欲求识佛，何者即是？"

丈曰："大似骑牛觅牛。"

师曰："识得后如何？"

丈曰："如人骑牛至家。"

师曰："未审始终如何保任？"

丈曰："如牧牛人执杖视之，不令犯人苗稼。"

长庆大安禅师问道：学禅的人想领悟佛性，应当怎么办？

百丈怀海禅师说明了学禅的人三种经历。最初，学禅的人骑着牛还依然向外寻找牛，不知道佛性就是自性，自性就是空性，反倒离开自己的本性向其他事物去索取佛性。其次，一旦懂得了从自性中领悟佛性后，就像骑牛的人，



① [宋]普济著：《五灯会元》（下）卷十四，中华书局，1984年版，第884页。

顺着正确的道路和门径回到了自己的家。最后,你走上了正确的道路之后,还需要时刻地警惕自己的心性,不要再走入迷途,就像放牛的人手中拿着棍子,时时刻刻监视着牛,不要让牛践踏或啃吃庄稼一样。

再举一个公案。

五代时期,著名的云门文偃禅师曾得到高僧志澄禅师和雪峰义存禅师的指导。当年,云门文偃禅师的开悟颇具戏剧性。

那一年,云门禅师去拜见睦州禅师。云门到达寺里时,天色已晚。云门禅师用力敲响了寺庙紧闭的大门。过了很久,才有人来开门。开门的正是睦州禅师。云门禅师向他说明了来意之后,便迈步入门。正当云门禅师的一只脚刚跨入门槛时,睦州禅师突然用力把门一关,厚重的大门卡住了云门的脚。云门当即痛得大叫起来:“哎哟!门把我的脚卡住了,痛煞我也!”

睦州禅师明知故问:“谁在那儿喊痛呢?”

云门痛得大叫:“老师!我的脚快被大门卡断了啊!痛死我也!”

睦州继续装傻,问道:“你在哪里呢?”

云门回答说:“我在门外呀!”

睦州假装吃惊:“你在外边,怎么会在门内被卡住了脚呢?”

云门说:“老师!你把我的脚关在门里面了!”

睦州禅师故意问:“你的脚在门里边,为什么人在外边呢?”

云门痛得受不了,生气地说:“是门把我分成了里外了嘛!”

睦州禅师忍不住笑了起来说:“真是个愚痴的汉子!人有里外之分吗?”

云门听了睦州禅师这句话,猛然醒悟,顿时领悟了“不二之法”的道理。

这就是以动作来表达所说的真理。

上面这两则公案就是属于准常语的表述方式。准常语的表述明显有了模糊之感,但所

要表达的意思,在经过一番猜测和琢磨之后,仍然可以领会。

## 七

平常语和准常语也是一种模糊语言。因为,它们是借物说法,借此而言彼,都是间接比喻、象征地说明事理。准常语已经开始采用矛盾的“意象”来言说了。什么是矛盾的“意象”呢?这种言说方式是采用对立的生活现象所组成的话语形式,由此形成一种违背逻辑思维和生活常理的语言结构方式。它显得荒谬背理,自相矛盾,自我否定。这种话语方式所表达出来的东西,我们用通常的逻辑思维很难理解。例如:

“三冬华木秀,九夏雪霜飞。”
“大洋海底红尘起,须弥山顶水横流。”
“胎中童子眉如雪。”
“乌鸦似雪,孤雁成群。”
“冰河焰起,枯木花芳。”
“石上栽花,空中挂剑。”
“千岁老儿颜如玉,万年童子鬓如丝。”
“昨夜三更月正午。”

如此等等。为什么禅师们故意用这些矛盾的语词来表达呢?其实,他们的目的就是要化对立的双方为一体,做到“即此即彼”,“非此非彼”,这就是为了要去掉你的分别心和执着之心。

随着禅师们故意执着于“不立文字”,故意追求“以心传心”,一方面在说理和对话中,大量采取手语、肢体语,例如在沉默中用手在空中画圆圈、画万字符号,或者是将身体旋转几圈或绕床行走三圈等等,或者是乱用隐语和任意的比喻。另一方面,故意采用那些有违常情常理的现象、事件、物品来象征、比喻常情常理,故意造成人与人之间思维的错位,就像现在流行的“脑筋急转弯”一样,以此来虚张声势,故弄玄虚。这就从平常语、准常语的教学方式，走向了变浅为深、变简为玄的机锋、棒喝、呵斥等故弄玄虚、哗众取宠的教学方式了。这些机锋、棒喝的意义很费解，或者说根本是无解。从此，参禅成为语言文字游戏了。上述所说的，就是后期禅僧参禅中的机锋、棒喝、呵佛骂祖等大肆泛滥的原因。

现举几个著名的机锋为例来说明：

有僧人问赵州从谂禅师："万法归一，一归何所？"

师曰："老僧在青州（今山东益都县）作得一领布衫，重七斤。"[①]

"一"无来去，何问归去？这是批驳：你提问的方式是谬误的。我以更荒谬的话，来切断你荒谬的提问。

有僧人问南岳南台勤禅师："如何是祖师西来意？"

师曰："一寸龟毛重七斤。"[②]

这也是指出：你提问的想法是错误的，错在用执着的、抽象的思辨来取代禅理。

后来禅僧在参禅中所掀起来的炽烈的弄玄之风，其实是一种自杀性的行为。因为，在他们的机锋中语言太玄、太费猜解，就使学禅、习禅的人感到望而却步，无门可进，便逐渐离禅远去。这样，参禅成了少数人的语言文字游戏。这就背离了传统的禅宗大众化、世俗化的传教宗旨，这使得明清两代的禅门"门庭冷落车马稀"而呈现出衰颓之势了。

禅宗因为要"不立文字"，所以禅的教学表达形式有机锋、公案、手势、棒喝等方式。其中，机锋、公案是南禅宗重要的甚至是惟一的教学方法。

什么是机锋呢？其中的"机"，可以理解为机缘的"机"，教与学要相机而行，要有恰当的、适时的机会，也要有恰好可以施教的对象。同时，"机"一词，内中也含有"灵机一动"的意思，有着灵感闪现的含义，即教师与学者心往一处想，有刹那间的心意契合，从而达到"以心会心"、"心心相印"的状态。"锋"是刺物之器的尖锋，如刀锋、针锋等，锋可以穿透、刺穿对象，触及真相。所以，"机锋"一词的含义，就是通过透彻的思维，去洞察、去刺穿遮蔽真理的那些障碍物，就像拨云见日一样。禅宗所用机锋一词，就是在恰当的时机，用富于哲理的警句或象征性的动作、手势等肢体性的话语，给学者猛然一

① [宋]普济著：《五灯会元》（上）卷四，中华书局，1984年版，第205页。
② [宋]普济著：《五灯会元》（下）卷十五，中华书局，1984年版，第969页。

刺，触动其灵感的爆发，即禅师所谓的“一刺破执燃心灯”。机锋的话语和肢体语言都是超常的、反常的，怪异的。一般不能照字面的意义去解释，而要猜测、捉摸其中的含义和象征意义。例如：

问：“学人乍入丛林，乞师指示。”师曰：“吃粥了也未？”曰：“吃粥了也。”师曰：“洗钵盂去。”其僧猛省悟。其意思说：悟禅要在日常生活中体验，悟禅要顺其自然。

景岑禅师曾问他的老师南泉普愿禅师：“南泉迁化（逝世）向什么处去？”师曰：“东家作驴，西家作马。”曰：“学人不会，此意如何？”师曰：“要骑即骑，要下即下。”[①]南泉的意思是说，我死后或许在东西作驴，西家作马，这事说不清楚的！景岑禅师听不懂，问老师的话是什么意义？南泉普愿禅师的回答：“要骑即骑，要下便下”，其意思是说，一切随缘任运，无所谓！这是南泉普愿禅师教诲弟子：悟禅不能有所执着，同样不要执着于生死，一切顺其自然。

机锋大多数是以话语为主，著名的机锋对话，被禅僧记录下来，即成为语录体式的教科书，作为教学示范的样本，从而累积为“公案”。

那么，什么是公案呢？圆悟禅师在其评唱的《碧岩录》中说：“古人事不获已，对机垂示，后人唤作公案。”公，意思是官方的、公家的东西。案，意思是法律条文。封建王朝宣称官方的法律



① 《五灯会元》（上）卷四，中华书局，1984年版，第208页。

条文有着坚定不移的正确性、权威性和约束力。此前，官方依据这些法律条文处理了不少案件，解决了不少问题。此后的官员，碰上了类似的问题，类似的案件，还是以这些法律条文为准绳，以过去的案例为范本来处理相应的案件，解决相应的问题。古代的禅师们，为了破解弟子执着和虚妄之心，传授前辈禅师“悟禅”的心得体会，就把前辈著名的禅师所讲授的典型的、富有警醒意义的言行，当作后辈学人的案例，来启示后学。由于这些话语和事件是禅门公认的思想精华，又具有权威性，因此，就借称为“公案”。

公案与机锋是既有联系又有区别的关系。有的机锋因其所言的内涵太小、太狭窄而不能成为公案。有的公案是以叙述行为和过程为主，如“亡名道婆烧庵”、“坦山和尚抱妇过河”等，而失去了机锋的猛然一刺的效果而不能算作机锋。但是，机锋与公案大部分是重合的。通常而论，机锋偏于多用超常的、有刺激意味的话语；公案偏重于著名禅师们显赫的、思想深邃的言行、事件。机锋与公案都以超常的话语、言论和动作行为，以怪异的方法来激发和启示学人。

自从唐末开始出现公案和机锋，到了五代和两宋，机锋、公案开始泛滥起来，这种风气一直延续到元、明、清时代，但是，呈现出愈来愈衰颓的趋势。在禅宗史上，唐宋时期的公案粗略统计为1700则。加上元、明、清三代，公案的数量应该远远超出唐宋时期的数量。

## 第二节 万法皆空："无常"与"无我"

上一节中，我讲述了禅的一个重要特点：不立文字。现在讲禅的另一个重要的观点：就是"万法皆空"。"万法皆空"包含两个方面的内容。其一是：无常；其二是无我。这两个方面构成了"万法皆空"的命题。我先讲"无常"。

"无常"就是指世事无常，一切东西都是在变化中存在。世界上没有不变的东西。

释迦牟尼成为觉悟者后，初次讲道，就是所谓"初转法轮"时，就打出了一张旗帜，叫做"三法印"。"法印"就是日常人们所说的"印鉴"、"印章"，以表明自己的身份和特点，所以叫做"三法印"。"三法印"的内容是由三句话组成："诸行无常"、"诸法无我"、"涅　寂静"。

"诸行无常"中的"行"是迁徙流变、变化的意思。"诸行无常"就是说明万物和人，包括人的生命和精神思想都是变动的、不断生成与消失的，一切都只是刹那间的、短暂的存在，世上没有永恒、不变的东西。例如，我们观察一个人一生的所有照片，哪一张照片不是他？而哪一张照片又是他呢？每一张都是他，而每一张又都不能代表他全部人生的形象。同样，一个人的美也是不断变化着的：从小时候的模样到青春期的美丽模样；从年轻的美丽直至变丑、变衰老。人的一生就是处于不断的变化之中的。这就叫做"无常"。

变就是"无住"，就是不能永驻，不能永远呆在那儿，不能永恒。一切"无住"的、不断变动的现象都是无法把握的，就像你无法去把握住闪电雷鸣和风一样。佛教、禅宗把处于不断变化中的、把握不住的现象叫做"空性"。



有一位禅师说："黄河无滴水，华岳总平沉。"这是什么意思呢？这是说，滔滔的黄河水，终有一天会变得没有一滴水！几千年来，黄河已多次改道，旧河道上不是没有水了吗？况且，随着地球的消亡，黄河终究有一天没有一滴水的时候！华岳就是西岳华山，华山终有一天会消失，凹陷下去，变得和地面一样的平整！这种想法，就是从一切皆变的角度看待黄河和华山的变化。

中国人很早就懂得了生命短暂、世事变迁的道理。曹操的诗说："对酒当歌，人生几何？譬如朝露，去日苦多。"汉代那些撰写《古诗十九首》的诗人们哀叹道：人生苦短，人的一生犹如"白驹过隙"。明代的大学士杨慎（杨升庵）写了一首著名的词，后来被罗贯中引用为长篇小说《三国演义》中的开篇词：

滚滚长江东逝水，
浪花淘尽英雄。
是非成败转头空：
青山依旧在，
几度夕阳红。

白发渔樵江渚上，
惯看秋月春风。
一杯浊酒喜相逢；
古今多少事，
都付笑谈中。

这首词就是从"无常"、"变化"的角度看待社会和历史人物的成败得失。

人生"无常"是最震撼我们心灵的！印度南传佛经中有这么一个故事：佛陀在王舍城郊外的灵鹫山上说法期间，城里许多人都争先恐后去听佛陀说法。王舍城中有一个绝色美女，名叫潘德里。她的职业是艺妓。她早已厌倦了这种没日没夜的花天酒地、灯红酒绿的艺妓生活。她听说佛陀在灵鹫山说法，就想到山上去皈依佛陀，出家为比丘尼。潘德里在攀登山岭的途中，在一个水潭边喝水休息。当她看到水中自己美丽的面容时，就想到，如果自己出家当尼姑，要过清苦生活，这不是糟蹋了一副美丽的面容吗？因此，她放弃了当尼姑的打算，准备下山重返城中。这时，佛陀看到了潘德里痴迷于自己

的美丽而处于犹豫之中。佛陀知道她具有皈依佛门的缘分，于是就现身为一个美丽的女子，其迷人的魅力超过了潘德里。当她们相遇时，潘德里被佛陀化身的美女而惊呆了。她们相约结伴下山。在下山的途中休息时，这位陌生的美女靠在潘德里的大腿上睡着了。过了一会儿，潘德里低下头看这个美女时，一下子惊叫着跳了起来，这位美人在刹那间居然相貌完全改变：她佝偻着身子，满脸皱纹，头发稀疏，牙齿脱尽，真像一个骷髅。潘德里吓坏了，跳起身来就跑。她一边跑一边叫喊：她怎么一下子就变成骷髅了呢？这个美人怎么一下子就变成老太婆了呢！这时，佛陀现出了自己的模样。他告诉潘德里，自己就是释迦牟尼。潘德里一下子就明白了，这是佛陀现身说法，来教育自己。潘德里走到佛陀身边，恳请佛陀让她出家。佛陀教导她，要认清人生的四件事情：

第一，佛陀说：无论你有多么美丽终究要衰老、变丑。从禅的观点看，任何生命都不能永远存在，青春与美丽也只是暂时的过程，你自己将很快变老、变丑，乃至于死去，成为骷髅。那么，你执着于当前的青春，炫耀现在的美丽是没有意义的。

我认为，面对无常，正确的态度是：珍惜青春，不要虚度青春。我们可以经验、知识、智慧和风度气质来替代青春美，来延续青春。

第二，佛陀说：无论你身体多么强壮终究要死亡。人都是从幼小长成健壮，从健壮走向衰老，从衰老走向死亡。这就是生命的规律。所以，不要因生而喜，不要因亡而悲。有智慧的人都能懂得这个道理。例如，老子就告诉我们，如何以平常心去面对死亡。当你看见一片绿叶生出来，又见到它枯黄而飘零，你会感到惊恐吗？人的生命不就是这样自然而生，自然而去吗？面对衰老和死亡，有什么必要感到恐惧和悲伤呢？佛陀的人生态度在中国的《庄子》中得到强烈的回应。

《庄子》杂篇第 32 章《列御寇》中说：“庄子快死的时候，弟子商议要厚葬他。庄子说：‘不必铺张浪费了。我用天地做棺木，用日月作美丽的璧和玉，用满天的星辰作陪葬的宝珠，天下万物都来为我送葬，这不是很壮观的葬礼吗？我还有什么可求的呢？’弟子回答说：‘我们是怕老鹰来吃先生啊！’庄子回答说：‘在地上会被老鹰吃，在地下又会被蚂蚁吃。把我从老鹰那里抢过来给蚂蚁吃，你们不是太偏心了吗？”

在古代，死对于人来讲，是最重大的事，最令人悲伤的事。所以葬礼也是应当讲究的大事，庄子却以平淡的心看待，以开玩笑的口气交待后事，这就是处逆如顺的平常心。

第三，佛陀说：无论你怎样执着于浓厚的亲朋情爱，而亲朋情爱最终将分离。的确，人生是一个过程，亲朋是结伴而行的同路人，不同的人生阶段有不同的亲朋陪伴。有的陪着你走过幼年、童年、少年时代，如爷爷、奶奶、外公、外婆；有的陪着你走过青年、中年时代，如你的兄弟姐妹和丈夫妻子；有的则陪着你走完老年的人生道路，如你的子、女、孙子、孙女。最终你还是将孤独地离开这个世界。无论你怎样割舍不下，但最终还是不得不割舍。这就是《红楼梦》中，作者曹雪芹借秦可卿的口所说的：“十里搭长棚，没有不散的筵席。”如果你痴迷于亲情，整日因为割舍不下这些亲情而痛苦万分，那就是愚昧无知了。

第四，佛陀说：无论你苦心积聚了多少财富，最终你死的时候，一点也带不走。这就是我们经常说的：“钱财乃身外之物”，出生时带不来，死亡时带不走。如果，你把挣钱和存钱当作了人生最重要的东西，这就失去了生命本身的意义，失去了生活本身的意义。

禅对于世界和人生的看法就是：一切皆变，世事无常，人生无常。在这个世界上，一切东西都只是刹那间的存在，都只是变化着的存在。既然一切东西都只是暂时的存在，你何必把变化的东西看作是不变化的呢？何必把眼前所得到的东西当作永恒的东西呢？何必死心眼地守着它们、执着于它们呢？因此，禅的思想教导人们不要有贪欲和执着，任何执着之心都是愚蠢的。禅的精神就是这样一针见血地悟透了人生世事。

《红楼梦》第一回中，有一首著名的《好了歌》和《好了歌注》，它们所宣扬的思想，正是禅的无常思想。

《好了歌》：

世人都晓神仙好，惟有功名忘不了！古今将相在何方：荒冢一堆草没了。

世人都晓神仙好，只有金银忘不了！终朝只恨聚无多，及到多时眼闭了。

世人都晓神仙好，只有姣妻忘不了！君生日日说恩情，君死又随人去了。

世人都晓神仙好，只有儿孙忘不了！痴心父母古来多，孝顺子孙谁见了？

《好了歌》由四首七言诗组成。它们表达了什么意思呢？

第一首诗是说，自古以来，有些人渴望获得巨大的功名，渴望建立丰功伟业。但那些获得了巨大的功名、创建了伟业的古今将相们，如今都同普通人一样，都已成为了一堆黄土，被荒草遮掩了。世事变迁，昔日的辉煌早已成为古老的历史。世上从来没有永恒的功名成就。那么，人们追求建功立业有何意义呢？

从儒学的观点看，佛教的无常思想无疑是消极的、出世的。佛教这种观点彻底消解了两千多年来儒家宣扬的“三不朽”的人生奋斗目标。《左传·襄公二十四年》中，鲁国贵族叔孙豹就阐明过“三不朽”的思想。叔孙豹说：“太上有立德，其次有立功，其次有立言；虽久不废，此之谓不朽。”这就是两千多年来不断地激励了中国人的“立德”、“立功”、“立言”的“三不朽”思想。

什么是立德呢？就是以自身为表率，来树立崇高的道德品性和行为规范。例如，中国历史上的周公和孔子；希腊历史上的梭伦和伯利克里特；《圣经·新约》中的耶稣；印度历史上的释迦牟尼和甘地。

什么是立功呢？就是在自己的人生中，为民族为国家创建的丰功伟绩。例如，秦始皇、汉武帝、唐太宗、宋太祖、成吉思汗等伟大的历史人物。

什么是立言呢？这是指在人的一生中，能够著书立说，创建出具有灼见的理论或学说，这些思想可以跨越时空，成为后世人们心灵的指路明灯。例如，周公演绎的《周易》、老子的《道德经》、孔子的《论语》、司马迁的《史记》；牛顿的“第一原理”和爱因斯坦的“相对论”等等都是流芳千古而不朽的思想。

从远古至今，“三不朽”思想就是中国人的人生理想和实践目标。时光流逝，而中国人对于“三不朽”的追求至今不变，这就是“不朽”！

佛教的“世事无常”的“无常”观念以及《好了歌》中对“三不朽”思想的消解，正是佛教的人生哲学同儒家的“有常”的人生哲学之间的重大区别。

《好了歌》的第二首诗说，世上的人都一个劲地追求金钱和荣华富贵。他们没日没夜地、处心积虑地聚集钱财，即便你成了大富豪、大财主又怎么样呢？你能长生不死吗？你死后又能把钱财都带到棺材里去吗？你真的能把钱财带到阴间去享受吗？不可能。这就是说，钱财对于一个人来说，出生时带不来，死后又带不去。你毕生所苦心追求的东西，你所执着的东西，最终不是一场空吗？

第三首诗是评说人生中男女之间的爱情。男欢女爱原本是人生中最难以拒斥的情感，也是最难以割舍的情感。但是，死亡却无法阻挡地要割断这种情感，阴阳界势必导致了情侣的分离。人生难以坚守山盟海誓的承诺啊！

第四首诗说，人生除去男女之间的爱情外，还有血缘亲情，尤其是亲子之爱也是不能割舍的真情。父母的亲子之情向来就是不图回报的情感，事实上亲子之情也不可能得到完全的回报。人生如水，水往低处流，人生的亲子之情也都是一代一代向下辈流淌的，是不图回报的真情。所以唐诗中才有孟郊诗句中的“谁言寸草心，报得三春晖”的比喻。

《好了歌》通过疯癫道人及和尚之口，以罗列世事的手法，唱出了人世间

中人人都追求功名、钱财、爱情、亲情等种种的痴迷行为，指出了世事无常，说明了功名、钱财、爱情和亲情在本性上是空幻与无常的道理。如果你执着于它们，最终将是“竹篮打水一场空。”从而得出了人生的终极就是“空”、“无”的结论。《好了歌》重点宣扬了“一切皆空”的思想，因此有着明显的消极意义。

《红楼梦》第一回中描写了一个倒霉透顶的穷书生甄士隐，他曾遭遇了一连串的严重打击：幼小可爱的女儿香莲失踪、住房因为遭遇失火而全部财产被烧毁，他自己穷愁潦倒，老婆又身染重病，两口子只好寄人篱下。后来，听了跛足的疯癫道人唱的《好了歌》而悟透了人生的空、无的本质。他唱着这首《好了歌注》，随即跟着跛足的疯癫道人出家了。《好了歌注》这首诗对《好了歌》所宣扬的“世事无常”、“一切皆空”的观点加以具体的注释和阐发。《好了歌注》可以分为三个自然段落：

1. 陋室空堂，当年笏满床；
衰草枯杨，曾为歌舞场；
蛛丝儿结满雕梁，绿纱今又在蓬窗上。

2. 说甚么脂正浓，粉正香，如何两鬓又成霜？
昨日黄土陇头埋白骨，今宵红绡帐里卧鸳鸯。

金满箱，银满箱，转眼乞丐人皆谤；
正叹他人命不长，那知自己归来丧？
训有方，保不定日后作强梁。

择膏梁，谁承望流落在烟花巷！
因嫌纱帽小，致使锁枷扛；
昨怜破袄寒，今嫌紫蟒长：

3. 乱烘烘你方唱罢我登场，反认他乡是故乡；
甚荒唐，到头来都是为他人作嫁衣裳。

《好了歌注》以具体的物象，运用强烈的今昔对比手法，说明了人世沉浮、世事变迁的“无常”本性。

第一段是通过居所环境的兴衰变迁来说明世事无常的道理。昔日的达官贵人，权倾一时，享受着荣华富贵，连上朝时使用的笏板丢得满床都是。那时所居住的雕梁画栋的厅堂，曾经也是载歌载舞的地方，如今变成了遍地衰草，处处枯杨，一片衰败荒凉的景象。

第二段是说人的一生的兴衰变化：人都将要从年轻变成老人，都将要由生走向死亡。人们每天在面对人们的死亡，同时，又面对生活中的情感欢乐和生命的再创造。这就是：“昔日黄土陇头埋白骨，今朝红绡帐里卧鸳鸯。”在人间，没有永远的荣华富贵，也没有永远的穷愁潦倒：或由富贵变为穷困；或由寒士变成高官；或者因个人的强烈的贪欲，使自己从高官变成了罪犯。或者曾经有过良好的教育，而命运却偏偏使他陷入卑贱的、受人凌辱的社会境遇之中。这一切，都是因为人们追逐物质享受，而迷失了自己；反过来说，正因为你迷失了自己，所以，你总是处于追求物质欲望的痛苦和困境之中，不能解脱出来！这就叫做“逐物迷己”，“迷己逐物”。

《好了歌注》的最后，以总结的方式说明，世事无常以及大起大落的人世变迁的原因，根本上在于人们认识上的痴迷，思想上的愚昧。由于人们在疯狂追逐物质享受中迷失了自己，失去了人的本性，所以才会“反认他乡是故乡”，疯狂追求物质财富。而这一切，最终“都是为他人作嫁衣裳”。

大家想一想，以上所说的种种人生世相，种种难以预测的变故、变化，在我们今天的生活中，不正在重复上演吗？这就是禅学的“无常”观念。

什么是“诸法无我”呢？

“诸法无我”中的“法”是指一切客观存在的事物，也有译为“色”字的。因此，佛教术语中也有人把物质世界也称之为“色界”。

所谓“诸法无我”是说，一切事物都是由四种极细微的元素（地、水、火、风，有的说成是五大元素，即地、水、火、风、空）和合而成。这是从事物的组成、构成方式来看待事物的本性。事物这种和合而成的组成方式，佛教称之为“因缘”。这是强调，任何事物都没有自身的、特定的、与其他一切事物不同的本质，一切事物都是由这四大元素和合而成，天下一切事物在构成元素

上都是相同的，只是形式、形状不同而已。例如，花草、树木、人、狗、鸡、鱼、石块等都是地、水、火、风等四种极细微的元素和合而成，任何东西不具备独一无二的、与别的东西完全不同的那种构成元素，也就是说，万物的本性相同。既然万物的本性相同，就不存在那种所谓的单一的“我”的本性。这就是说，任何事物都没有自己独特的本性，万物的本性相同，万物的本性都是由四大元素混合而成的。这叫“法无我”。

“法无我”也就是从事物的本性上说，没有任何事物具有与众不同的本质、本性。我们无法从万物中抽取出自己的独特的根本特性，这就叫做“法无我”、“无我”。

佛教和禅宗把这种无法抽取出来的、与众不同的、自己独特的本性叫做“空”、“空性”。所以，佛教所讲的“空性”或“空”，其实质就是否认一个人，没有自己的单一的、独特的“自性”。

除了“法无我”之外，还有一个观念就是“人无我”。“人无我”是什么意思呢？

对于人来说，在人的组成因素上，在人的身心构成上，每一个人都是同一切事物一样，也是地、水、火、风等四种元素和合而成的，任何个体不存在独立的、与别人完全不同的组成元素和本性。如果某人的人体组织同别人完全不同，医生就无法给这个人治病了，这种人就不叫做“人”。这种组成上的非个体的性质，“万人同一”的性质，佛教哲学家称之为“人无我”。如果有人坚持强调“人有我”，那就像你打算在无垠的大海中，偏偏要去区分出某一滴水珠是我、是你、是他一样，不是很可笑吗？如果你是一片雪花，你能在漫天大雪中，在厚厚的积雪中区分出你是哪一片雪花吗？所以，你要寻找与众不同的“自我”，确立独特的、惟一的“自我”，就是非常愚蠢的想法。

## 一



佛教认为，不仅每一个事物都是四种或五种细微元素和合而成，而且世界上的一切存在，一切事件，都是根据一定的条件“和合”而成的，佛教把“和合”也叫做“因缘”。可以说，一切事物和行为也都是因为“因缘”而起的，任何单一的质料和任何单一的行为都构不成事物和行为。这就是佛教哲学的“缘起论”。例如,家庭是由夫、妻、子、女和合而成;单身的男人或女人都不能够叫做“家庭”,即便男女结合而没有生育子女,这个家庭也是不完整的家庭。一场战争,也是多种原因,多种条件和合而成的,促成的。人们对美的事物的认识,也是和合而成的:既要有能识别美的人,又要有可以被判断为美的事物。产生美的原因,既不在客体,也不在主体,是主体与客体和合而成的。再如,合唱音乐中,美妙的声音是和合而成的,同样,美妙的琴声也是由“琴”和弹琴的“人”和合而成的。

苏东坡有一首著名的《听琴》诗,说明了这个道理:

若言琴上有琴声,放在匣中何不鸣?
若言声在指头上,何不于君指上听?

这首诗的意思是说:当琴上响起了美妙的琴声,我们能够这样认为:这是琴自个儿发出来的声音吗?如果琴自个儿就能够发出美妙的琴声的话,那么,当琴放在匣子中时,为什么它不会自个儿发出声音呢?如果说,是因为人的弹琴的手指发出了美妙的声音的话,那么,你还需要这琴干什么?不如干脆把手指放在耳朵边听得了!苏东坡的意思是说,我们所听到的美妙的琴

声，既不是单纯的琴能够具有的，也不是单纯的手所具有的。美妙的琴声之所以出现，必须依赖既能发出美妙声音的琴和那两只会弹琴的手。苏东坡的结论是：美妙的琴声是琴同手之间因缘“和合”而成的！

苏东坡关于“因缘和合而产生出美的音乐”的思想，是依据佛经《长阿含经·弊宿经第三》中的一个故事而来的。这个故事说：

过去，有一个地方的人，从来没有听到过海螺吹奏出来的美妙音乐。当时，有一个善于吹奏海螺的人，来到了这个地方。当他拿出海螺吹了三支曲子之后，就把海螺放在地上。这时，当地村庄的人们听到了奇妙的海螺声音，都惊讶地跑来观看。

围观的男女都抢着问：“这是什么东西发出来的声音呀！怎么这样美妙动人呢？”

这个演奏者指着海螺说：“就是这个海螺发出来的声音。”

围观的人当中有人不停地用手拍打海螺，说：“你快发出声音，你快发出声音！”

无论人们怎么拍打海螺，海螺都没有响声。

这时，这个演奏者重新拿起海螺，又吹了三支曲子。

这下子，围观的人们才明白了海螺发出美妙的声音的原因。

他们说：“啊！原来这美妙的声音不是海螺本身发出来的。这美妙的声音是由于有人的手、人的口、再用气吹它，才发出来的。”

这说明，美妙的音乐是多种要素（元素），多种因缘和合而成的。

佛教和禅宗认为：无常和无我，构成了“空”的观念。我们谈“空”，就是指“无常”、“无我”。

这就是佛教和禅宗对于世界的根本看法，也就是通常所说的世界观。

## 三



如果我们按照禅宗的“诸法无我”的观念去看待人与社会，人与自然的关系，也就是说去看人在社会中的位置，看人在自然中的位置，将会得出什么样的结论呢？我认为，可以得出两个方面的结论。

第一个方面："诸法无我"的实质，就是一律抹平社会中，个体与个体之间，个体与群体之间的差别。

"诸法无我"强调你同别人，没有什么本质上的差别，都是四大或者说是五大元素和合而成的，你没有什么与众不同的地方。这其实是一种原始的众生平等思想，从本质上说明，一切人都是同样的，无差别的，也就是众生平等的意思。国王、皇帝和平民，都是一样的；男人和女人都是一样的；富人和穷人都是一样的。尽管它们之间的确存在着地位、财富、性别的差异，但这些差异不是本质上的差异，而只是表面现象的差异。这些差异并不重要，因为"一切皆变"、"世事无常"，你今天是个平民，今后可能是杰出人才，你今天穷困，今后可能是亿万富翁。这一切都只是暂时的存在。就性别而言，你今生为男，很可能来世为女；你今生是女，很可能来世为男。但是，你与他，男与女，都是四大元素或者说五大元素和合而成的，这一点却是共同的、不变的。

这个根本的思想，构成了佛教禅宗的"人人皆有佛性"、"人人皆能成佛"、"众生平等"和"无凡无圣"的思想。这个思想无疑是对封建等级观念的彻底否定，是具有颠覆性的民主思想。

第二个方面："诸法无我"抹平了人与自然事物的差异。

佛教认为，既然"诸法无我"，那么，人与自然事物就没有差别，人的生命的生死过程与自然界中的动植物生命一样，人与动植物的形体可以轮回。所以才提出"万物皆有佛性"的命题。禅宗根据这一命题，就提出"青青翠竹皆是法身，郁郁黄花无非般若"的思想，强调习禅的人应当从生活，从自然生命的存在中领悟禅性、佛性。

"诸法无我"的思想有没有它的局限性和消极作用呢？当然有。它的局限性也是非常明显的。因为，强调人与自然事物一样，就容易导致对人类的创造性、对人的主观能动作用的否定。这同西方近代哲学所主张的"人是自然中的灵长"、"人是大自然的主宰"、"人的创造力是无限"的观点是直接对立的。但是如果我们从生态学的观点看，佛教强调自然事物同人是平等的，因此，我们在爱人的同时，也应当爱自然、尊重自然的规律。这就有积极的现实意义了。

## 第三节 不二法门

禅的思想的第三个特点就是“不二之法”。“不二之法”是禅宗六祖慧能对佛教“不二法门”的另一种称谓，“不二之法”修炼禅学的核心。如果说，对空性的领悟是禅宗的基本立足点和出发点，那么“不二之法”则是禅学的精髓和根本。

所谓“法门”就是学习真理之门径，或者说是获得真理之门径。这里，法是方法，门是门道、门径。佛教宣扬成佛的法门有“八万四千”之多。“不二法门”是印度著名的智者、释迦牟尼的好朋友维摩诘所推崇的“法门”。

什么叫做“不二之法”呢？所谓“不二”就是要求人们对原本是整体的东西不要硬加“分割”、“区别”、“界定”，更不要把被区分开来的东西对立起来看待。“不二”就是“无分别”、“无差异”，就是强调我们认识事物绝对不能执着于人为的分割、区分、界定。

“不二之法”就是不以分别之心看待事物，不以差别的眼光分析现象。如果以分别、差异的眼光看待事物和现象，那么这种认识就是蒙昧和虚妄的认识。如果你坚持以分别心对待事物与现象，死守着某一方面的道理和片面的观点，这就是“执着”，就是死心眼，一根筋！

“不二之法”是禅宗认知真理的惟一正确的途径和方法。

在禅看来，“万法皆空”，“一切诸法，本性空寂”，万物都归结于“一”，归结为“空性”。禅要求，对任何事物都不要执分别心，不要绝对地去区分什么：是非、得失、有无、善恶、美丑、大小、高低、贵贱、荣辱、长短、冷热，等等。对于这些对立的现象，应该从相对的角度去看待，从它们是互相依存的关系上去看。就拿“长”、“短”来说吧，不能只执着于“寸短尺长”的见解。因为，寸也有所长，尺也有所短，这样看才符合事物本来的道理。我们再说“男”、“女”的关系吧，没有女就没有男，没有男就没有女，它们是互相依存的；女人的身体中孕育了男、蕴藏着男；男人的染色体中也蕴藏着创造出女人的基因。如果你坚持要把男、女割裂开来，对立起来，并且片面地只把男或女看做是“人”的真理，这不是很荒谬的想法吗？所以，我们“悟禅”，就应该做到对事物、现象不要起分别心，不要把事物割裂开来只看它的某一方面，或片面地坚持某一方面的道理，避免执着于两边中的任何一边。正因此，禅的思维就显得格外鲜活、灵巧。

达摩来华传播禅学，南朝梁武帝问他：“如何是圣谛第一义？”

达摩回答说：“廓然无圣。”

梁武帝所问的意思是说：“什么是佛教最神圣的真理？”

达摩回答说：“天底下没有什么神圣的东西。”

达摩的回答表明了：如果承认了神圣的东西，也就意味着存在平凡的东西，从而对事物不仅产生了分别之心，而且对这种片面的认识还产生了执著之心。达摩的回答就体现了“不二法门”的思维方法和独特的视角。可惜，梁武帝不懂得这一新的哲学思维方式，还以为达摩是故意冲撞自己，蔑视帝王的权威。

禅宗三祖僧璨大师在《信心铭》中说：“至道无难，惟嫌拣择；但莫爱憎，洞然分明。”其意思是说：要领悟佛性的真理并不难，惟一重要的是，对事物或现象不要去进行区分和挑选，区分和挑选就是分别、分割。这就说明了禅的思维的一个极其重要的特点就是：对于任何客观现象都不要采取分别、界定的方式来割裂对象，这就是禅所谓的“无分别心”、“去执着”的理论主张。这一主张是后来禅宗各派的公案、语录、机锋等所参证的主要内容。

六祖慧能大师在《坛经》中曾系统阐述过“不二之法”的核心思想。

慧能认为，“烦恼即菩提，无二无别。若以智慧照烦恼者，此是二乘小见，羊鹿等机。大智上根，悉不如是。……（按大乘的见解看）明与无明，其性无二。无二之性，即是实性。实性者，处凡愚而不灭，在贤圣而不增，住烦恼而不乱，居禅定而不寂，不断不常，不来不去，不在中间，及其内外，不生不灭，性如如，常住不迁，名之曰道。”[①]

这是什么意思呢？我们如何领悟慧能的思想呢？在慧能看来，所谓世俗的烦恼之心与佛性的清静寂然之心之间，并不存在分别与对立，如果把“烦恼”同“佛性”对立起来，截然分别开来，这只是小乘佛教和凡夫俗子的谬误看法。因为，万法皆空，一切事物和精神现象均被空性的“一”所包容。你硬要把空性或“一”去分别、割裂开来，去区分什么是烦恼，什么是菩提，这就是荒谬的做法。在慧能看来，智慧与愚昧，都是空性。空性是万物的本性，不因为你是圣贤而有所增长，也不因为你是愚昧的人而有所减少；空性是万物如如不动的本性，既不断灭也不常住，它既无来也无去，这就是大乘空宗所认为的真理，所谓的“道”。

牛头山法融禅师曾这样论述“不二之法”：“一切烦恼业障，本来空寂。一切因果，皆如梦幻。无三界可出，无菩提可求。人与非人，性相平等。……境缘无好（美）丑，好（美）丑起于心。”这是说，同佛性一样，烦恼业障本性都是空寂；所以，烦恼即菩提。一切因果，例如善果或恶果的区分，都是人为的界定，都像梦幻一样，是虚幻不实的。人们对于现实的环境和人的心境所进行的美丑之判断和区分，都是自己虚妄之心的荒谬的见解。[②]

著名的马祖道一禅师也这样教导人们如何遵循“不二之法”：“不取善，不舍恶，净秽两边，俱不依怙。”这是说，在生活中，不要死心眼地去执着于所谓的善，也不要避开和舍却所谓的恶，因为善、恶，其实都是你的片面的判断和取舍。所以，对于你所认为的清净的或是污秽的东西，都不要去选择和依靠哪一边。[③]



黄檗派的希运禅师面对弟子所提出的问题：“为复（究竟）即凡心是佛，

① [宋]普济：《五灯会元》（上）卷一，中华书局，1984年版，第55页。
② 普济著：《五灯会元》上，中华书局，1984年版，第60页。
③ 普济著：《五灯会元》上，中华书局，1984年版，第128页。

即圣心是佛？”

他回答说：“凡圣心是妄。尔今不解，返执为有。将空作实，岂不是妄？”

徒弟所问话的意思是说：“究竟凡心是佛还是圣心是佛？”

师傅回答说：“你执着地去区分、去分别凡心、圣心的作法本身就是虚妄的。你执着于凡、圣的区别，就是把原本都是“空性”的东西，人为地变成实体，并把这两个实体区分开来，你把“空性”当作实体的想法，并把它们人为地加以区分，这不是虚妄吗？”

宋代的雪窦禅师说过：“一有多种，二无两般，但莫爱憎，洞然分明。”这就是说，“一”可以生出各种各样的东西。“二”就是区别、分割。譬如男女之分为二，但他们都是“人”，其本性上是一样的，其本性都是“空”。所以，不应当以截然的态度去分别爱与恨，因为，许多历史现象和现实生活现象是非常复杂的，如果仅仅从爱与恨的角度看，所得出来的结论很可能是错误的。

后世的禅僧们正是以慧能和其他禅师的这一见解为依据，从而领悟到“烦恼即菩提”，并由此发挥出“呵祖骂佛”，“佛性”是“干屎橛”等怪异的话语和命题出来。

为什么禅师们要把佛陀比喻为“干屎橛”呢？[1]

这是因为他们根据“不二之法”的原理所下的判断。按照“不二之法”的原理，万物皆空，一切物质与精神现象的本性都是“空”。佛陀的本性是空，佛性是空，干屎橛是人们擦拭大便的木头片或竹片，是物质，其本性也是空。等量相同，空等于空；等量互换，所以佛性、佛陀是干屎橛！从“不二法门”的意义上讲：如果说佛陀、佛性是清净的，这是片面的，有分别心的说法；因为，这种说法没有包括清净的反面，即污秽。从“不二之法”的角度看，正确的说法，不正是“佛性常清净”、“佛性是干屎橛”吗？所以，临济义玄禅师才会说出：“无位真人，是什么干屎橛！”

立足于“不二之法”，禅必然要反对任何人有任何“执着”与“分别”之心。

什么叫“执着”呢？“执着”就是刻意地、死板地坚持某一种原则，而不

① 干屎橛：古代的人们常用木片或竹片来刮拭大便，用后的木片或竹片，被称之为“屎橛”，又叫做厕筹、净筹、净木或厕筒子等。干屎橛常被用来指“污秽物”的代名词。

是灵活地应用这种原则，就是我们通常讲的“教条主义”、“死脑筋”、“一根筋”。

什么是“分别”呢？就是看问题只从一面看，只坚持片面的道理，而不顾其他方面。

例如，用“分别心”来看待冷与热，只懂得冷就是冷，热就是热，而不懂得冷也可能同时是热。例如，我们说，“北京的冬天很冷，广州的冬天暖和”这是相比较而言。如果把西伯利亚的冬天同北京的冬天相比，只能说“西伯利亚的冬天寒冷，北京的冬天暖和”。那些用“执着心”、“分别心”看问题的人，只能理解“北京的冬天冷”，而无法理解“北京的冬天暖和”这句话了。同样，用“分别心”看待长与短、软与硬，他就只看到它们之间的区别，而看不到冷热、长短、软硬都只是相对意义上的说法。他也无法理解“尺有所短，寸有所长”的道理。

总之，悟禅的根本，就是不要有分别心，不要执着于区别、界定。参禅的公案多不胜数，但绝大多数都是为了启迪愚昧无知的禅徒而发的。这些人在认识方法上，不懂得什么是空性，不懂得什么是“不二之法”。所以禅师们才搅尽脑汁、用尽心机，想出各种方法，运用各种手段来开启门徒的悟性，如“呵佛骂祖”、“棒喝”、“打骂”等手段。

下面，我举几个破除分别、取消界定的公案故事为例，来说明在日常生活中，怎样运用“不二之法”。

德山宣鉴禅师在跟随龙潭崇信禅师学习时，有一天晚上，德山久久侍立在龙潭崇信禅师的身边。龙潭对他说：“夜已深了，你为什么还不离去？”

德山听说后，就向龙潭禅师道了晚安就离开了。德山走到门口，回头说：“外面太黑了，看不见路。”

龙潭禅师就点燃了一只烛递给德山。德山刚要伸手接火烛时，龙潭禅师就把烛火吹灭了。老师的这一令人不解的奇异举动，使德山茅塞顿开，刹那间觉悟到了禅的真理。[①]龙潭禅师这一怪异的举动有什么含义呢？为什么德山见了老师的这一举动就开悟了呢？龙潭禅师的意思是表明：德山在黑暗中出门行走，想借助光亮照路。这说明，在德山的观念中，无疑就是把黑暗

① [宋]普济著：《五灯会元》卷七，中册，中华书局，1984年版，第372页。

和光明区分开来了，这就证明了德山还执着于明与暗的区别，从而思想落入了虚妄和谬见之中。龙潭禅师把燃烧的火烛吹灭，其意思是说：夜的世界本来就是漆黑一片，如果有了烛光的光亮，就有了明暗的区别，从而落入了妄见之中。所以，龙潭禅师把烛光吹灭了，世界又重新恢复为一片黑暗，就复归为"一"了。德山就此领悟了"空性"是"一"，是无所分别的道理，这就是禅的真理。

按照禅宗的"不二之法"的观念，这则公案是说：浩潮宇宙，偌大地球，本来就没有东西南北的分别。飞翔的野鸭子也就没有飞过来，飞过去的分别。同样，爱因斯坦的"相对论"也否认什么"东西南北"的区分。人们所谓的过来、过去是一种人为的分别，一种故意对整体的割裂和肢解。因为，禅是把世界看做浑然一体的。百丈怀海回答的"飞过去了"就意味着在他的观念中，还存在着"飞过来、飞过去"的区分。这表明，怀海的头脑中还执着于差异和区分，他认识中还存在着虚妄和谬见，这就违反了"不二之法"的原则，所以马祖道一禅师就用揪鼻子的方式来点化他，开启他的心灵。如果百丈怀海回答说"鸭子飞了"，这样的回答就不落两边，也就符合禅的思维了。

这就是禅宗三祖僧璨大师在《信心铭》中告诫的："至道无难，惟嫌拣择；但莫爱憎，洞然分明。"百丈怀海所犯的错误正是在于他"惟嫌拣择"、"洞然分明"。

有一次，赵州从谂禅师问一个新来寺里的和尚："你曾经到过这里吗？"

新来的僧人说："到过。"

赵州从谂就吩咐他："吃茶去！"

接着，赵州从谂又问另一位新来的僧人："你曾经到过这里吗？"

僧人回答说："没有来过。"

赵州从谂也吩咐他："吃茶去！"

这人走后，寺院的住持就问赵州从谂："为什么你对曾经到过这里的人说'吃茶去'；对没有到过这里的人也同样说'吃茶去'呢？"

赵州从谂听了住持的问话，就召唤住持。

住持答应："在。"

赵州从谂说："吃茶去！"

赵州从谂为什么对不同的人都同样反复地说："吃茶去呢？"这里有什么玄机吗？是的。在赵州从谂看来，"到过"，"没到过"，或者说，"过去到过"、"此时到过"，都是一种分别和界定，都是妄见和谬误。况且在不同的回答中，都有"到过"一词，对于各种不同的"到过"而言，它们是无差别的事实。在赵州从谂的观念中，过去、现在、未来都是无分别的时间概念，而时间像割不断的流水那样，是无法区分开来的。所以，他用统一的"吃茶去"来表达这种无差别的态度。

在关于赵州从谂的公案故事中，还有一个故事讲到了聪明的文远和尚。他的聪明之处在于，无论你怎样引诱他，他的答话始终坚持用无分别，无选择的话语去说明事实，尽力按照"不二之法"的原则来表述。

有一天，赵州从谂禅师与文远禅师辩析禅语运用上的技巧。赵州从谂禅师提议：这次斗智，是斗劣不斗胜；这就是说，谁表达禅意愈差，谁就算输，而赢家则反过来给输家赔上果子。

文远和尚请赵州从谂禅师设立辩论的题目。

赵州从谂禅师说："我是一头驴。"

文远和尚应和说："我是驴的胃。"

赵州从谂禅师又说："我是驴粪。"

文远和尚应和说："我是驴粪中的虫。"

赵州从谂禅师问："你在粪中做什么？"

文远和尚回答说："我在你的里面过夏。"

赵州从谂禅师无话可说了……

文远的聪敏之处在于，他的回话始终同赵州从谂禅师的话语指向保持一致，使自己所说的事物同赵州所说的事物之间，没有区分和差别，力图使他们各自所说的东西成为不可分割的一体。因此，赵州从谂禅师找不到文远和尚答话中的任何破绽，只好认输。

那么，我们在日常生活中我们如何去破除"分别心"，破除"执着心"呢？

这就是，不固执地、死板地、僵化地对待戒律、规则、原则。如果你死守某种戒律、规则，而不灵活地处理问题，这就是禅的精神坚决反对的“一根筋”，死脑筋。那么，当戒律、规则与现实情境相冲突的时候怎么办呢？禅的智慧将会怎样教导你去面对这一难题呢？这里，我给大家讲一个故事：

有一位名医，在战争爆发后被招募为军医。他的职责是救治打仗中受伤的士兵。在这场惨烈而旷日持久的战争中，他用自己精湛的医术，救治了许许多多士兵的生命。每当这些士兵的伤痊愈后，又重返战场，又投入到惨烈的战争绞肉机之中。在战火中，这些士兵又再次受伤，又由他来拯救生命、治疗伤病。在多次的循环之后，这位医生猛然领悟到，他不能改变战士们的命运，即便他反复治疗，拯救了他们的生命，他们也免不了一死。他想，如果这些战士命中注定要死，又何必由我来救治他们呢？如果我真能够救死扶伤，让他们恢复健康，那么他们为何又去战场拼命呢？面对这种往复不断的拯救生命与奔赴死亡的怪圈，他非常困惑，非常苦恼。他再也承受不了这种精神的压力了。他不断地问自己：当军医有什么意义？自己的行为到底是拯救战士的性命，还是让他们承受更多更大的痛苦，反复经受死亡的折磨？于是，他只好离开了军队，去向一位著名的禅师请教答案。

禅师听了他的内心表白后对他说：万物终归要消亡，死是一切人的最终归宿，谁都无法避免。每个人在什么时候死，死于什么方式，死于什么原因，这是偶然的，而死却是必然的。你治不治疗他们，他们也都要死。他们或者战死，或者在战后衰老而死。因此，你不应当为人人都要死亡的事而苦恼。你是医生，你救得了人们的病痛而救不了人们的命！治病救人、救死扶伤是你的职责。因此，你必须尽到你的职责，让每一个人减少痛苦，延长他们的生命。如果你认为你能永远消除死亡，让人不死，这就是最大的执着和痴愚啊！

军医听了禅师的一席话后，心中豁然开朗。他又回到了血肉横飞的战场，继续拯救受伤的士兵。

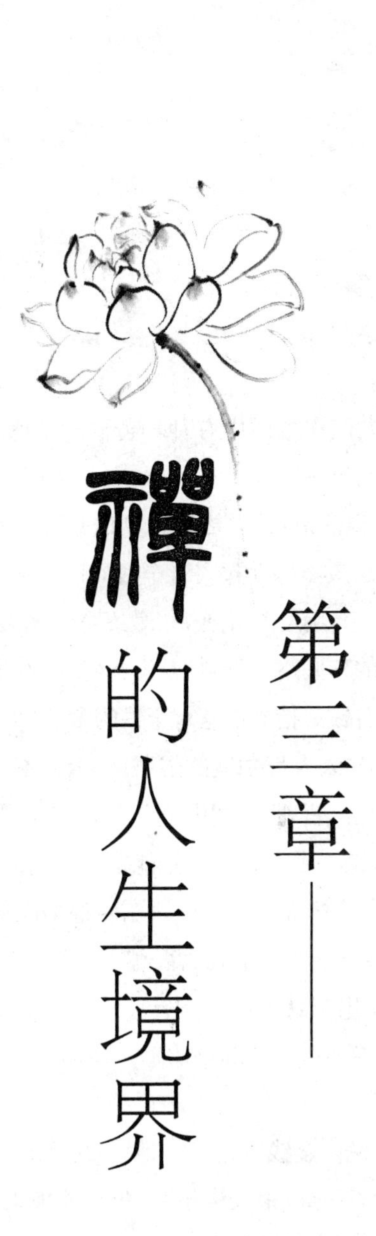

# 第三章——禪的人生境界

# 第一节 禅与金钱

## 一

当下，人们在生活中有种种苦恼和困惑，其中之一，就是对于金钱的态度了。

有一种说法是："有钱能使鬼推磨"；"人是英雄钱是胆，英雄无胆寸步难"，这种说法最能煽动起人对金钱的巨大贪欲，贪欲又导致严重犯罪。有人利用权力与地位疯狂聚集钱财，最终身败名裂。有人借口贫穷，铤而走险，走上杀人越货的不归路。所谓"人为财死，鸟为食亡"，所谓"男人有钱就变坏，女人变坏才有钱"，指的都是对金钱的贪欲！

还有一句人人都知道的俗语："金钱不是万能，但没有钱万万不能。"这句话浅显中充满哲理，平淡中蕴藏深刻，值得做点分析。

为什么说"没有钱万万不能"？在商品经济的时代、消费时代，钱的作用非常重要，生存所必需的一切东西都不能离开金钱。我们经常说："开门面对七件事：柴、米、油、盐、酱、醋、茶。"没有钱，在家就得饿肚子，就无法生存；没有钱，出门就无法坐车行船。人人都离不开金钱，人人都渴求金钱，拥有金钱就能拥有很好的物质生活，就能免受贫穷的煎熬。所以"没有钱是万万不能的"。

为什么说"金钱不是万能"呢？这是说，金钱并不能买来一切，钱不能使你青春不老，不能换来长生不死，也不能换来刻骨铭心、生死不渝的爱情，即便你像比尔·盖茨那样有钱，也未必能当上总统。所以，金钱的力量是有限度的。我们不要高估金钱的作用。

禅看待世间一切东西的基本态度，就是"不二之法"。

我们从禅的"不二之法"的角度看待金钱，应该拥有什么态度呢？就是以平常心泰然处之。既不贪念金钱，也不执着于财富；既不赞美贫穷，也不

惧怕清苦。

禅认为：世事无常，没有永远的富贵，也没有永远的贫穷。世上的每一件东西都属于你，但又没有一件东西永远属于你。钱财只是暂时属于你，你死了带不走。所以，禅的金钱观是：从不反对别人发财，但也从不羡慕别人拥有金钱；从不主张挥霍浪费，也嘲笑那些吝啬鬼和守财奴。这里，讲一个故事：

有一天，有两人不约而同前来拜见默仙禅师。一个很有钱，但很吝啬。他因为拥有数不清的金钱而没日没夜地理财，每天都担心钱财的流失，每天都忙着应附各种钱财纠纷。所以他非常苦恼，觉得生活没有情趣。另一个人，他喜欢呼朋唤友，挥霍光了家产而没有饭吃了！他们都请求默仙禅师给他们指一条解脱苦恼的路。

听了他们的诉说后，默仙禅师沉默不语。然后，禅师对富人伸出一只紧握拳头的手。富人不知道这是什么意思，愣在那里。

那个挥霍光了家产的人，趁机问禅师："请教大师，我怎样才能够过上好日子呢？"

默仙禅师依然沉默不语，对他伸出了另一只张开五指的手。

那个挥霍光了家产的人，见到这只张开五指的手，也不理解是什么意思，也傻在那里。

过了一会儿，默仙禅师又对富人伸出一只张开五指的手；对那个挥霍尽家产的人伸出了另一只紧握拳头的手。他们还是傻在那里。不知道禅师所表达的意思。

最后，默仙禅师说：吝啬的人总是把手攥得很紧，一直不伸开，这就是一只因金钱而残废了的手。挥霍的人总是把手伸开，不能握成拳头，这也是一只因金钱而残废了的手。

他对富人说："你要学会张开紧攥着的拳头。你的拳头一旦张开，你就会拥有生活的乐趣，要知道，不流通的金子就是石头！"



他对挥霍尽家产的人说："你要学会攥紧拳头。你一旦握紧了拳头，你就会有幸福的生活。"

这表明，学禅的人面对金钱的态度是：不拒绝、不贪婪、不争夺、不势利、不张狂、不挥霍，能过上不愁吃 穿的生活就行了。正如苦瓜和尚的诗句：“青山个个探头看，看我庵中饮苦茶”，就是禅的平常心境的写照。

我们如何用禅的智慧来破解人们对金钱的困惑和苦恼呢？

## 二

我先谈一谈，一个人在极度贫困的状况下如何看待金钱。有一种极其错误的说法，就是“饥寒起盗心”，好像偷盗只是因没有钱才贫困、才发生的；好像人在没有钱的情况下偷盗点东西是正常的，算不了什么。这就把偷盗的原因全盘推给了社会，偷盗者自己似乎可以不承担应有的罪责。

怎样看待为了金钱去偷盗、去犯罪的人呢？禅的智慧教我们如何去对待呢？我先给大家讲一个故事：

一天深夜，七里禅师正在禅房打坐。这时，有一个强盗闯进来用尖刀指着七里禅师。七里禅师连眼皮都不张开，问这位强盗：“你是来谋财的，还是来要命的？”

强盗说：“我要钱，不要命！”

七里禅师平静地说：“我柜子里有一包钱，你去拿吧！”

强盗打开柜子取到了钱，就要离开。七里禅师依然平静地说：“你总得给我留下几文钱，让我明天有碗稀饭喝吧！”

强盗想了一下，觉得和尚的要求也有道理，就留下了几文钱。

这时，七里禅师问强盗：“你天天偷盗吗？”

答：“不是。”

问：“多久偷一次呢？”

答：“说不定。”

问：“你偷一次用多久呢？”

答：“少则几天，多则一个月。”

问：“你还年轻，岁月还长。你要偷到何年何月呢？”

答：“到下地狱时为止。”

问：“你以为你现在是在天堂里吗？”

答："正是。"

七里禅师睁开眼睛，盯着强盗说："你已经深深陷地狱之中了。阿弥陀佛！苦海无边，回头是岸。地狱难熬，万劫不复！"

七里禅师的话一针见血，直指人心。强盗全身发抖起来。强盗注视禅师的眼睛，已经没有了底气。强盗含混地说："我也想洗手不干了。"

说完，强盗打算赶紧离开。

当强盗走到门边时，七里禅师又说："拿了别人的钱，临走连一声'谢'也不说，这恐怕不好吧！"

强盗连声说"谢谢，谢谢"就匆忙离开了。

后来，强盗被巡夜的士兵抓住了，搜出了他身上的钱，要定他的罪。士兵们把强盗押解到七里禅师这里来核实罪证。士兵问禅师："他抢了你的钱吧？"

大家猜一猜，禅师会怎样回答呢？一般人都会认为，禅师肯定要揭发强盗，定他的罪。那么，禅师是怎样回答的呢？禅师对士兵们说："他没有抢我的钱，钱是我给他的，他收了我的钱之后，还说了'谢谢'。"

这样，禅师就解脱了强盗抢劫的罪名。但是，士兵们不甘心，以"违反了戒严令"的罪名揍了强盗一顿后放了他。过了些日子，这个强盗来到七里禅师禅房，跪在禅师面前谢罪，表示"放下屠刀，重新做人"。他请求禅师允许他出家学善，禅师收留了他。



这个故事体现了禅师面对金钱犯罪的态度以及表现出来的智慧。

为什么这样说呢？

首先，七里禅师面对凶险和死亡的威胁，以平常心处之，把生死置之度外。

其次，强盗因饥寒铤而走险，抢劫钱财这是明明白白的事实，他应当承担罪责。

面对犯罪的人和他的罪行，禅师义正严词地指出他的罪恶天地不容。同时，禅师又运用他的智慧来挽救强盗，表现了出家人的慈悲之心和仁爱之心。

禅师是怎样挽救强盗的呢？禅师把强盗的抢劫行为转化为自己的施舍行为：强盗抢劫是主动的，禅师遭抢是被动的。但禅师却把钱以施舍的方式给了强盗，这就变被动为主动，变抢劫为施舍，事件的性质发生了根本的变化。正因此，禅师就把强盗本来应当受到的惩罚转化为解脱，转化为了感召和教育。最终挽救了强盗的生命，也挽救了他的灵魂。

这个强盗出家当了和尚以后变好了没有呢？对于一个惯犯来说，尽管他的良心得到了感召，出家后行为受到了戒律的限制，但老毛病不是一时就能改正的。这个强盗出家后，又因为寺里生活清苦，他又几次偷寺里和尚们的东西，到外边去吃喝。和尚们对他的偷窃行为非常气愤。他们向禅师抗议说："如果不把这个偷盗的和尚开除，我们都将离开寺院！"

禅师语重心长地说："你们修炼的功夫都很好了。明辨是非，知道对错，懂得什么是善行和恶行。而这个家伙连是非、好坏、善恶都还不懂。如果我不教导他，谁来教育他呢？我们推开他，就一下子把他推到地狱之门中去了，我们还有什么善心和慈悲心可言呢？这就像牧童放羊一样：有一百只羊的羊群，其中走丢了一只羊，我们不是把九十九只羊撇在旷野里而去寻找那一只羊吗？所以，即使你们都离开寺院，我也要把他留在这里教育他，挽救他。我们的责任是'普度众生'啊！"

听了禅师的话后，这位强盗出身的和尚灵魂震撼，当众向大家谢罪，并表示一定洗心革面，痛改偷盗的毛病。后来，这个和尚成了著名的禅师。

这个故事告诉我们：禅师面对那些因生存极度困难而犯罪的人，他的态度首先是施舍，其次是爱护，最后是教育。



## 三

在说明了如何面对贫穷之后，那么，我们如何运用禅的智慧去面对金钱

的诱惑，如何去面对已经拥有的巨大的财富呢？

面对巨额的金钱和财富，要以平常心对待。在现实生活中，金钱和欲望往往是紧密相连的。金钱是水，欲望是船；水落船低，水涨船高。你拥有的金钱越多，产生的欲望就越大。因此，我们都需要给自己的欲望上一把锁，把某些过于强烈的欲望限制起来。禅的思想认为，欲望是人生中各种苦难的根源。如果锁不住自己某些强烈的欲望，这些欲望会使人变得贪婪甚至陷入罪恶之中。所以，有人说：金钱是一剂毒药，那些财迷心窍的人，无不中其剧毒。金钱是一副迷幻药，那些迷恋金钱的人，以为追求金钱、谋取金钱就是人生的全部内容。所以，对金钱的贪欲往往使人失去人生目标。钱财乃身外之物，生不带来，死不带去，当一个人把钱财看成是人生中的惟一和全部的时候，他不是很愚蠢吗？

这里，有一个很有警示意义的故事：有一对年轻夫妻靠磨豆腐、卖豆腐过日子。他们定下了奋斗的目标，就是在有了足够的资金后办一个现代化的豆腐厂。为了达到这个目标，他们半夜就起床磨豆腐，早上，豆腐做好后到市场上去卖，下午就清洗工具、浸泡黄豆……。他们每天都有做不完的事。一年四季天天如此。他们尽管很忙、很累，但小两口感情甜蜜，经常一边干活一边唱歌，他们的小院中时常传出欢笑声，偶尔还看见他们逛逛商店，看看电影。附近的邻居们都羡慕他们惬意的生活。但是，这样的日子只过了两三年。他们居住的几间破瓦房，建在祖辈的旧屋基础上，小伙子打算再平整出一块地来，扩大晾晒豆腐干的地方。挖地时他意外刨出了祖辈埋藏在地下的一个陶瓷坛子。小伙子打开一看，倒抽冷气，惊呆了。坛子中全是黄金。还有写在绸缎上的字条，说明金子是祖先为了躲避当时的战乱，埋藏下去的。小两口高兴得快疯了，这一坛金子他们几辈子也花不完！我们普通人遇到“天上掉馅饼”的好事会有什么打算呢？大概有这样几种选择：或者用这个钱投资办一个工厂；或者用一部分钱去扶贫或救助贫困学生；或者悄悄存进银行等待投资……等等。但是，他们没有这么办。从这天起，小两口没有半夜起来磨豆腐，白天也没有出门卖豆腐。他们理想中的豆腐厂也没有建立起来。因为办豆腐厂的目的不就是赚更多的钱吗？如今已有花不完的钱，他们所面临的是如何享受这些钱了。接下来的几个月，邻居们每天看到不少赌徒进出他们的新房子，邻居们听到的只是麻将牌的声音和醉酒后的争吵声，人们再也没有听到小两口欢快的笑声和愉快的歌声。一年之后，这对小夫妻因长期聚众赌博和放高利贷双双被关押、判刑。

生活专门捉弄有些人，我们在生活中经常遇到这种奇怪的现象：当一个人拥有了大量的金钱后，反倒失去了生活的目标，生活反倒没有了节奏，心情反而变得阴暗，不如从前快乐了。原因就在于欲望这扇窗帘遮住了快乐的阳光。有钱固然好，但不要因为无尽的贪欲而丧失了原本属于你的明朗、快乐的心境。

禅决不仇视金钱上的富有。如果你拥有很多金钱，又乐于帮助别人，就会赢得人们的尊敬和赞美。禅也决不嫌弃贫穷。义怀禅师说：作为禅师应当“遇贱即贵”，这是说，当你遇到了贫穷的人，应当帮助他，使他富贵起来。因为，谁都有身处困境的时候，谁都有陷入贫困的可能。尽管你今天家有万贯金钱，但一场突发的灾难，可能使你一下子变成一个穷光蛋，留给你的只有悲伤和贫穷。我们面对贫穷的人，如果你能够乐于施舍和帮助，你就是有慈悲心，就是有爱心，就拥有禅心。如果人人都拥有慈悲心和善心、爱心，这个世界就充满了爱，就有互助，社会就变得平安而和谐。

我们以禅的智慧看待金钱，就可以认识到：金钱是人生存的工具和手段，不是人生的目的。金钱对于人的生活非常重要，但它不是人生的全部和和人生的惟一。我们可以羡慕别人的富有，但我们不应当贪恋别人的钱财。我们承认金钱是人生的必需，但我们决不能因为追求金钱而失去人格与尊严。当金钱能救济别人的危难和生命时，金钱才显示出它最大的价值。

## 第二节 禅与情爱

大家知道,禅的精神境界就是平平淡淡、没有欲望的、清净的心境。禅要求人们对世间的一切都不起欲念,不产生贪婪或占有之心。禅的精神提倡"在生活中修行",在入世中追求出世,所以,学禅的人往往是"身在曹营心在汉"——以"在家之身追求出家之心"! 从根本上来讲,禅是主张清心寡欲,淡化情爱、消解情爱的。

然而人世间,人的本性却又是追情逐爱,追物逐色的,尤其是对于男女情爱的渴求,更是人生中最刻骨铭心的、无法排除的东西。元代著名诗人元好问在他的《雁邱词·摸鱼儿》中就说:"问世间情为何物,直教生死相许。天南地北双飞客,老翅几回寒暑。欢乐趣,别离苦,就中更有痴儿女。……"明

代的小说家冯梦龙就说："情可以使人生，情可以叫人死。"《红楼梦》中《金陵十二钗曲》关于秦可卿的诗就有"情天情海幻情深，情海深处必主淫"的说法。可见，人生中，最难脱离开的就是"情爱"二字。

把禅与女色、情爱扯在一起，似乎很荒唐，很可笑，它们似乎是矛盾的，两者相距十万八千里啊！其实不然！禅提倡"在生活中修行"，既然，学禅的人是在生活中修行，也就意味着你是在物质欲望和情爱的大海中修行。所以，把禅与女色、情爱扯到一起，就可以给人们提供一个新的、独特的生活视角，可以给人们以独特的人生启示！

## 二

中华民族自古以来就崇敬生命，中国人的人生观中历来就反对禁欲、禁色和苦行。儒家思想主张："不孝有三，无后为大"，把男欢女爱的两性情爱提升到国计民生的高度来看待。如果你禁止男欢女爱，你的家庭、家族就要断子绝孙，民族就要灭亡。因此，在历史上，任何外来的思想观念，只要它是主张禁欲、禁色和苦行主义的，它在中国这块土地上，不是消亡，就是被迫改变自己的主张。

中国佛教就改变了印度佛教禁欲、禁色和苦行的主张。因为，禁止吃、喝，禁止男欢女爱，就违反了自然人性，是错误的主张。尊重人的"天性"是中国人思想中根深蒂固的观念。从先秦到魏晋，从儒家到道家、从思想家到普通的女人，从佛教信徒到平常百姓，都承认人的"食"、"色"等自然天性，尊重人的自然的情感。因为"饮食男女"是人的生命中最根本、最重要的东西。

所谓学禅、悟禅，就是要叫你学会，对于生活中一切东西都要顺其自然，不能泯灭了人的本性；随缘任运，不能扭曲了人的天性。这是中国传统思想的人性观念在禅学中的延伸和表现。

禅既然是追求出家、出世的，那么，禅如何看待两性的"色"呢？禅对于"两性"的观点有几个方面：

第一，禅的思想认为：男女一样，男女平等。

禅怎么会有这样先进的思想呢？这是由禅宗哲学的"空观"决定的。前

面已讲过，禅宗哲学讲究“万法皆空”、“一切皆空”。“法”就是物质世界，人也是物质，男人是物质、是法，女人也是物质、是法，他们都是一样的。物质世界的特点，就是“无我”，也叫做“法无我”。男人和女人的肉体只是各自的形态不同而已，它们在本质上是一样的，是无差别的。所以，男、女是一样的。明白了这个道理，就是“觉悟”，就是“悟空”，你就开悟了！你就成为菩萨了！

第二，禅的思想认为：男中有女、女中有男，男女互变。

佛教有一个迷信观念，这就是人死了，身体将不存在，但人的灵魂不灭。人死后的灵魂要轮回转世。根据你生前的行为，是善是恶，而转化为各种各样的动物、植物或人。释迦牟尼一生中就有几十种变化的形象。所以，男人死后可以转化为女人，女人也可以转化为男人。在你千百世的投胎转世中，你不知经历过多少次男人或女人的经历。禅还认为，女中有男，男人是女人生出来的；同样，男中有女，男的体内也蕴藏着女性的基因。

所以，禅根据“不二之法”的观点，反对执着于男、女的区分，禅的观点认为：男女都是人！你固执地坚持你是男人，你是女人，都没有意义，都是愚昧无知！这就是禅对男女两性的基本观点。

我举一则例子。

龙潭崇信禅师经常到“竹林尼庵”中去讲经说法。在讲完之后都要回答尼姑的提问。有一天，一个尼姑请教龙潭禅师：“师傅，我要怎样修行，下辈子才能变为男身，才具有丈夫相？”

龙潭禅师问她：“你出家为尼有多久了？”

尼姑回答说：“我出家有多久与未来转世有什么关系呢？我只想

知道,我如何修行,才能在下辈子转世时,变为男人相。”

龙潭禅师问她:“那你现在是什么相呢?”

尼姑回答说:“我是女尼呀!难道老师看不出来?”

龙潭禅师说:“你说你是女尼,谁看得出你是女尼呢?你不是同我一样的吗?”

禅学对于性别的看法非常独特,并不在乎去你的性别区分,而是认为,性别之相状是表明你修行的深浅和修行的高低而已:凡修炼到菩萨层的,一律显现为女身之相,如观世音菩萨;凡是修到如来层的,一律显现为男身之相。这个女尼依然用世俗的、肉体的区分来看待自己,所以,她心中还有很深的分别心,依然处处在拣择、区分,所以她才向龙潭禅师提出上面的问题。

听了龙潭禅师的话之后,这个年轻的女尼顿时开悟了。悟到了什么?悟到了男、女无分别;悟到了对任可事物,都不要产生“分别心”、“不要执着”,不要“一根筋”地看问题。这就是禅的精神!

再讲一个故事:

智通禅师跟随归宗禅师参禅期间,有一天晚上轮着他在寺里巡夜。不知道他看见了什么,他突然大叫道:“我开悟了!我开悟了!”

三更半夜的,他突然大叫,把众僧们都吓了一跳!第二天上堂时,归宗禅师问大家:“昨晚是谁在大叫自己开悟了!”

智通走出来说:“是我!”

归宗禅师问他:“你悟到了什么呢?”

智通回答:“师傅,我所悟到的‘道’,是不能说的!”

归宗禅师说:“如来佛来到人间,就是为了教化大众,为大众解除困惑,带来利益和幸福的。难道你就不可以给大家说一下,让大家受益吗?”

智通不得已,只好低声说:“我悟到的‘道’,就是‘师姑原来是女人’!”

大家听了之后都大笑不已。只有归宗禅师没有笑,他点头说:“是的,你的确开悟了!”

师姑就是在家修行的女居士。“师姑是女人”,这似乎人人都知道。智通悟道居然就只悟出了这个人人皆知的东西,所以大家都感到好笑。为什么归宗禅师特别赞扬智通呢?是因为过去智通的心中,师姑同自己完全一样,都

是信佛的人，没有区别。现在，他悟到了“师姑原来是女人”，说明他在看到他与师姑的共同之处的同时，还悟到了他与师姑的差别之处。从而，做到了不偏颇、不“分别”，不落一边。终于对事物有了全面完整的认识。

禅要求人们以平等的、无分别的眼光看待女色，以顺其自然的态度对待爱情。这就意味着，人们应当以人性的、博爱的眼光看待一切，而不要以简单的性别区分来决定你的行为。

## 二

那么，禅如何看待男欢女爱之情呢？禅从不排斥和压制人的天性和情欲，因为，这是自然而然的人的本性、天性。禅对待女色和情爱的态度，由一个禅师表达了出来：“色是色，我是我，见所当见，见又何妨？避所当避，避又何妨？（议）论之无益。”这就是禅对于女色和情爱的基本态度，也是禅随缘任运的灵活态度。

这里，我讲三个小故事，来说明禅对女色和情爱的态度。

第一则故事。

云居禅师问他的老师洞山禅师：“你爱女色吗？当你面对女色的诱惑时，你能从容应对吗？”

洞山禅师哈哈大笑说：“你问我爱不爱女色？爱与不爱又有什么关系呢？只要心中有自己坚定的信念就行了。你爱或不爱，没有必要在乎别人怎么想！”

这一则故事正表达了洞山禅师的随缘任运的、顺其自然的态度。

第二则故事。

日本有一个寺院举行几年一度的大法会，也就是佛教的大型的庆典会和学术研讨会。远近寺庙的和尚尼姑都来参加这隆重的大会。有一个名叫慧春的年轻尼姑也来了。慧春很美，气质风度都令人着迷。她低垂着的眼帘，却更显她的娴静和纯洁；尽管她身穿宽大的道袍，也遮不住她青春美妙的身段和风韵。在法会期间，许多年轻和尚都为慧春的美着迷，不停地用眼睛扫射她。其中，有一个大胆的和尚还给慧春写了一封表白爱情的信，他把信偷偷放进了慧春的僧房中。这个和尚向慧春表示,很想同她私下约会。在僧房中,慧春仔细地读了这封表白爱情的信。

在法会结束的那天,住持禅师宣布散会时,慧春趁大家站起身来的时候,当众宣读了这封求爱的信。然后,慧春说:“我不认识写这封信的师兄。但是,我很喜欢他对我的表白。如果,你真的像你的信中所说的这么爱我的话,这会儿就请你上来拥抱我,当众表白你的爱情吧!”

寺院里老老少少的和尚都愣在那儿。慧春微笑着静静地站在那儿,等待着求爱的人前来拥抱。慧春站了一会,没见人走出来拥抱自己,就大声地谴责这位求爱的人:“违顺相争,是为心病!”这是说,你自己心中想干,又不敢干,想做,又不敢做,这种内心的矛盾、冲突心理,是一种可怕的心病呀!

禅的主张是,随缘任运。你可以去爱,但不能痴迷;你可以赞美女人,但不是为了发泄欲望。

第三则故事。

有一个年轻的女尼拜见著名的禅师马祖道一。她问马祖道一禅师:“什么是佛性?”

马祖道一禅师趁她不注意,就拧了一下她的屁股。这个尼姑脸红了起来说:“师傅,你心中居然还有‘这个’!”

马祖道一禅师说:“是你心中还有‘这个’!”

马祖道一禅师的行为,在通常的情境下,可以说是一种性骚扰。但是,把马祖道一禅师的行为放在“参禅”的语境下,他就是利用这种方式,来试探、来点化女尼,指出她心中依然执着于男女性别的区分。这种分别之心,就是学习禅必须排除的“拣择”之心。

上面所引的故事,是过去时代禅师们记录下来的公案故事,用它们来当作后人学禅的教材。这说明,禅是以自然而然、顺其自然的态度来对待人的天性中的情与爱的。



## 三

禅的精神是随缘任运,顺其自然。禅对女色的态度是,男女交往是一种

很自然的行为，符合自然之道。你只要心灵纯洁，就可以不回避女色，也就不会去贪恋女色，而以自然而然的、人性和人道的态度对待。因为，禅认为，生活就是修行。

至难禅师说："美色在眼前，心迷身不乱。"对待女色和爱情就要像布袋和尚那样，拿得起、放得下。

在禅的公案故事中，有两个故事可以充分说明禅的这种精神。

东海寺的泽庵禅师（1573—1645年）是有名的禅师，著有《不动智神妙录》。有一个人拿了一件烟花（妓女）女子贴身穿的小肚兜给泽庵禅师看，打算为难他，让他感到窘迫和难堪，然后再嘲笑他。想不到，泽庵禅师拿到这个肚兜，居然哈哈大笑，口里不住地赞叹："多么精致的绣品啊！这么好看，而且还散发着女人身体的香味呢！老衲也想有这种美人来陪伴哪！"泽庵禅师一边欣赏，就一边用笔写下了一首偈语：

"佛卖法，祖师卖佛；末世之僧卖祖师。有女卖却四尺身，消安了一切众身的烦恼。色即是空，空即是色。柳绿花红，夜夜明月照清池。心不留，影亦不留。"

泽庵禅师真正做到了"美色在眼前，心迷身不乱。"

还有一个故事。

有一天晚上，年轻的满空和尚看到师傅镜虚禅师神色诡秘地带了一个女人到他的房中。此后就紧紧地关上了房门。以后的日子，镜虚禅师就与这个女人同吃同住，镜虚禅师每天都花很多时间在这个女人身上。有时镜虚禅师还悄悄外出买些东西回来。满空还发现，有时师傅还在深夜里煮夜宵什么的。师傅的这一切异常的行为不仅使满空和尚万分惊讶，而且又为师傅的行为感到羞耻。满空深怕别人知道了师傅的丑事，所以，这些天来他一直在师傅的门前把守，以防有人贸然地闯进房中。碰上有人找师傅，他都用"师傅在休息"或"师傅正在坐禅"等来搪塞，不让别人进屋。

过了十来天，满空心里很着急。他想，师傅这样下去迟早会被人发现的。这对师傅的声誉很不好，师傅必然要身败名裂！怎么办呢？他下决心去劝阻师傅。满空鼓足了勇气走进了师傅的房门。他一进门，就看见那个女人竟然大白天躺在师傅的床上。她长发披肩，身段苗条，裸露出雪白的后背。而更令人不堪入目的是,师傅竟然用手在她雪白的背上轻轻地按摩。

满空为所看到的情景而愤慨起来。他冲上前去大声地质问:“师傅!您这是出家人的行为吗?您配为人师表吗?您这样对得起十方菩萨吗?”

师傅听见他的呵责和质问,一点没生气,只是轻轻地反问满空:“我怎么不是为人师表呢?我哪里对不起十方菩萨呢?孩子,你最好马上出去!”

听了师傅的反驳,满空用手指着床上的女人说:“她躺在你床上,您手放在她背上,这如何解释呢?”

镜虚禅师叹了一口气说:“你看!”

这时,这个女人也一下子坐起身来。镜虚禅师对这个女人说:“转过身来吧!”

满空看到,这个女人的脸上,长满了乱七八糟的东西,连眼睛、鼻子、嘴巴都分不清楚了。满空感到震惊:啊!原来,这是个病情严重的麻风病人!

镜虚禅师轻轻地说:“你出去吧!你不要呆在这里。”

满空和尚一下子跪在师傅面前,沉痛地说:“师傅,您能见到的,弟子见不到!你能做的,弟子做不到!弟子真是愚昧无知啊!”

镜虚禅师以慈悲之心怜悯病人,以仁爱之心救助病人,他的思想境界早已超越了男、女的界线,达到了无男无女,“一切皆一”的境界,达到了没有“分别心”的境界。

禅提倡,“生活就是修行”。至难禅师说:“美色在眼前,心迷身不乱。”对待女色和爱情就要像布袋和尚那样,拿得起、放得下。有的人懂得这个道理而做不到。难的是既懂得又能做到,然而这种人很少。

## 四

我先讲一个懂得了这个道理的人,是怎样在生活中修行的。

有三个兄弟,多年都跟着禅师学习禅。后来他们的老师叫他们外出云游,去向别的禅师学习,以扩大视野,提高精神境界。有一天,他们在旅途中,天色已晚仍没有找到住的地方。后来他们找到了一户人家住下来。这家人很不幸,男人刚刚因病去世了,只有一个年轻妇女带着三个子女生活,他们住

的房屋破旧，吃不饱睡不暖，日子非常艰难。三兄弟中的老三，看到这家人的悲惨状况，就主动帮忙做家务事，还帮忙照看孩子，喂养家禽等。第二天早上，兄弟们准备上路时，三弟却突然对两位哥哥说："你们继续去云游吧，我决定留下来不走了。"

两个哥哥听了他的话后，既惊讶，又很生气。他们认为三弟太没有志气，太令人失望了。他们就劝阻三弟说："刚出来云游了几天，你居然一见到小寡妇就动了色心，真是没出息！"

无论两个哥哥怎样劝说，三弟说什么也不愿离开，两位兄长只好继续云游去了。

小寡妇听说老三主动留下来不走，心里就七上八下，非常矛盾。为什么小寡妇心里感到忐忑不安呢？小寡妇高兴的是，这位青年不仅愿意帮助她干农活，并替她抚养孩子，而且小寡妇看到老三长得健壮英俊，心里也确实爱慕他。另一方面，小寡妇又担心一个青年男人长住在家，少不了别人的风言风语。因此，她就主动地向老三表示愿以身相许，组成新的家庭。老三对妇人说："这不太好吧！你丈夫刚去世，如果我们现在就成家，别人的种种猜疑不必说，也对不起你的丈夫呀！你应当为他守孝。我就算你请的长工吧。至于结不结婚，何时结婚，三年后再说吧！"

妇人听了老三的这话，觉得合情合理，就更加敬重老三。从此，老三就住在场院边的一个小窝棚中。老三起早贪黑，勤劳干活，使这一家人过上了温饱的日子。三年之中，妇人看到老三为了她这个家吃苦耐劳，心里深深感到歉意，总想早日同他成家，以身相许，来报答心中的谢意。

好不容易捱到了三年，妇人心里想，这次再提出同他成家，恐怕他会爽快答应了吧？妇人再次提出结婚成家的要求。老三又一次拒绝了结婚的要求。老三说："孩子们刚过上吃饱穿暖的生活，他们住的房子还不能遮风避雨，我们所住的房间都没有一间不漏雨的，怎么能结婚呢？再过三年再说吧。"

三年之后，他们的住房也翻盖过了，住房面积也扩大了，妇人深恐耽误了老三的青春光阴，心里很愧疚，就又提出同老三结婚。这次老三会怎么回答呢？老三想了一下，就对妇人说："现在我们所面临的重要的事还很多啊！这个家连个牲口都没有，光靠孩子们来拉犁、推磨怎么行呢？何况我们结了

婚很快就会有孩子,如果是这样,这种苦日子还会照样过下去啊!”

妇人一想觉得很有道理,就没有什么可说的了。这样又过了三年。

九年之后,这个家有了房子,有了牲口,又开垦了不少荒地,孩子们都长大了。妇人心想,老三同这一家人已经相处融洽,感情深厚,难舍难分了,我再一次提出结婚,这下子老三总该同意了吧!妇人又向老三提出结婚的事。老三深情地对她说:“当年我看你和孩子走投无路,如果我不来帮助你,你和孩子们都将悲惨地死去。我于心不忍啊!现在,你们已经走出了死亡的威胁,可以过上平安的日子了,没有我,你们也可以好好地过日子了。我从小就发誓出家修行,多年来,我在你家帮忙干活,就是济困扶贫,这是最好的修行方式啊!我修行成佛的决心从来就没有改变,现在,我可以放心地离开你们去追求我的理想了。”

此后,老三又开始了他的云游修行的旅程。

这个老三在关键时刻敢于不避嫌疑,主动接近女色,并且同小寡妇在一起生活,但他心怀慈悲之心,内心里光明磊落,因此无所顾忌,显得坦坦荡荡。

多年来,他实际上又不断地在拒绝女色,这是为了"扶贫"和追求自己的信念。这就是"禅"在女色方面所推崇的自然而然、随缘任运的态度。

## 五

可见,禅对于女色的态度,不是简单的亲近或不亲近女色的问题,不是应该亲近女色还是不应该亲近女色的问题,而是教你如何去亲近女色。你亲近女色的动机和用心是否正当?是出于人性或是出于兽性?是出于慈悲心还是自私心?你亲近女色的行为是否光明磊落,合情合理,这才是问题的关键。

大家都通过电影《少林寺》而知道了有这么一个说法:"酒肉穿肠过,佛祖心中留。"其实,这句诗是杭州灵隐寺的济公和尚说的。

自古以来佛教就有严格的戒律,佛教的"五戒"中就有:"不杀生、不偷盗、不邪淫、不妄语、不饮酒。""八戒"中也有"不淫",规定了出家人不允许亲近女色的呀!

但是从禅学的思想看,戒律,只是一个形式,并不是实质。关键是你心中有佛,心中有善,有人的天性,有慈悲心。禅的精神就是穿透现象看本质,撇开形式看内容,这就叫做"一针见血"、"直指人心"。

大千世界,林林总总,说到底,都是由男人和女人、雄性和雌性组成的。这个世界上到处都有女人,你无论是坐车、坐船、坐飞机、进商店,你能避开女人吗?你即便在深山的寺庙里呆着,不出山门,每天也不是也有大量的女香客来烧香拜佛,你避开得了吗?所以,禅的精神教导你,遇事不能执着、不要钻牛角尖;不能用死心眼、以死脑筋去思考问题。片面地、单纯地执着于戒律,你就会成为缺心眼的机械的人,死板的人,不近情理的人,冷酷的人;反之,你一味地放纵情感,滥用情感,你就是缺乏文明道德的野蛮人,浑身充满动物性的人。这两种极端的表现,从禅的角度看,都叫做"执着心"与"分别心"。禅的思想就是要消除这种"执着心"与"分别心"。



在古代,就有那么一个和尚,他偏偏坚持死板的教条,是个"一根筋"的和尚。

有一个女人信仰佛教禅宗,并虔诚地供养着一位和尚。不仅为他修建了一座草庵,而且每天为他提供斋饭。她为什么要虔诚供养这位和尚呢?原来，这个女人期望他能把佛理领悟透彻，修成正果。和尚得道成佛，她自己不就是行善积德吗？为了这个信念，这个女人一直虔诚地供养了和尚二十年之久。二十年中，这位女人已变成了老婆婆。她很想知道，她这些年辛辛苦苦供养的这个和尚佛法修炼得怎么样了。老婆婆想来想去，终于想到了一个试探和尚道行的巧妙的办法。她叫一个少女经常去给和尚送饭，并在生活上照顾他。有一天，老婆婆悄悄地对女孩子吩咐了些什么。这个女孩子去给和尚送饭时，就故意去亲热和尚，拥抱和尚，一下子滚到和尚怀里去了。这时，女孩子就问和尚："现在我在你的怀中，这么亲热你，你感觉怎样，有什么念头没有？"

哪知道，和尚冷若冰霜，毫不因为女孩子的挑逗而心动，真是做到了坐怀不乱。在女孩子的纠缠和追问下，和尚板着脸冷冰冰地回答说："枯木依寒岩，三冬无暖气。"

大家都知道，男女之情向来都被人比喻为干柴遇烈火，怎么和尚把这热情的女孩比喻为"枯木"，把自己比喻为冰冷的岩石呢？大家可以想象，在三九天的严寒中，枯木和冰冷的岩石怎么能撞击出情感的火花出来呢？可见，这个和尚心里哪里有一丝热气呢？真是一颗冷酷的心。少女回来后，就把自己的所作所为，以及她同和尚的对话，都如实地告诉了老太婆。老太婆听了这个和尚坚决拒绝女色的表现，将会有什么样的反应呢？大概很高兴，很赞赏他吧？这与大家所猜测的恰恰相反，老太婆一听，感到大失所望，顿时脸色很快就由晴转阴，心中充满了怨气。老太婆气愤地说："我二十年来的辛苦，只不过养了这么一个不通人情的俗气的汉子！"

老太婆就立马赶走了这个和尚，又放了一把火，把草庵烧毁了。

大家恐怕想不通：老太婆为什么要用这种奇特的、出格的方式来试探和尚的道行呢？这个和尚坚决拒绝女色的引诱，为什么反而被老太婆驱逐了呢？为什么他会成为学习禅的反面教材呢？

其实，老太婆的想法很简单。她心里想：学佛、悟禅肯定会把一个人变得更有人性，更有慈悲心，更充满感情，更豁达。她要试探和尚的道行如何，当然就要首先试探他懂不懂得人与人之间的情感交流。她为什么要叫女孩子去试探呢？因为，人人都有正常的情欲。男女之情，是天地间最容易感觉

到的情感,也是最容易被煽动起来的情感,所以,老太婆就地取材,叫身边的女孩子去试探和尚懂不懂情感。哪知,这和尚学佛学禅之后居然变得越来越蠢,这个和尚面对美丽如花的少女的亲昵举动,居然毫不动心,还说什么“枯木依寒岩,三冬无暖气”！老太婆气的是,怎么学禅会把一个正常的人变得不正常了呢?怎么修道会把一个好端端的人的本性修得没有了呢?怎么这个原本热情快活的年轻人变成了一个毫无情感的、没有人性的石头了呢?

老太婆并不懂得和尚所坚守的什么“佛性清静”,“禅心坚定”,反而觉得和尚变成了人情淡薄,性情冷酷的人,变成了呆头呆脑的傻瓜。那么自己二十年的供养岂不是白辛苦了吗?所以,老太婆在一气之下,赶走了和尚,一把火把草庵烧毁了。

这位专心修炼的和尚,死抱着修行的戒律,极力克制自我的情欲,所以他面对多情的少女,才极力压制自己的情欲,“时时勤拂拭,深怕染尘埃”。他“拒绝女色”的行为,恰恰是出于执着于戒律,故意抵制情欲而做出的姿态,故意摆出洁身自好的架子!这种人为地、故意做出来的、违反常情、常理的虚伪之态,佛教叫做“造作”。所以,人们从禅的精神角度,对这个和尚加以嘲笑,提出批评。

现在我们就知道了,就禅的精神来说,在男欢女爱方面,故作“性冷淡”的姿态就是违背人的自然天性。禅的精神原本就是从根本上要去掉人们的执着之心和分别之心,就是要去掉人们道德上的虚伪姿态。

那个被赶走的和尚后来的命运怎样了呢?和尚被赶走后,到处流浪,无处安生。他非常后悔。他后悔什么呢?

首先,他后悔的是,人家供养自己二十年,自己只知道天天坐禅,而没有开动脑子去领悟禅的精神,只学会了装模作样,只学会了摆和尚的架子,所以深感惭愧,对不起老婆婆的恩德。

其次,他后悔的是,自己不仅把这么好的男欢女爱的机会给放跑了,而且还把表现“开悟”的机会也白白放弃了,反倒落了个傻瓜和笨蛋的恶名。所以,他后悔不已。



不过,我们常说,要允许别人犯错误,也要允许人家改正错误,只要知错就改,就是好同志。正因如此,后来有人又为这个故事写了续篇,这个故事又有了另一个结局：

三年后，和尚已经领悟了禅的精神，又重新来到老婆婆家，恳求老婆婆让他再一次在原地建一个草庵修行，和尚指天指地发誓：这次绝对不会让老人家失望。老婆婆同意了。老婆婆又重新供养他。过了一段时间，老婆婆又用同样的方法叫少女去试探这位和尚。大家猜猜，这一次这个和尚将有什么表现呢？这次，当少女抱住他的时候，少女又问他的感受和想法怎样？和尚想都没想就出口成章："'人面桃花相映红'。今日这个事，天知、地知、你知、我知，但绝对不能让你家的婆婆知道。"

你看，和尚开悟和没开悟就是不一样嘛！现在，和尚已经领悟了禅的精神，懂得了顺其自然的道理。面对这如花似玉的姑娘，和尚从过去故作姿态去抵制女色，转变为了自然而然的、积极的审美态度，流露出了人的天性和审美的愉快。姑娘回去后，将和尚的答话如实告诉了老婆婆。老婆婆听后，欢天喜地地跑到草庵，她对和尚说："恭喜你，恭喜你！你终于大彻大悟，将禅参透了！"

这两则禅的故事充分说明了：禅就是尊重人的天性，赞赏自然而然的心情和行为，一切顺其自然的人生态度就是禅。

## 第三节 禅与职责和道义

### 一

生活中,我们常常会碰上一些难以选择的事情,你做也难,不做也难,并且,无论你如何选择,都同时要面对赞美和批评。这里,我讲一个不久前发生的事件。

2006年7月,在郑州,一个小女孩不小心掉进黄河中,过路人把她救上来时,已经快不行了。刚好,有一辆电视采访车路经这里。闻讯赶来的电视台女记者,见到小女孩濒临死亡的情况万分着急。她立即叫通了120急救电话,请求为小女孩急救。在120急救车赶到之前,她又用电话向120请教急救的方法。她按照医生所说的,"五次压胸,一次吹气"为女孩做人工呼吸。她坚持做了近10分钟,她没力气了,小女孩仍然没有自主呼吸。女记者急得跺脚大哭,泪流满面。120急救车赶到后,医生最终也没能救活小女孩。

事实上,女记者因为急于救人,没有完成她预先约定的采访。很快,就有人在互联网上和其他新闻媒体上,报道了女记者的表现。她反倒成了新闻人物,成为人们议论的中心。

批评者说:采访和报道是记者的本职工作,救人是医生的事。她放弃本职工作而去承担医生的责任,结果人没有救成,也影响了自己的工作。这是不可取的。至少,她是个不称职的记者。

赞扬者说:一个人的生命比一条报道更重要;记者绝不仅仅是生活事件的旁观者,救人于危难之中,才是记者敬业精神的最高体现,并称她为"中国最美丽的女记者"。



类似的事国外新闻界也发生过。

1985年11月13日哥伦比亚的鲁伊斯火山突然喷发。泥石流吞没了附近的城镇。火山爆发的第三天,美联社的法籍摄影记者富兰克·福尼尔赶到现场采访。他在现场发现了一位名叫奥马伊拉的小女孩,她的身体卡在两座房屋的房脊上不能动弹,而泥浆淹没了她的腰部。小女孩的脊椎已受伤。福尼尔没有工具,无法救出她。福尼尔在紧急呼救后,又拍下了小女孩的照片。此后,福尼尔再也没有离开小女孩去寻找其他新闻。他陪伴着小女孩,不停地同她交谈,希望增强她与死亡抗争的信心。待救护人员救出小女孩时,她已在泥浆中浸泡了60个小时了。但是,这个小女孩最终还是死去了。福尼尔从到达时起,就一直在小女孩身边,直至小女孩死去及埋葬她的过程中,他一直像亲人一样守护在她的身旁。福尼尔所拍的小女孩的一组照片,后来荣获了第29届"荷塞突发新闻奖",并被评为1985年度国际最佳新闻照片。福尼尔的行为受到人们高度的赞美,被称之为"最富有人性的记者"。

相反,也有倍受争议、遭到谴责的新闻记者。

一个名叫凯文·卡特的南非"自由记者",他于1993年在苏丹拍摄了一张因饥饿而濒临死亡的小女孩的照片。1994年4月,这张照片荣获了美国新闻界的最高奖:"普利策奖"中的一项"特写性新闻摄影奖"。照片中的人物,是一个瘦得皮包骨头的、饿得爬不起来的苏丹小女孩。她跪在地上,用干柴似的双肘撑在地上不让自己倒下,她头已经抬不起来了,低着头,濒临死亡,浑身散发出死亡的气息。她身后,就站着一只秃鹰,一动不动地凝视着她,等着她一旦咽气,就上来吃死尸。凯文·卡特在抢拍完这张照片之后,再也不忍看濒临死亡的小女孩同要吃掉她的秃鹰之间冷酷而残忍的对峙。于是他把秃鹰轰走后,就离开了。后来,凯文·卡特远远地看到这个小女孩又开始朝难民营方向挪动了一下身子……。凯文·卡特忙着去抢拍别的新闻去了。凯文·卡特也不知道这个女孩子最终是否到达了难民营。

这张照片发表后,引起了国际上对苏丹大饥荒的震撼和关注。也有无数的好心人到处打听这女孩子的命运。这张照片促成了国际社会对苏丹大饥荒的紧急援救。但是,凯文·卡特的冷静、旁观的态度则引发了人们对他的抨击,连他的亲友也指责他,为什么不放下摄影机去帮助小女孩?凯文·卡特因此而感到羞愧和痛苦。他曾对人说:"当我把镜头对准这一切时,我心里在说:上帝啊!我必须先工作啊!如果我不工作,我不会来到这里。"凯文·卡特在获得了世界性的新闻大奖后的三个月后,因受良心的谴责,他在汽车的排气

管上套了一截绿色软管，把废气导入车内，用汽车排放的尾气在汽车里自杀身亡！

上面三个不同的事例，说明了一个优秀的记者，首先必须是一个富有人性的人，一个充满同情心和怜悯心的人。“人命关天”。一个鲜活的生命比一条报道更重要，因为新闻报道的目的也是为了珍爱人的生命，也是为了每个人的生命，在和谐的社会中更安康地生存，而不是任何其他的功利性的目的。如果有人把个人或某一群体的功利目的放在人的生命之上，放在道义之上，那么他就是一个缺乏人性的人，一个低级趣味的人。

几年前，在我国南方，曾经有一家媒体的一位摄影记者，在一个刮风下雨的日子里，他预先就蹲守在公路上的一个水坑附近，随时准备抓拍骑自行车的人摔倒在水坑中的情景，以便创作出一幅“有创意”的摄影作品。他最终拍到了一位骑车人摔倒的照片，但这幅照片也意味着他失去了人性和良知！人们谴责他，为什么不在水坑边树立一个警示牌子呢？为什么把别人的生命安危当作自己成名的手段呢？

这两种对立的观点和相反的评价，造成了我们选择的“两难”。面对职业责任和人情道义的冲突，我们怎么办？应该说，两种观点都有它的合理性。我们可以设想，一个人要是不忠于职守，或者只是应付一下本职工作，把时间精力都用在学雷锋、做好事上，他肯定会被用人单位“炒鱿鱼”。假如雷锋只顾为老百姓干好事，却把他当兵的职责抛在脑后，不站岗值勤，不学习训练，他还是雷锋吗？反过来，一个人面对突发事件，面对别人垂危的生命时，他却冷眼旁观，“坚守”所谓的岗位，他就真是个敬业的好员工吗？他将如何面对自己的良心？社会舆论会怎样看他？

生活是一张网，人活在世上，你必然要受到种种约束。党有党纪，国有国法，行有行规，出门有交通规则。任何人都要受工作职责的约束，家庭责任的约束，社会伦理道德观念的约束，当然也要受法律的限制。不受约束和限制，我们就得付出代价，就可能受到惩罚。



当各种规范、原则彼此发生矛盾冲突时，我们该如何选择呢？就上面所讲的职责与道义发生冲突时，我们该怎么办呢？具体地说，当一个男人面对一个溺水的女人，她生命垂危，必须要进行嘴对嘴的人工呼吸时，你是选择立

即救人呢,还是担心别人会误解你、指责你是什么“色狼”、“流氓”,退到一边去看热闹呢?这就是生活中我们常常碰到的“人性与道德”之间的冲突。你见死不救,你就没有人性;你主动救人,有可能被人误解为是“色狼”、“耍流氓”。

禅的智慧将教会我们怎样面对这一难题呢?这里,我给大家讲一个故事:

## 二

禅宗经典中有一个著名的“坦山和尚的故事”。有一天,坦山和尚和徒弟赶路,途中,看见一个女人焦急地站在河边。她因河水湍急无法淌水过河。坦山和尚主动说:“我来帮你渡过河去吧!”说着,就抱起这位女子,淌水过了河。徒弟看见师傅的举动,惊呆了!他一直望着师傅拥抱着女子过了河。女子道谢辞别后,师徒俩继续赶路。路上,徒弟一直想着师傅抱着女人过河的情境,感到困惑不解。因为佛教有严格的戒律,比如“五戒”中的“不邪淫”就规定了出家人不允许亲近女色的呀!师傅抱着女人过河,这不是破戒违规了吗?

最后,他终于忍不住问道:“师傅,您不是经常警告我们:‘出家人绝对

不能亲近女色！'刚才您为什么要抱着这个女人过河呢？"

坦山和尚说："哦！我早把她放下了，怎么，你心里还没把她放下？"

坦山和尚也面临"两难"的抉择：一方面，自己是和尚，是出家人，必须遵守戒律；另一方面，出家人要拯救危难，普度众生。现在，这个女人遇上了困难，甚至有生命危险，急需别人的帮助，我应当怎么办？坦山和尚选择了帮助女人。坦山和尚这个古代的活雷锋，助人为乐，拥抱着女人渡过了河，可心中并没有抱着女色，没有执着于女色，没有邪淫的念头，所以坦坦荡荡、无牵无挂。坦山和尚顺乎自然的人性去帮助别人，是出家人慈悲心的表现。

同样的事也曾经发生在柳下惠身上。这就是"柳下惠坐怀不乱"的故事。

柳下惠原名叫展禽，食邑柳下，谥惠，春秋时期的人，比孔子还早一百多年。《论语·微子篇》和《孟子·万章篇》中谈到了他。他曾任鲁国"士师"，就是鲁国的监狱长。由于他为官清廉，执法严谨，受到同行的妒忌和排挤，觉得当官的感觉很令人不爽，于是，就弃官回家，隐居起来。他隐居的村庄有一棵大柳树，树下有一个窑堡而被人称之为"柳堡"，所以，后来的人称他叫"柳下惠"，其意思是柳堡村的施予别人恩惠的贤人。柳下惠因此被称为中国的"和圣"。

柳下惠名留青史，倒不是因为他做官时的口碑，而是因为他的一次传奇经历。相传，在一个严寒冬夜，柳下惠从外地返家，到城郊时已经是深夜了，城门关闭，他进不了城，只好在城门洞中过夜。恰好，有个女人也进不了城，也在城门洞里过夜。柳下惠看她穿着单薄，冷得发抖，担心她撑不到天明就会冻死。他就让这个女人坐在自己怀里，解开自己棉袍衣襟，把女人严严实实地包裹起来，他们就这样相互拥抱着坐了一夜。令人惊奇的是，漫漫长夜，男女如此亲密接触,直到天亮居然也没有爆出什么艳情新闻。此事被人们传为佳话,人们称赞柳下惠“坐怀不乱”。

其实,柳下惠大概也面临了“两难”的抉择。一方面有“男女授受不亲”的禁忌;一方面是救人一命的良心。柳下惠的举动同坦山和尚的行为是一样的。他们都是用仁爱之心待人,不管这些人是男人或女人,他们都以慈悲心对待,这就是孟子所说的“恻隐之心人皆有之”。柳下惠、坦山和尚、女记者都是心里怀着仁爱,去关心别人,帮助别人,去做善事。在职责和道义冲突的情况下,他们慨然选择了道义。

这就是禅的“不二之法”精神在生活中的体现。

一个人的社会角色可以分为两个基本层面:一个是社会职责的层面,一个是人性的层面。当这两个层面出现冲突,而不能同时兼顾的时候,面对“两难”,我们首先应当选择什么?这不是人人都能正确回答的问题,也不是人人都能做出正确的选择。这里,我给大家讲两个典型的事例,这两个事例中的主人公做出了怎样不同的选择呢?这两种不同的选择又得到了什么不同的结果呢?

在火车上,女列车员对一个中年农民工说:“查票!”

农民工犹豫地把票递给了女列车员。

女列车员一看说:“这是儿童票。”

农民工说:“儿童票不是跟残疾人的票价一样吗?”

女列车员问:“你是残疾人?”

农民工说:“我是残疾人!”

女列车员:“那你把残疾证给我看看。”

中年人紧张地说:“我没有残疾证。买票的时候,售票员就向我要残疾证,我没办法才买的儿童票。”

女列车员冷笑了一下说:“没有残疾证,怎么能证明你是残疾人啊!”

农民工就把鞋脱下,挽起了裤子。原来,他只有半个脚掌。

女列车员说:“我要看的是残疾证!是残联盖了钢印的残疾证!”

农民工一脸悲苦,解释说:“我受伤时,没有当地户口,人家不给我办

残疾证。那次事故死伤很多人，出事后老板就跑了，我也没钱到医院做评定……”农民工哭起来。

这时，列车长闻讯赶来了，也问：“你的残疾证呢？”

中年人又伸出了他伤残的脚掌。

列车长连看都没看，说：“我们只认证，不认人！有残疾证就是残疾人，有残疾证才能享受残疾人的待遇。你赶快补票吧。”

农民工没办法了。他口袋里只有几块钱，根本不够补票费。农民工哭着说：“我没有钱，这半张票钱还是老乡们凑给我的。求您高抬贵手，放过我吧，要不我连家也回不了了！”

列车长：“那不行！”

女列车员乘机说：“让他去做清洁吧！一直做到下车时。算义务劳动，来抵车费。”

列车长想了一下同意了。

这时，旁边有一位老年干部看不惯了。他站起来问列车长：“你是不是男人？”

列车长不理解他的意思，说：“这跟我是不是男人有什么关系？”

“你告诉我，你是不是男人！”

“我当然是男人！”

“你用什么来证明你是男人呢？把你的‘男人证’拿出来大家看一看嘛。”

周围的人哄笑起来。

列车长愣住了。然后说：“我一个大男人站在这里，难道还是假的不成！”

这位退休老同志摇了摇头说：“我和你们一样，只认证，不认人。有‘男人证’就是男人，没有‘男人证’就不是男人。”

周围又响起了笑声。

列车长的话卡住了。这时，女列车员赶紧出来替车长解围，说：“我不是男人，你有什么话给我说好了。”

老同志指着她说：“你根本就不是人！”

女列车员暴跳起来，叫喊道：“你嘴巴干净点！你说，我不是人，我是什么？”

老同志一脸的平静，客气地说："你是人？那好，请你把你的'人证'拿出来看一看嘛。"

周围再一次响起笑声。只有那位残疾的农民工依旧坐在那里流泪。

的确，列车员和列车长查票是应尽的责任，坚持按章补票也无可非议。大家嘲笑的是他们"一根筋"的思维方式——"我们只认证，不认人！"这种只讲死板的规则而完全不顾眼前的事实，不是相当可笑吗？群众嘲笑他们，是因为他们在职业责任和道义发生冲突时，表现得"缺乏人性"，缺乏同情心，不实事求是。

有一个真实的故事，它同上面故事的处事方法完全相反。长江三峡大坝蓄水后迎来了第一次洪峰。三峡全线的河道上设立了很多的监测点，为的是在全线监测洪水，以取得各种科学的数据。各地的水文站进入了一级战备状态。上级命令所有工作人员24小时监守岗位，任何设备、船舶不得随意动用，以确保这次大规模的科学测试成功。有一个水文站的工作人员全部到岗，等待洪峰到来。在洪峰到来前一小时，在水文站前的公路上发生了一起车祸，有两人伤势严重，必须送往医院抢救。医院在哪里呢？就在长江对岸。拦下一辆车从陆路绕行长江大桥，需要一个多小时；用船把伤员送到对岸，只要十分钟。周围的群众把伤员抬到了水文站，请求用水文站的船送伤员到对岸。水文站的几艘小船都已安放了仪器，洪峰一到，马上要开到江中各点进行测量。因此，水文站领导断然拒绝

了群众的要求。群众一再请求站长打电话请示,但上级领导已去江边指挥测量,无人接电话。伤员的伤势很重,看样了已经不行了。所有人都焦急万分。站长陷入了两难：监测时间已临近,必须坚守岗位；但眼前的两条生命正在一分一秒地消失。站长看了表,离洪峰来临只有50分钟了,怎么办？站长决定,让将去北岸一侧进行监测的船,提前出发,先送伤员,然后就在北岸进入工作状态待命。这只救命船驶向了对岸,把人送到了对岸。这只船在洪峰到来前20分钟时,进入了工作状态。事后,上级领导通报批评这位站长:"擅自调动船只,险些影响大局。决定站长停职反省,深刻检查."同时,又通报表扬他:"心系群众的生命安危,为人民服务落在实处。"

站长的决定,上级领导的处分和表扬,都体现了禅的智慧。

上面的事例说明,一个人,首先应当是富有人性的人,充满同情心和怜悯心的人；其次才是具有职业责任的人。"人命关天",一个鲜活的生命比任何死板的规定都重要。为人民服务的根本目的,也是为了珍爱人的生命,是为了每个人都很好地生活,而不是为了任何其他功利性的目的。如果有人把职业的功利性放在人的生命之上,放在道义之上,那他就是一个缺乏人性的人。

所以,当良知遭遇到职责的冲突,当人性与功利性发生了对抗,当善良的行为与可能导致的误解相冲突的时候,我们应当选择什么？毫无疑虑地应当选择良知,选择人性,选择善良！这就是禅的智慧所追求的不钻牛角尖,不死板,灵活自然的处事态度。

## 第四节 禅与“无圣无凡”

禅学有自己独特的人生价值观。这就是“无圣无凡”的思想。什么是“无圣无凡”呢？就是不要把人,故意地进行高低贵贱的区分,不要去推崇所谓神圣的人,贬低平凡的人。在学禅的人眼中,圣人、贤人、凡人、男人、女人都是人,都无法超越“人”这个概念的范围。人人皆有佛性,人人都可以是圣人,人人也都是凡人,大家都一样,没有什么高低贵贱,这就是“无圣无凡”。“无圣无凡”是禅学中的平等思想。

### 一

我们先说什么是“无圣”。

中国佛教自晋代以来,有一个重要的思想,这就是“沙门不敬王者”。这是什么意思呢？就是和尚、出家人没有必要敬畏当权的王侯,对王侯不要卑躬屈膝,阿谀奉承。

这是不是体现了佛教反对王权的思想呢？不是!

历史上,佛教著名的人士经常同王权合作,不断地从王权那里得到支持与帮助,借王权的力量来弘扬佛教,禅宗也是这样。神秀就是唐王朝著名的“三帝门师,两京法主”。

既然佛教和禅宗都不断地同王权合作,借王权的力量弘扬佛教和禅宗,那么,“沙门不敬王者”是什么意思呢？

就是提倡沙门的独立地位、独立的人格、独立的思想。沙门与王权是各自独立而相互合作的关系,沙门不服从于王权、不服务于王权。沙门在什么基础上与王权合作呢？就是在为了拯救黎民百姓,普渡众生的基础上合作。

佛教提出的“沙门不敬王者”与历史上那种孤高自傲、清流脱俗的文士

不同。这些人也追求自己的人格独立性，采取持不同政见的态度，采取与王权疏远，甚至对立的态度。这些人与王权的对抗，更多的是个人的情绪化的表现，例如，嵇康和阮籍。他们的态度背后缺乏哲理性的思考。

佛教和禅宗提倡的“沙门不敬王者”是有深层次的哲学内涵的。“沙门不敬王者”的哲学思想是什么呢？就是“万法皆空”。就是说，天下万物的本性都是空性，都是相同的、平等的、没有高低贵贱的区分。即便当下你是皇帝、王侯，也不过是过眼云烟，瞬间就变。《红楼梦·好了歌》中唱道：“古今将相在何方？荒冢一堆草没了！”“昨怜破袄寒，今嫌紫蟒长。”“因嫌纱帽下，至使枷锁扛。”“乱哄哄！你方唱罢我登场！”

此前我讲了，佛教认为“一切皆空”，“万物皆空”，人人都是无常、无我的存在。人人平等，万物相同，既然如此，我敬畏什么？我屈从什么？我吹捧什么？所以，在“沙门不敬王者”的思想中，包含着：无圣、无凡、无权贵、无贫贱的平等思想。

我先介绍一下达摩的“无圣无凡”的思想。

菩提达摩和梁武帝有一次对话。梁武帝对达摩大肆吹捧自己对佛教所做的功德。

“朕即位以来，大量建造寺庙、刻印佛经，还收养了大批僧人，大力宣扬佛教。你看，我的功德无量吧！”

达摩说：“没有功德。”

这样的回答是梁武帝做梦也没想到的。真是“热脸贴上了冰疙瘩”——情不投、意不合！梁武帝顿时感觉很不爽。就问道：“你为什么说我‘没有功德’？”

达摩说：“您所做的这些事情，就像一个人和苍天比较一样，人只是一粒小小的果实。因为，您做的事不能从根本上解除民众的烦恼和苦难。您做的这些事情，就像人的影子一样，虽然是实实在在的，其实是虚无的，没有什么意义的。”

梁武帝听了达摩的这番话，心里很不痛快，就斜着眼反问达摩：“你说说看，什么才是真正的功德呀？”

达摩说："万物的本性是空性，所以无所谓'有'，也无所谓'无'。有功德即是无功德。佛法的功德，不是你在人世间所做的那一点点事业就可以追求到的。"

在达摩看来，真正的功德不是修建寺庙，不是刻印佛经，不是大量的度化僧人，更不是做那些形式上的讲经说法，吃斋念佛。真正的功德在于教化和尚和人们认识"自我"的本心是什么，懂得人的本性就是无常，就是"空性"。所以，建筑寺庙、刻经诵经、烧香拜佛都只是摆摆样子，搞搞形式，只是故作姿态而已。

达摩否定了梁武帝所做的功德，梁武帝心里很不高兴，就改变了话题。

梁武帝问达摩："什么是佛教'圣谛'第一义？"

"圣谛"就是由释迦牟尼首创的原始佛教的"四圣谛"，就是"苦、集、灭、道"。其中的"苦谛"是佛教对于人生的基本观点。佛教认为，人生的本质就是苦，这"苦"是与生俱来的，就像人有了身体就有了影子一样。所以"圣谛"第一义，就是"苦谛"。这是佛学的A、B、C……达摩当然懂得。然而达摩的回答却是令人意想不到的，稀奇古怪的！

达摩说："哈哈！天底下哪有什么神圣的东西！"

达摩的这句话具有颠覆性。中国人自古以来就信仰"神圣"。天、地、人和自然万物都是神圣的；伟大的人物，伟大的皇帝都是神圣的。怎么这个印度和尚说"天底下没有神圣的东西"呢？达摩所说的"无凡无圣"，依据的就是"万法皆空"的平等思想。

"无凡无圣"是说，生活中，一方面，你不要把普通人和圣人、圣贤严格加以分别，更不要把普通人和圣人、圣贤对立起来。圣人也是人，不是神。他也有同普通人一样的欲望和情感，也要吃、喝、拉、撒、睡。另一方面，一个圣贤无论如何伟大，无论如何出众，他自己也要以平常心待人待己。据说，曾经有一位新来北京大学报到的女学生，她碰见了朴实忠厚的季羡林老先生。她以为季老是一个普通的老工人，便请求季老为她照看一下行李，她去寻找报到的地方。过了很久，这个学生才来，季老却一直为她看守着行李。经旁人介绍，她才知道为她看守行李的人是大名鼎鼎的学者、北京大学的副校长！季老是国宝级的人物，是贤、是圣，他看待自己却做到了无贤无圣。

## 二

我们再说什么是“无凡”。

“无凡”就是说，世界上没有什么平凡和低贱。在禅家看来，没有高贵和低贱；平凡和神圣的区分。平凡就是高贵，低贱就是神圣。它们之间是既对立，又统一，相互依赖，相互转化的。在生活中，凡人可以转变为伟人、圣人；圣人、伟人又有普通人的凡俗的一面。禅宗六祖慧能的成名过程，就充分说明了凡人即圣人，低贱的人就是高贵的人这个道理。

六祖慧能就是一个平凡得不能再平凡的人了。但是，他“有心栽花花不发，无心插柳柳成荫”，成为了禅宗的第六代祖师。

在现实生活中，也有不少平凡的人成为了圣人和杰出人士的例子。我认识一个人。文革前，他因家庭出身是“黑五类”而考不上大学，只好去火车站当搬运工，每天扛大包。他的女朋友因对他的处境和前途深感失望而离开了他。但他没有消沉，没有放弃。每天晚上在油灯下啃读康德、黑格尔的著作，十年如一日。恢复高考后，他以优异的成绩考上了名牌大学，成为国内著名的学者。你能说他是凡人？你能说他是圣人？准确的说法是：他是一个有上进心的、有毅力的平常人。

## 三

禅家认为，权力、富贵、卑贱、贫穷等，都是滚滚红尘的价值观。对于出家人而言，出家即无家。出家人把家庭、生死都置之度外，心中无拘无束。这是人生价值观念的转换：由于思想中的平等观念，学禅的人，只对拯救社会民众的心灵感兴趣，对世俗的价值观不感兴趣。学禅的人对于精神的追求超过对物质利益的追求，尊重自由的心灵胜过对权势的尊重。所以，禅家面对权势，依然坦坦然然，绝不卑躬屈膝，也绝不盛气凌人。

例如，著名的慧安禅师有一个故事。

慧安禅师是湖北荆州人。他是五祖弘忍的弟子，是神秀和慧能的师兄。武则天当政时，把他和神秀请到洛阳，并拜慧安和神秀为老师。有一天，武则

天询问慧安："老师有多大年纪了？"

慧安说："记不得了！"

武则天感到奇怪："你怎么不记得自己的年龄呢？"

慧安回答说："生死之身，其若循环。环无起尽，焉用记为？况此心流注，中间无间。见沤起灭者，乃妄想耳。从初识至动相灭时，亦只如此。何年何月而可记乎。"[①]

慧安说："人的身体的生死轮回，就像循环不已的圆圈一样。一个封闭的圆环既没有开始的地方，也没有结束的地方。何必去记它呢？况且生命像水一样，不断流淌，怎么能去寻找它的间隙呢？凡是想去寻找事物的开始和结束的想法，都是虚幻的想法。因此，我哪里记得自己的年龄呢！"

武则天听了这话，非常佩服慧安。

在慧安的眼中，武则天是学生，而不是皇帝；自己是老师，而不是臣仆。所以，他能用坦然的心去面对则天皇帝的问话，以老师的智慧去开启学生的心灵。

学禅的人，如果碰见那种以权势压人，以权力欺负人的权贵时，怎么办呢？我们看一看，禅宗的四祖道信大师，碰到这种情况，采取了什么样的态度呢？

此前，我已介绍过禅宗四祖道信违抗唐太宗的旨意的故事。

这里还有一个故事。

有一天，白隐禅师正在佛堂打座。这时进来一群人，其中一位神态傲慢，他见到白隐禅师在那里打座，就问："喂，老家伙！你给我说说，真的有天堂和地狱吗？"

白隐禅师眼也不抬，问他："你是什么人？"

那人回答："我是将军！"

白隐禅师说："哪一个愚蠢的国王让你当上将军的？我看你像一个屠夫！"

这个将军一气之下拔出剑来，直指禅师的脸说："我杀了你！"

白隐禅师不动声色地说："大家看！地狱之门打开了！"

将军听了这句话，一下子愣在那里。

过了一会儿，将军收起了剑，向禅师深深鞠躬，客气地对禅师说："刚才



① [宋]普济著：《五灯会元》（上）卷二，中华书局1984年版，第72—73页。

是我冒犯了您。我太鲁莽了！对不起！”

白隐禅师平静地说：“大家看！天堂之门打开了！”

刹那之间，你就是魔鬼；刹那之间，你就是善人！善恶圣凡都在一念之间，都是同一个人！

禅学“无圣无凡”的思想对于我们有什么启示呢？

首先，可以树立我们在人生奋斗的自信心。“万法皆空”、“万物同一”，我与别人没有什么不同。那些成功人士所能做到的事情，我也能做到。那些圣人、贤者所能达到的境界，我也能达到。这对于身处人生中的逆境的人来说，“无凡无圣”的信念，更能激发我们的奋斗精神。在中国，一群聋哑的残疾人，通过自己的努力，演出了精美绝伦的舞蹈《千手观音》而轰动世界！这大型的舞蹈，是许多专业舞蹈演员都没有演出过的。在世界残疾人奥运会上，那些残疾人运动员的比赛成绩，也是许多正常人也达不到的。如果，这些残疾艺术家、残疾运动员，他们心中存在着“有凡有圣”的区别，执着于正常人和残疾人的区别，他们就很难跨过自己心中的这道“坎儿”，很难摆脱自己是残疾人的心理阴影，也就不可能创造人间奇迹。正是这些优秀的人，抹平了残疾人与正常人之间的鸿沟，才达到了“无凡无圣”的人生境界！

其次，“无凡无圣”的思想，可以强化我们的人格自尊心。毛泽东的词句中就有：“恰同学少年，风华正茂，书生意气，挥斥方遒。指点江山，激扬文字，粪土当年万户侯！”这就是对权贵不阿谀奉承；对圣人不卑恭屈膝；对强权不奴颜媚骨。这就是中华民族的民族精神。

禅的“无凡无圣”思想，可以使我们有高尚的人格，强烈的自尊，使我们拥有很高的人生境界！

# 第五节 禅的人生境界

## 一

什么是境界呢？“心之所‘游履’、‘攀缘’者，谓之境。如，色为眼之所‘游履’，谓之法境。色等五境为‘境性’，是境界故。眼等五根名‘有境性’，有境界故。实相之理，为妙智‘游履’之所，故称之为境。”[①]“境”就是你的感觉和精神思维所触及到的东西。“境界”就是你的感觉和认知能力所达到的范围和高度。所以“境界”既是感觉到的东西和范围，又是你的认知精神所达到的范围和高度。就前者来说，你感觉到的物质环境就是“色境”，即你所感觉到的外界事物范围的大小。行万里路，观无数景，你的境界范围就比别人大得多。就后者来说，境界就是你的感知和认知能力所达到的范围和高度。读万卷书，明千种理，你的精神和思想高度就不同于常人。总之，境界是主体性的感觉和精神认知的范围。

所以，古人说：行万里路，读万卷书。行万理路，你就眼界开阔，读万卷书，你就有思想深度。

什么是禅的境界呢？

“禅的境界”就是学禅的人所追求的心灵境界，一般把它叫做“禅境”。[②]“禅境”是指你在学禅和参悟禅理的过程中，你的感觉和精神所触及到的、不同层次的对象和所达到的高度。由于每个人对禅的感悟和理解不同，每个人的禅的境界也就不同，“禅境”就有深有浅、有高有低。禅的境界就像从幼儿园开始，一步一步升到博士生一样。你登上不同的层次，就能够领略到不同的人生境界！



那么，禅有哪几种境界呢？这不可定论。因为不同的人根据自己的不同的体验，对禅境有不同的领悟，也就有不同的描述。这里，我举出几种有代表

① 丁福保：《佛学大辞典》第1247页。
② 丁福保：《佛学大辞典》第1247页。

性的说法。

青原惟信禅师有一则语录说："老僧三十年前未参禅时，见山是山，见水是水。及至后来亲见知识，有个入处，见山不是山，见水不是水。而今得个休歇处，依前见山是山，见水是水。大众，这三般见解是同是别？"

这段话的意思是："我这个老家伙，三十年前没有学习参禅的时候，看见山就是山，看见水就是水，山和水，各是各的东西，它们毫不相干。到了后来，得到了有知识、有德行的人的指点后，就获得了入门的方法，领悟了佛性。再一看哪，见山就不是山了，水也不是水了。现在，我老了，看事情的观点、角度又有所不同了，居然又像当初那样，见山依然是山，见水依然是水。大家体会一下，请问，我这三种见解是相同或是有区别？"[①]

这是青原惟信禅师悟禅、参禅的心路历程，就是他先后所达到的三种精神境界。

第一阶段：他因为没有领悟禅的精神，就像普通人一样，执着于对事物之间的分别、区分和界定，所以，看山是山，看水是水，山与水完全不相同，彼此之间毫不相干。

在持有分别心的这一阶段，人们往往只看见事物之间的差异而看不到它们的共同性——空性，也就看不到禅的本性和人的自性。所以，心处这一阶段的人，往往苦苦追寻禅的本性、本体而不得。有的禅师就用"落叶满空山，何处寻行迹"来描述这一状态的心境。

第二阶段：青原惟信禅师已经领悟了禅的精神，懂得了"一切皆空"的道理之后，知道了山、水的本性相同，都是"空性"。

这又走向了另外一个极端：只看到山、水之间的共同性、本质上的相同之处。所以，才说"见山不是山，见水不是水"，从而消除了两者之间存在着的明显的区别。这就只看到了山、水的共性，只看到山、水相同之处，而抹杀了山、水的个性和它们之间的区别。只强调事物之间的共同性，这也是一种执着，也是一种分别和界定。

第三阶段：青原惟信禅师再看见山时，他眼中的山依然是山，再看见水时，眼中的水依然是水。到了这一层次后，惟信和尚既看到山与水在形态上



① [宋]普济：《五灯会元》（下）卷十七，中华书局1984年版，第1135页。

的不同,又懂得了它们本性相同的道理。这就对山和水有了全面而透彻的认识,从而上升到了禅的思想境界。正如我们观察一个鸡蛋,先看外观,然后打破鸡蛋,再看蛋心,通过两种观察就看到了一个完整的鸡蛋,我们对于鸡蛋的知觉,已包括了对蛋的外形和鸡蛋内部的全面认识。

青原惟信禅师所领悟到的"见山依然是山,见水依然是水"的第三阶段,就是我们此前所说的禅的"平常心"的精神境界。

青原惟信禅师是借山、水来谈论和比喻禅的精神境界。在中国,借山、水来抒发人生哲理的人中,以孔子的说法最为有名。孔子分别论述了"山"的特点和"水"的特点。孔子说:"仁者乐山,智者乐水。"

为什么说"山"是"仁"者的体现呢?因为大山胸襟开阔,有容纳精神,能容纳万物:植物、动物、飞鸟、小草、小虫、水流、石头等等,都存在于山的胸怀之中。山从来不向生活于其中的生命索取什么,只是默默地给予和付出,从来不要求回报。山总是静穆地屹立在那里,显示出"仁"者的博大和谦虚。

为什么说"水"是"智"者的体现呢?有三个原因:

第一,因为水永远都不失去它的前进目标:水往低处流——总是朝着大河、大海奔去。即便用什么东西来阻碍它，它总是能够想方设法地迂回、曲折地前进。

第二，水的性情柔和，它从不同什么东西硬碰硬地对抗，它总是以弱抗强，最后却能"水滴石穿"，以柔克刚。

第三，水的性情随和，能够做到"随遇而安"、"随物赋形"。不管你用什么东西盛它，它总是能随着装水的东西的形状而改变自己的形状，能适应各种环境和状态。这就叫做"随机应变"、"随遇而安"。所以，水性体现了智者和灵巧的聪明人的特点。这就叫做"智者乐水"。

孔子以自然物的本性来比较和阐发人的品性，这种比较和阐述方法，美学上叫做"比德"。

苏东坡在参悟禅理的过程中，也经历了与青原惟信禅师大致相同的三个阶段，也深刻体验了禅的三种境界。

苏东坡是用诗歌来描述所经历的这三个阶段，分别表达出了他对三种境界的不同的心理体验。

苏东坡没有参禅悟理之前，他的心境是：

> 横看成岭侧成峰，远近高低各不同；
> 不识庐山真面目，只缘身在此山中。（苏东坡：《题西林壁》）

这首诗是说，他没有学禅的时候，他是从"分别"之心和"执着"之心去看庐山。他只看到庐山大大小小的、形态不同的山峰，而看不到庐山的整体，看不到庐山是由众多的、有差别的山峰组成的统一体。这就是"只见到局部，见不到全体"，"只见树木，不见森林"。所以，他"不识庐山真面目"。为什么"不识庐山真面目"呢？因为，那时，苏东坡对庐山的认识，是没有跳出庐山一个一个的山峰来全面地认识庐山。所以，他只见到了庐山各个山峰之间的差异，而认识不到完整的庐山，整体的庐山。这就是"只缘身在此山中"所犯的谬误。这是苏东坡学习禅的第一个心境，所达到的第一层境界。

在学习参悟禅理的过程中，苏东坡心灵的境界又有了很大的提升。他又用了一首诗来表达：

庐山烟雨浙江潮,未到千般恨不消;
及至归来无一事,庐山风雨浙江潮。

这里的“庐山烟雨”和“浙江潮”就是指的“禅的真理”、禅的根本道理。苏东坡以“庐山烟雨”和“浙江潮”来比喻自己对禅的“空性”的把握和领悟。当他没有看到“庐山烟雨”和“浙江潮”时,也就是他没有领悟到“禅的真理”时,总想看到它们,总想把握住它们。待到理解了,懂得了“禅的真理”之后,也就是看到了“庐山烟雨”和“浙江潮”之后,总觉得天下的万事万物的本性都是一样的,都是“庐山烟雨浙江潮”,都是“空性”。苏东坡领悟了“万法皆空”,达到了禅的第二层境界。

苏东坡参禅悟道后的心境:

溪声尽是广长舌,山色无非清净身;
夜来八万四千偈,他日如何举似人?

这首诗是表达苏东坡领悟到禅的道理之后,对天下万物的理解。天下的山溪水,无论它们形态各异,大小不同,流速快慢,都像那些喋喋不休的女人那样,整日都喧闹不已。天下的山,无论它是大是小,是高是低,都是一片青绿和宁静。这就说明,苏东坡领悟到了“相同”的东西中有差异;“差异”的东西中又有共性。苏东坡从而领悟了禅的真理,达到了禅的第三层境界。

但是,问题又来了。又有什么问题呢?因为,禅宗讲究“不立文字”,就是不要借助语言和文字来表达思想观念。静夜中,我思绪万千,心中这么多体验和感悟，以后我又用什么方式来向别人表达呢？如何把所体验到的千万种佛法真理，用一个最明确、最简单的方法告诉别人呢？这就是“夜来八万四千偈，他日如何举似人？”如何既要表达心中的体验和感悟，又“不立文字”呢？这又成为禅的更高的境界和新的追求了！

## 二

有的禅学学者把禅境按由低到高分为四个层次：“现量境”（拣择心、有我之境）、“直觉境”（忘我之境）、“圆融境”（无我之境）、“日常境”（平常心境）四个境界。

第一是现量境。

什么是“现量境”呢？“现量境”就是指，你对眼前现象世界的认识状况。例如，“见山是山，见水是水”；“横看成岭侧成峰，远近高低各不同”等，都是用“拣择心”、“分别心”来看待事物，这种看法，就是“偏心”，就是“执着”。

禅宗认为，普通人的世俗智慧对现实世界的认识是片面的、虚幻的。为什么这么说呢？因为这种认识执着于把外界的事物加以区别、分别，把“我”和外界事物区分为主体和客体、主观和客观并把它们严格地对立起来，只强调它们之间的差异，而忽视它们之间的共同性。这就是“拣择心”、“分别心”、“执着心”。例如，见山是山，见水是水，山与水完全不同；男人是男人，女人就是女人，男人和女人完全不同；我就是我，树就是树，我与树完全不同。这就是“有二法门”。在你对外物的感觉和思考中，处处有自我和外物的区分。所以，禅家也把“现量境”叫做“拣择心”、“分别心”。普通人的思想境界就是“有我之境”。

第二是直觉境。

禅认为，悟禅首先要立足于现实世界，要认识到事物尽管有千种万种，形态不同，但一切事物的本性都是“空性”，它们没有什么区别，没有什么不同。要懂得万物都是佛性的显现，从而破解万物之间的区分之心，破除事物同人之间的主、客体对立与分别。如果从禅的角度，这样去认识现实世界的真面目，就超越了普通人的思想境界，而达到了“直觉境”。

什么是直觉境呢？直觉境就是对禅的感悟不分主体和客体、主观与客观、“所观”和“能观”。“所观”就是你所观察到的东西；“能观”是你可以看到的、有能力看到的东西。悟禅，要求观察者的意识同被观察的东西的情感状态和合为一。观花，则用花之心去体验花、去感受花。这种感受的结果，就融合了主、客双方，破除了人与花之间的差异、阻隔，融合了人与花的情感。如“泪眼问花花不语，乱红飞过秋千去”；再如，林黛玉眼中的桃花就融合了人与花之间的差异和间隔，桃花即我，我即桃花。

有一首禅诗说：“雁过长空，影沉寒水。雁无遗踪之意，水无留影之心。”直觉境就是达到忘我的境界，我已融入事物之中，事物中也融入了我的情感思想，这就是“物我两忘”、“物我同一”的精神境界。

第三是圆融境。

“圆融”一词来源于《华严经》。《华严经》的基本观点是：本体由现象呈现，不同的现象与现象之间都呈现出本体。按照等量互换的原理，现象与现象之间也可以互换，相互呈现，相互映照，犹如“帝释天”之网，每颗宝珠都映现出其他宝珠的形态和亮光，珠与珠之间互相包含，影与影之间互相摄取，重叠不尽，映现出无穷无尽的法界。珠宝之间互相映照，形成了千万种镜像。因此，就没有必要在现象世界之外，再寻找一个抽象的本体来说明现象世界。

禅学主张，不必离开现象去追寻本体，不必离开个别事物去追寻真理。现象就是本质，本质蕴藏在现象之中。这就打通了个别和一般、现象与本体、现象与现象、有情的生物和无情的事物之间的隔绝。打通，就使得一切东西都打成一片,一切都和合为“一”,这就是圆融无碍。例如:“月映千江水,门门尽有僧”的诗句就是这种“圆融境”的体现。这就是说,生活中的情趣就是禅的情趣;禅的精神就通过生活情趣显现出来。只要能领悟到这个道理,你就上升到了“日常境”的境界之中。

第四是日常境。

禅宗主张,悟禅要从日常生活中进行。为什么呢?因为,“生活”就是指人的生命与自然生命的生存状态。例如,人与自然生命都有生有死;日月星辰、春花秋月不断轮回。这种状态都是自然的状态,你既不能改变它,也不能对抗它,只有顺应它。大自然有它的食物链,老虎天生要吃小动物,蛇要吃老鼠,鹰要吃蛇,面对这些自然规律,你只能是“坐观成败”,而改变不了它,消除不了它。这就叫“顺其自然”、“自然而然”。悟禅就是要你领悟大自然和人生的道理,就是要你的思想和行为“顺其自然”。

所以,生活中的自然现象就是禅所要领悟的现象,生活中的情趣就是禅的情趣。禅的精神通过生活情趣而显现出来。因此,禅家主张,在平凡的生活中领悟禅的真如本性。南禅主张,饥来吃饭,困了睡觉,这是非常自然的事,你不要对抗它。所以,禅师们说,“平常心是道”。禅的道理就蕴藏在担水、劈柴、喝茶、种地、睡觉这些日常生活之中。在生活中,千种风情都在心中奔流和回荡,万般境界都在眼前显现和幻灭。大千世界、人间万象,都在你的感悟和体验之中。通过日常生活中悠闲自在的体验,就可以领悟到禅的自然而然,随缘任运的精神。

可以看出,禅的最高境界只能在日常生活的境遇中获得,这充分地说明了禅的入世精神。临济宗的禅法有一个重要的观点是:“无事是贵人。”禅的日常境界的特点是:自然而然、顺其自然、随缘任运、闲适自得、孤苦寂寞。

禅的境界已成为那些“身在闹市,心往山林”的中国诗人、画家安抚心灵的精神理想,成为了中国诗歌、日本俳句所追求的最高的审美境界。

“日常境”通俗的说法,就是我们经常说的“平常心”。

禅追求什么样的人生境界呢?这些境界如何表现为人生态度呢?如何表现为行为方式呢?

这就是“平常心”的境界。

现在，人人都满口挂着“平常心”这个词，但是究竟什么是平常心却不是每个人都清楚的。那么，我们问，到底什么是“平常心呢？人们通常说的“平常”是指普普通通、习以为常、平平庸庸的心态。这种心态叫人不冒尖、不出头、安于现状的心态。禅的平常心与这种平庸的“平常心”完全不同。

禅所理解的“平常心”同人们通常说的“平常心”有什么不同呢？禅的“平常心”有哪些具体的含义呢？

禅的“平常心”是指在日常的生活状态中，体验禅的真理，在现实的物质环境中，追求超越现实的更高的精神境界。禅的平常心是有目标的，有超越意识的。

有一个著名的禅师，叫马祖道一，他曾经从五个方面对“平常心”做出了透彻的解释。他说：“何谓平常心？无造作，无是非，无取舍，无断常，无凡无圣。”

这五个“无”，其实就是“不二之法”，就是禅宗三祖僧粲所说的“至道无难，惟嫌拣择；但莫爱憎，洞然分明。”就是强调无差别、无分别地对待一切。

什么是“无造作”呢？所谓无造作，是针对人的行为而言，不要人为地、故意地去做出某些虚假之事或虚伪之态。

《世说新语·雅量篇第六》中有这么一个故事：

> 谢太傅在东山岛居住期间，曾经同几位朋友在海上泛舟游玩。这时风起浪涌，小船颠簸得很厉害。其他的人都害怕得不得了，都叫嚷着赶快把船划回去。谢太傅神情自若，毫不惊慌，只是唱歌而不说话。船夫看着谢太傅的神色像休闲一样地愉快，也就没有把船划回去。紧接着，风愈来愈急，浪愈来愈大，其他人都在那里不停地惊叫，都不敢再坐下，在那里不停地晃动。谢太傅看见这种情况，才平静地说：“再这样下去，恐怕我们真的回不去了。”船夫马上就掉转了船头，大家都一致响应而高呼起来。众人亲眼见识了谢太傅临危不乱的气度，他们都说，谢太傅超常人的胆识和能力足以安定朝廷和拯救国家。这正是谢太傅表现临危不惧的目的，这也是一种“作秀”，说明了谢太傅的做作和虚伪。

《资治通鉴·晋纪二十七》中记载了淝水之战前后关于朝廷重臣谢安的故事。

当时，前秦国王符坚率领的各路大军进逼东晋全境。东晋都城内的人们惊恐万分。谢安的侄儿子谢玄连忙从军营赶回家中，向伯父谢安请教退敌的策略以及用兵的大计。谢安听了谢玄的话后，显出坦然无事的神态，毫不着急。只说了一句："我已有了主意了"就沉默不语了。

谢玄心里焦急万分，但不敢再吭声。谢玄打算再找机会重新请示谢安。过了一会儿，谢安却吩咐仆人驾上马车，出去游玩，同时命人通知各位亲戚好友，到他山中的别墅聚会，打算开 Party。亲戚朋友都来到山中的别墅中，人们用围棋或打牌来赌博玩耍。谢安和谢玄也下起了围棋。平日里，谢安的棋技不敌谢玄，但当天，谢玄由于焦虑而浮躁不安，加之心里又惧怕伯父谢安，叔侄俩的棋局下得难分难解，胜负难定。最后终于成了和局。谢安撇下棋局后，就独自登山游玩去了，直到天黑了才回到家中。在谢玄看来，伯父好像全然不把危急的时局当一回事似的。谢玄感到非常困惑，很不理解。其实，谢安的表现，只是故作镇定，是装出来的，有明显的表演因素。

后来，在淝水之战中，谢玄率领晋军大败敌军，挽救了危局。当谢玄的捷报送到时，谢安正同客人下围棋。谢安看完捷报后，不经意地顺手就把它扔在旁边的床上，脸上没有显露出一点欣喜的表情，依然继续专注地下棋。现在谢安又开始表演了：

客人问他："有什么消息？"

谢安平静而从容地说："小儿辈已经大败敌军。"

谢安耐着心一直把这盘棋下完。难道谢安面对扭转国家危急形势的大胜利真不动心吗？难道他真的就是一个冷血的人吗？事实不是这样。谢安故作姿态，面对朝思暮想的胜利，故意装出平静的态度，在客人面前不露声色，平静如水。但当他

送走了客人，往屋内走时，由于内心欣喜万分，过门槛时不小心，居然把脚下的木屐的齿折断了，他在跨过门槛后才发现木屐一脚高，一脚低。谢安的心境，其实是故作姿态，故意显出那种“山崩于前不变色，海啸其后不失声”的“魏晋风度”。

这就是造作，其实就是虚伪。这就不是“平常心”。

真正的平常心就是无拘无碍，自然而然的真情表达。《世说新语·排调篇第二十五》中有一个抒发自然真情的事例：

王浑和妻子闲坐在厅堂中，他们的儿子从庭院中走过。王浑爱子情深，打量着儿子不禁赞赏说：“我们俩生下的这个儿子这么英俊，真令人感到安慰和满足啊！”他的妻子也感慨地说：“是啊！如果当初把我许配给参军的话，生出来的儿子肯定比这个儿子更英俊！”参军即王浑的亲哥哥。这个女人率性而言，口吐真情，尽管不合伦礼法度，但所说的话却是出自本心，自然而然，表现出像儿童心境似的清纯透明，并不因为顾虑伦理道德的禁忌而遮掩自己的真心。

修禅的人心要寂静，像水池中的水一样平静无波。修禅的人内心要空虚，不要像装满杂七杂八破烂东西的仓库。要把各种欲望、各种闲言碎语都扫出门去。这就是神秀说的：“时时勤拂拭，莫使染尘埃。”一旦你的心染上了尘埃，就是不空、不净。

你心性不净而要学禅，这叫做“挂羊头卖狗肉”！这必然会引起别人的嘲笑。

禅宗的著名公案中，有两则公案就是嘲笑这样的禅师的。

唐代的温州净居寺有一个女尼叫玄机禅师。她经常在在大日山中的一个石窟中坐禅修行。有一天，她忽然涌现出了一个想法：“法性湛然，本无去住。厌喧趍寂，岂为达邪？”其意思是说：“佛性本来是如如不动、空灵寂静的，无所谓来来去去的变化；像我这样持有佛性的人，心性却依然厌恶喧闹而追求寂静，大概是我的修炼还没有真正的通达佛性吧！”于是，她前去参见雪峰禅师，请他指教。

雪峰禅师一见玄机女尼来访，就问她：“你从哪里来？”

玄机女尼回答说："我从大日山来。"

雪峰禅师问她："太阳出来没有？"

雪峰问话的意思是说："你对佛性领悟通透了没有？"

玄机女尼回答说："假如太阳出来了的话，就会把雪峰给融化了。"

玄机女尼的意思是说："如果我悟透了佛性，我还会来找你请教吗？"

雪峰又问她："你叫什么名字？"

玄机回答说："我叫玄机。就是玄妙的玄，织布机上的机杼的'机'。"

雪峰禅师又问她："一天织多少呢？"

玄机女尼说："我这机杼是'寸丝不挂'。因为我的心性本来就自由、明净、通透，所以，我对任何事情都无牵无挂，无执无着，我的心性无障无碍！"

当玄机女尼拜见雪峰之后，返身离开禅堂。玄机女尼刚走了三五步时，雪峰突然叫嚷着说："你的袈裟拖在地上了！"

玄机连忙回头看自己袈裟后边的下襟。

这时，雪峰哈哈大笑起来，说道："好一个寸丝不挂啊！"[①]玄机不知道这是雪峰在试探她，不自觉地回头看自己的袈裟后边的下襟，一下子这暴露了玄机的心性根本不是什么"寸丝不挂"，也不是无执无着，更不是无障无碍的自由无拘的状态。一个禅师连自己的袈裟尚且念念不忘，哪里还谈得上自己的心性是空灵超脱的呢？

雪峰禅师一针见血地指出了：玄机虽然身着袈裟，然而心性未曾真正清净，还被物质的欲望和眼前的实体所纠缠。这哪里是什么"寸丝不挂"呢？可见，玄机没有能够真正领悟到什么是佛学禅理的"空性"，也没有随缘任运的处事态度！

还有一则与"悟空"相关的公案。唐代著名的赵州从谂禅师智慧深湛，思维敏捷，语言诙谐幽默。有一天一个僧人问他："师傅，如果我内心里做到了一丝不挂，是否就悟到了禅理呢？"

赵州反问他道："不挂什么？"

这位僧人回答说："不挂一丝呀！"

① [宋]普济著：《五灯会元》上，中华书局，1984年版，第94页。

赵州叹息说:“这不,你还是把它(丝)挂上了吗?”

正确的思想状态应该是像慧能所说的那样:“菩提本无树,明镜亦非台,本来无一物,何处染尘埃?”

所谓“无是非”,不是叫你去否定真理与谬误的区别,不是不讲原则。它只是叫你懂得真理只是相对的,局部的,暂时的,从来没有绝对的真理,没有永恒的真理而已。这就在待人处事上,不要固执地、死板地、片面地看问题,不要“一根筋”地去办事情,不要过分夸大事物之间的差别。在做出一个决定之前,一定要看到这个决定既有利,又有弊,而且要承认它的利与弊。同样,在对待一个人的优点和缺点时,要看什么是主流,什么是次要的东西。不能把是与非尖锐对立起来:好就绝对地好,不好就绝对地不好。“无是非”也就是前面所说的“无分别心”、“无拣择心”、不去认死理。

有一个事例可以说明“无是非”的道理。电视剧《亮剑》中的抗日英雄李云龙,他身上的优点和缺点同样突出,但他的主流是爱国、特别能打日本鬼子。所以,他是英雄,而不是坏人。说穿了,“无是非”就是在看待别人时,不仅看人家的缺点,还要看到人家的优点和长处。不要仅仅从某一方面、某一件小事而否定别人,把别人看得太死。

什么叫“无取舍”呢? “无取舍”是就待人接物的态度而言。待人接物不要仅仅根据自己个人主观感情上的爱与恨、喜与悲、善与恶去做出判断和取舍,而要以大局为重,以全体的利益为重。宋代的大学者司马光在政治上是王安石的劲敌,是宋神宗和王安石所推行的“新法”的坚决反对者,并因此而遭受到沉重的打击。司马光被贬官之后,被安排去主编《资治通鉴》的工作。王安石身为宰相,却常常到司马光的工作现场去嘘寒问暖,并给予司马光精神上、人力上、经济上的大力支持,使司马光最终编写出了卓越的史书《资治通鉴》,而名垂千古。王安石做到了:不以政治上的对立和个人的爱憎,去评价一个人;不把个人的某些情绪带到工作当中去,而帮助司马光完成了功及千秋的文化事业。这就是宽容,这就是待人处事的平常心,这就是“无取舍”。



“无断常”的“断”,是指变化、改变;“常”,是指永恒、固守或不变。禅的精神要求,在生活中既不要以一成不变的观点看待事物和人,也不要单纯地、片面地强调变化、改变,从而失去你应当坚持的东西。我们《塞翁失马》

的成语故事就可以了解什么叫做“无断常”。

有一个老头子家住在边境旁边。有一天，他的一只马跑丢了，没有回家。老头子感到非常心痛，心里难过了好些天。过了好些天后，老头子失去的马自己跑回来了，并且还带回来了另一匹品种优良的野马。老头子真是开心极了，高兴了好些天。这天，老头的儿子想骑一骑这匹意外得来的野马。哪知这匹野马从未被人骑过，野性十足、很暴烈，老头的儿子从马上摔下来，不幸摔断了腿，成了一个瘸子。老头子心痛万分，心里恨死了这匹野马。不久，战争爆发了，皇帝强行招募青年人去服兵役，去当兵打仗。老头的儿子因为是个瘸子，所以没有去当兵打仗。这场战争打得很惨烈，村里去打仗的青年都战死沙场，老头的儿子却因为是瘸子而保得了一条性命。《塞翁失马》的故事，就是老子所说的：“祸兮福所倚；福兮祸所伏”，就是祸福相互依赖，祸福相互转化的道理。生活中，什么东西是福，什么东西是祸，是很难分别清楚的，很难说清楚的。因为生活总是变化的，而变中又有不变的东西。

如果你坚持某一件事是福，或者说坚持某一件事是祸，那就是坚持从“断常”的角度对事物加以分别，这就不是平常心。平常心就是既不要一成不变地看待事物，也不要单纯地强调变化，失去自己应当坚守的信念。一个人，处于困难的境地时，不要失去奋斗的信心，不要认为眼前的困难是永远不会转变的；当你处于一顺百顺的境况中时，头脑中要有随时应对意外的思想准备。这就是平常心。

## 三

“平常心”的境界如何表现为人生态度呢？如何表现在行为中呢？

禅的精神要人们归朴返真，返观自性。希望人们在现实生活中去体验禅的道理。所谓“青青翠竹尽是法身，郁郁黄花无非般若”。禅蕴藏在大千世界之中，体现在万物的生命之中。因此，禅要求人们以顺其自然、自然而然、随缘任运的人生态度去对待生活，以平常心去为人处世，待人接物。所以，我们说：平常心是禅。持有平常心，就达到了的最高的人生境界。

在禅宗的传世经典中，有几则关于“平常心”的问答：

有人问南泉普愿禅师："如何是道？"
南泉回答："平常心是道。"

有人问景岑禅师："什么是平常心？"
禅师说："你眠即眠，要坐即坐。"
学生说："学人不会。意旨如何？"
景岑禅师说："热即取凉，寒即向火。"[①]

这位师傅所理解的"平常心"就是禅的顺其自然的、随缘任运的处事态度。假如碰上严寒天气，你快冻死了，眼前就有木柴，你却不烧火取暖，仍在那里死命抵抗严寒，还口口声声说要战胜严寒，这就不是顺其自然的态度了，这就不是平常心了。有一个烧火取暖的故事说明了什么是禅的"平常心"。

唐代有一个名叫丹霞天然的禅师在北方一座名叫慧林寺的庙里"挂单"修禅。什么叫"挂单"呢？"挂单"就是某一位和尚到某一个寺院里去当"访问学者"，去学习和进修。那时正是严寒的冬天，寒潮袭来，大雪纷飞，天气奇冷。丹霞天然和尚冻得

① [宋]普济著：《五灯会元》（上）卷四，中华书局，1984年版，第210页。

手脚僵硬,感到自己的身体难以抵抗刺骨的寒冷。他就走进寺里的大殿中,把木头雕刻的佛陀的像拆下来烧火取暖。寺里的住持和尚看见天然和尚把木头做的佛像烧了,十分震惊,非常生气。

住持大声呵斥天然和尚:“你如此大胆,居然把殿里的佛像烧了啊!罪过,罪过啊!”

天然和尚一边用棍子拔着炭火,一边不动声色地说:“师傅,我烧木佛是为了取得佛陀的舍利子呀!”

传说,释迦牟尼火化后遗骨中留下了上百颗晶莹透亮的结晶体,这就叫“舍利子”。因此,天然和尚就借口说,他烧木头的佛像是为了取得佛陀的舍利子。

住持气急败坏地说:“木头的佛哪有什么舍利子呢?”

天然和尚依旧平静地说:“既然这尊佛像没有舍利子,那他就不是佛陀!只是一堆柴禾,烧柴禾可以取暖,那么,我再去搬两尊佛像来烤火!”

丹霞禅师“烧木佛取暖”的事,以及他所回答的话,充分显示出禅宗的非宗教性。他为自己辩护的理由,是充满了智慧的,意味深长的。如果说,木头的佛像果真是佛陀的话,那么,我烧毁木头做的佛陀像,就肯定可以取得“佛骨”和舍利子;如果被烧掉的木头佛像没有舍利子,那么它就不是佛陀,只是一堆木头,烧掉了又有何妨呢?这说明,禅的精神是追求人的率真的天性,用自然而然的态度去对待事情。天气严寒,既然烧木佛可以取暖,那为什么不取来烧呢?

平常心可以使我们正确对待亲情。佛陀说:生命中只是一个过程,人的一生就是一个旅程。人生是一个过程,亲朋是结伴而行的同路人,不同的人生阶段有不同的亲朋陪伴。如果你痴迷于亲情,整日因为割舍不下这些亲情而痛苦万分,那就是愚昧无知了。我的态度是,珍惜亲情友情,相知相爱地过好每一天。

平常心可以使我们正确对待人生中最大的问题,这就关于生与死的问题。

释迦牟尼佛说过:无论你身体多么强壮终究要死亡。人都是从幼小长成健壮,从健壮走向衰老,从衰老走向死亡。这就是生命的规律,也是大自然的规律,谁都无法抗拒。所以,你如果拥有平常心,就会懂得:不要因新生而

喜，不要因死亡而悲。有智慧的人都能懂得这个道理。

有一位富人请仙崖禅师为他的家族写些最吉利的祝福的话。仙崖禅师就写了一幅字给他。这个富人一见这幅字，就对仙崖禅师发起火来了："你居然如此恶毒地咒骂我家！"

仙崖禅师平静地说："施主，请息怒。我何尝骂您了？我是最真诚地祝福您哪！"

富人怒气未消说："你这不是明明白白地在骂我家吗？你为什么要写下：'父死、子死、孙死'的话呢？"

仙崖禅师说："唉呀！这是最吉利的话呀！你现在有了一大家子人，假如你的儿子在您之前死，您将十分悲痛；假如您的孙子在您的儿子之前死，那您和您儿子都要悲痛欲绝。假如您家里的人，都按我这种写法的先后次序死去，那才叫人人都享受了天年啊！"

这就叫做自然而然。平常心就是要顺其自然。

老子就告诉我们，如何以平常心去面对死亡。当你看见一片绿叶生出来，又见到它枯黄而飘零，你会感到惊恐吗？人的生命不就是这样自然而生，自然而去吗？面对衰老和死亡，有什么必要感到恐惧和悲伤呢？这就是禅者的"平常心"和人生态度。

## 第六节 禅的人生态度

在日常的生活中，我们如何去拥有平常心呢？又如何去保持平常心呢？我认为，至少应做到四点：

第一，“处逆如顺”。

什么叫做“处逆如顺”呢？就是你身处困苦不堪的处境，或碰到了非常倒霉的事，处处不顺心的时候，不要气馁，不要失望，不能丧失生活的信心，更不能怨天尤人，自暴自弃，破罐子破摔。你想想，如果你自暴自弃、抱怨天、抱怨地、抱怨别人，就能使你摆脱困境吗？“人生无常”、“世事无常”，你要相信，在人的一生中，“没有永久的失败，也没有永久的胜利”，要相信“顺境有尽，苦海有边”。身处逆境时，要坚强地面对困难，保持宽松的心境，平常的心态，依靠自己的努力和别人的帮助而战胜困苦和贫穷，从逆境中挣脱出来，走向成功。

中国著名的人民音乐家冼星海早年自费去巴黎学习音乐。他依靠打工挣钱来维持生活，交纳学费。他干过多种职业：送牛奶、送报纸、在餐厅中洗碗打杂、当搬运工等等。有几次，因为失业而饿饭，几天吃不上东西而晕倒街头。有一次，他在餐厅中拉小提琴挣钱，却被中国的官费留学生打耳光，骂他丢了中国人的脸！冼星海在一个寒冷的冬夜，冻得睡不着觉。他想到了“九·一八”后灾难深重的祖国，想到孤苦零仃的母亲，想到自己在巴黎几乎饿死的苦难以及遭受到的各种凌辱，就情不自禁地痛哭起来。在猛烈呼啸的北风中，他头脑中突然涌现出激情的旋律。他连忙点着灯，在呼啸的狂风中，写出了弦乐三重奏《风》。正是这首乐曲，得到了著名的俄国音乐家普罗柯菲耶夫的尝识。普罗柯菲耶夫把这首乐曲推荐给一个乐团演奏，并且在巴黎广播电台播放，使冼星海得到了巴黎音乐学院教授们的肯定。经过了几年的艰苦奋斗，他终于考进了人人羡慕的巴黎音乐学院，在世界知名的音乐大师杜卡斯等的教导下学习作曲和指挥。1935 年冼星海回国后就投入了抗日战争的

事业中,他写下了大量的爱国抗战歌曲和《黄河大合唱》等不朽的作品。

在我们身边有不少类似于冼星海从逆境中奋起而在人生中获得成功的人,他们不怨天,不怨地,敢于同恶劣的生活环境抗争。这就是"处逆如顺"。所以"处逆如顺",首先就是要在逆境中的奋斗和崛起。

其次,生活中,当你碰见了种种令人不愉快的事,即便是面对别人的深深的误解或辱骂,也要保持平常心,以平常心去化解苦恼和怨恨。这也就是"处逆如顺"。

有一个故事说:释迦牟尼曾遭到别人的辱骂。这是一个什么人呢?为什么要辱骂释迦牟尼呢?原来,这人是当地有名的无赖,就像《水浒》中,杨志碰到的"泼皮"牛二那样的人。这种泼皮往往是"脱了裤子打老虎,既不要脸,又不要命",很难对付。他因为敲诈勒索释迦牟尼而没能够达到目的,因此破口大骂佛陀。大家猜一猜,这么一个大智大慧的人会怎样面对别人的辱骂呢?释迦牟尼不管那人骂的脏话多么难听,他依然心情平静,耐心地听他骂,保持着沉默。直到对方骂累了、骂得泄气了,释迦牟尼才问他:"施主,如果一个人送东西给别人,别人不接受的话,这个东西是属于谁的呢?"

那个骂他的人回答说:"当然还是属于送礼的人的呀!"

释迦牟尼说:"这就对了!你一直不停地骂我,可是我不接受你的赠送,那么,你的这些脏话是属于谁的呢?"

那个人顿时说不出话来。普通人遭到别人的辱骂,总是要回嘴报复,甚至会激发冲突。面对有平常心的人,那些不懂道理的人,骂人的人就把你无可奈何,反倒让大家看清楚了他的卑劣品性。

还有一个例子。白隐禅师修行多年,他的人品和修养受到人们的赞扬,都说他是生活中的圣人。白隐禅师的寺庙附近有一对老夫妻开了一家商店,家里有一个漂亮的女儿。白隐禅师经常去这店里买东西,同这家人很熟悉。没想到,这个漂亮的女孩子未婚先孕,肚子一下子大了起来。老两口非常生气,不断地逼问女儿,肚子中的孩子是谁的。最后,女孩被逼无奈,说出了这个孩子的父亲是白隐。这两夫妻愤怒地找到白隐说理,白隐听了他们的责骂后,只说了一句:"是这样的吗?"

这家的女儿把孩子生下来以后,她的父母就把婴儿送到白隐寺庙里。这下子白隐就背上了恶名，弄得白隐名声扫地，臭不可闻。人们都不到他的寺庙里来烧香拜佛了，白隐也就没有了香火钱的收入，日子变得很艰难。但是，白隐却默默地、细心地照料婴儿，他到处向别人乞讨奶水和婴儿的其他用品。这样，他把这孩子带到了一岁大。这位未婚先孕的妈妈再也忍受不了对儿子的思念，也深深谴责自己对白隐的诬蔑，她最终说出了真像：这孩子的父亲是附近商店一个打工的青年。因为担心父母的反对，也担心这个青年失去工作后会离开自己，所以才把孩子的父亲说成是白隐禅师。

女孩子的父母知道事情的真像后，感到深深的愧疚。他们带着女儿来到寺庙中，向白隐禅师道歉悔罪，并要回了这个婴儿。

听了他们所说的一切之后，白隐禅师只说了一句："是这样的吗？"

这两个例子说明了：什么是"处逆如顺"呢？就是面对污蔑、污辱和"恶搞"，你能心静如水，毫不为之所动，不要因为这些脏东西而乱了自己的心性。这就是禅的精神所要求的："大肚能容，容天下难容之事；笑口常开，笑天下可笑之人。"

禅的"平常心"就是：面对污蔑，沉默是金。

在人生的旅途上，我们的行动，不一定要径直朝前行，尤其是当环境、条件等原因使你无法前行的时候，你硬要前行，那就是愚蠢。有的人只知道前面的世界，只晓得向前迈进，却不知道身后还有一个更广阔的世界。因此遇到困难不懂得转身，不懂得回头是岸，于是经常在社会上撞得鼻青脸肿。我认为，当你误入歧途的时候，停止就是前进，后退就是智慧，就是聪明。在这种情况下，后退或折返，就是"处逆如顺"。退一步海阔天空嘛！懂得大踏步后退就是般若，就是智慧。有一首偈语用农夫插秧的事实，来说明"后退即进步"的道理：

手把青秧插满田，　低头便见水中天；
身心清净方为道，　退步原来是向前。

如果你能换一种思路，既懂得进，也懂得退，留一点空间去思考后退的必要，或许你就能找到更广阔的前程。这种以退为进的人生智慧，在许多人的

人生中，获得了成功。

在中国历史上，有不少人做到了"处逆如顺"，例如，"西伯拘而演周易，仲尼厄而作春秋，屈原放逐乃赋离骚"，司马迁发愤而著《史记》，司马光被贬而编写《资治通鉴》等等，他们都做到了"处逆如顺"，都懂得"退步即前进"的道理，都在逆境中做出了伟大的事业。

苏东坡的后半生官职一贬再贬，不断地遭逢了颠沛流离和家破人亡的苦痛。晚年的苏东坡所写的诗句，就很有些黑色幽默的意味：

心似已灰之木，
身如不系之舟。
问汝平生功业，
黄州、惠州、儋州。

尽管苏东坡倒霉透顶，但苏东坡至死都达观、开朗，一直把逆境当作顺境对待。这些大思想家面对人生巨大的苦难能够创造不止，奋斗不息，做到了"处逆如顺"，展现了中华民族坚忍不拔的悲剧抗争精神。

第二，"处顺如逆"。

什么叫做"处顺如逆"呢？简单说来，就是把富日子当作穷日子过。因为，"顺境有尽，苦海有边"。这要求我们在生活中要"居安思危"。



我先讲一个因为缺乏"居安思危"而遭到惨败的例子。

有一个全国闻名的大型汽车制造厂，前些年因为该厂的高层领导者不懂得以"处顺如逆"的道理去经营企业，差一点使这个工厂破产。90年代初，该厂生产一种5吨的大型货车,全国定货的人极多,购车的人排着队住在厂的招待所等着提货。全厂几万职工干劲冲天,天天加班加点,挑灯夜战。真是形势大好。然而,该厂领导者沉浸在当前的大好形势中,没有注意及时开发和生产其他车型的产品,如各类型的小型货车、小轿车等,更没有想到在短时期内,将会出现同类国营企业、民营企业以及外国企业的激烈竞争。结果,好景不长。不久,该厂的5吨大货车由畅销变成滞销,多条生产线被迫停产,全厂职工陷于生存的困境之中。如果这个厂不是国营大企业,如果不是中央政府出面支撑,这个厂就陷入破产倒闭的命运之中。这种得意而忘形的经营态度就是缺乏“处顺如逆”的平常心,缺乏“居安思危”的处事态度。同样,就一个人而言,就是你处境非常顺利的时候,志满意得的时候,不要得意而忘形,毫无顾忌,更不要因为今天你拥有权势而自视甚高,趾高气扬,盛气凌人,而要谦虚谨慎,夹着尾巴做人。因为生活中,你一直面临着很多无法预测的变数,常言道:“三十年河东,四十年河西”嘛!此外,生活中,山外有山,天外有天,有才能的人无数,竞争对手众多,如果得意忘形,自视甚高,你将失去竞争的锐气,你将失去朋友,失去一切对你有利的东西,最终遭到惨败。

再讲一个居安思危而积下大功大德的例子。

2008年5月12日,四川汶川发生了震惊世界的八级大地震。四川北川县桑枣中学的校长在这次毁灭性灾难中,表现了他的大功大德!人们都称赞他平凡而伟大。桑枣中学是当地教学质量很高的重点中学,学生很多,达到两千多人。平时,这位校长就坚持安排学生和老师们定期进行抗地震灾难的演练。许多人都认为这是多余的,没事找事。但校长要求师生们坚持这种训练,他想方设法减轻教学楼的自身重量,同时又大大加固了教学楼的抗震能力。5月12日,这位校长离校去市里开会,地震发生后,他心急万分地驾车赶回学校。到学校后,眼前的景象使他惊呆了!全校两千多师生全部都已撤离了教室,所有师生都站在运动场上,无一伤亡。这是天大的奇迹!

这位校长的自觉的平凡之举,却显得那么伟大。一个人的人格之伟大,思想之深远,在日常的平凡的事情中就能体现出来。

第三,淡泊名利,淡泊享乐,消除贪欲。

一个人,能做到淡泊名利,淡泊享乐,就消除了人性中最可怕的贪欲。贪

欲是万恶之源。贪欲促使你追求名利和享乐，贪得无厌就会使你走向犯罪，走向堕落，走向毁灭。禅所追求的"平常心"就是要叫我们消除贪欲，淡泊名利，淡泊享乐。这里有一个有名的事例：

《世说新语·简傲篇第二十四》中有一则故事：王子猷（名徽之）是车骑将军桓冲的参谋。他的工作尽职尽责，赢得到了桓冲的赏识。有一天早上，桓冲对他说："你在将军府任职的时间也很久了，工作也很不错。我心里是惦记着你的事的，我会照应你的，我正在瞅机会提升你的官职。"对于普通的人来说，谁听了这话都感到高兴，谁都会对上级领导感激万分！但是，王子猷听了桓冲的话之后，并没有点头哈腰，表示感恩载德。他把头抬得高高的，把一块作记录用的手板支撑着脸颊，凝望着远远的地方。过了一会儿，他自言自语地说："西山的早晨，空气多么清爽啊！"在王子猷看来，与西山清晨的清爽空气相比，谈起提升官职的事真是太俗气了！他并不因为即将升官而狂喜，心境依然平静如水。

大学者钱钟书名扬天下，许多外国学者和传媒都想结识他。有一家美国著名的杂志的记者一再表示想采访他，这位名记者在电话中说，你的著作很了不起，我想认识你，结识你。钱钟书回答说："如果你觉得有一只鸡下的蛋很好吃，你就多吃一点蛋，又何必非要认识那只鸡呢！"这就是淡泊名利的平常心。

还有一个抵制金钱诱惑的故事。

每天黄昏时，有一个老头就来到海边，坐在礁石上开始钓鱼。无论他钓的鱼是多或是少，甚至有时候一条鱼也没有钓上，他总是只用两个小时钓鱼，时间一到，他就收起渔具回家。一个年轻人对老人的行为发生了兴趣。他问老人："当你运气好的时候，为什么不沉下心来钓上一天？这样，你不就满载而归吗？"

老人平淡地回答："钓那么多鱼来干什么呀！"

年轻人说："可以卖钱呀！"

年轻人觉得老人很傻。老人平静地说："卖了钱用来干什么？"

年轻人说："你可以买一张网，捕更多的鱼，挣更多的钱呀！"

老人平静地说："挣了那么多钱又拿来干什么呢？"

年轻人说：“你可以买一艘渔船，到远海去捕得整船的鱼，那要赚更多的钱啊！”

老人问年轻人：“赚了更多的钱又拿它们来干什么呢？”

年轻人已经替老人规划好了，他接着说：“开一家远洋渔业公司，不仅捕鱼，而且运货，出入世界各大港口，集聚千百万资金啊！”

老人皱起了眉头问：“我要这么多钱干什么呢？”

年轻人说：“到那时，你就可以充分享受自由悠闲的生活啊！”

老人说：“现在，我每天用两个小时钓鱼，其他时间，我种点花草、蔬菜，欣赏风景，同邻居聊天，陪着孙子玩耍，我不正是在享受着自由悠闲的生活吗？”

听了这话，这位年轻人才知道了自己很傻。

大家想一想，除开生活所需，你追求金钱或钱财有什么意义呢？再怎么富有的人，也不过只睡三尺宽的床，一日只能吃三碗饭而已，你贪图那么多钱有什么必要呢！到头来，谁也带不走这些钱财，都是“为他人做嫁衣”。同样，我们党的干部、国家政府官员、普通的办事人员，如果做到了“淡泊享受”、“勿令起恶”，如果你做到了“两袖清风”、“一身正气”，你就有了“清净心”、“平常心”，你就是觉悟者，你就是菩萨，你就已成为了佛。如果你充满了贪欲和“污染之心”，你就会因滥用职权而贪污、享乐，陷于色情、腐化之中，从而堕落到十八层地狱。

第四，“自得其乐”。

一个人的处境怎样？是顺境或是逆境？是苦或是乐？其实，常常是由自己的主观的感情和态度来判断的，同客观的环境并没有太大的关系。一个藏书万卷的穷书生并不一定羡慕亿万富翁所收藏的钻戒或股票；一个有作为的女科学家和女学者并不一定崇拜花枝招展的当红女明星；大山里的农民未必就向往城市中的摩天大楼；一个自由超脱的画家未必就愿意去竞选市长。各人有各人的乐土，各人有各人的理想，各人有自己惬意的生活。以平常心看待这一切，就叫做“自得其乐”。

这就是禅的一个重要观点：“此地即天堂，此时即永恒”，“处处即道场”，“天天都是好日子”。

仰山慧寂禅师有一首著名的禅诗：

滔滔不持戒，
兀兀不坐禅。
酽茶三两碗，
意在橛头边。

有一个有趣的故事说到：

有一个禅师在一个老婆婆家中借住。一连几天禅师见这个老婆婆经常哭泣。禅师感到纳闷，就问她：“你为什么经常哭呢？是不是有什么伤心的事呢？可不可以说给我听听呢？”

老婆婆说：“我有两个女儿，大女儿嫁给了卖鞋的，二女儿嫁给了卖伞的。天晴时，我就想到卖伞的二女儿卖不出去伞，日子肯定难过。下雨时，我又为大女儿犯愁，她家的鞋肯定卖不出去，日子很艰难啊！所以，我天天为她们担心流泪呀！”

禅师说：“原来是这样啊！老婆婆，你这么想可不对呀！”

老婆婆说：“母亲总是替女儿担心嘛！有什么办法呢？我也知道为她们担心也没有用，但我总忍不住要为她们担忧。”

禅师开导她说：“为女儿担心本没有错。但是你为什么老是为女儿担心，而不为她们高兴呢？你换一个想法：你不妨晴天的时候，为大女儿高兴，她的鞋肯定卖得很好；下雨天的时候为二女儿高兴，她的伞肯定卖出去很多。这样，你不是天天都开心，天天都高高兴兴的了吗？”

老婆婆听了禅师的劝告后，一下子就想通了。从此，无论天晴或是下雨，老婆婆总是开开心心地过日子。

这就是禅的平常心，它能使你换一种角度看问题，换一种心情过日子。你有了平常心，就能够“黄连树下弹琵琶，苦中作乐”。正像戏曲《天仙配》中所说：“寒窑虽破，能避风雨；夫妻恩爱苦也甜。”

大学者钱钟书、杨绛夫妇在文革中，在乡下“五·七”干校劳动时，路经田间一个破旧的瓜棚，杨绛说，住在这里也很惬意啊！钱钟书也觉得住瓜棚必有另一番情趣，钱先生说，住这里很好，很安静，可惜，没有书。这说明，以平常心去对待困苦的生活，可以自得其乐，发现乐趣。

生活中，当你把几竿翠竹放置于室内一角时，当你把一个小巧的盆景引进客厅时，你就充满了禅意禅趣。

当你在风和日丽的春日在郊外踏青，当你凝视秋夜的空中，那皎洁的明月和满天繁星而感到宇宙和大地的寂静时，你就已沉浸在禅的意境之中了。

此外，当你在劳作之余，独自在自家的场院里或阳台上悠闲品茶，眼睛漫无目的地扫视四周的景物时，实际上，你就已经进入了禅的境界了，已经具有了禅的意味，已品尝着禅的趣味了。

通过上面四个方面的论述，可见，禅的平常心就是自由无拘的、顺其自然的人生态度。我们持有禅心，就是持有这种平常心。可以说，禅的精神要求以平常心待人处事，不执着，不认死理，在日常生活中领悟禅的奥秘。

现代社会有一句流行的口号：叫“重在参与”，这句口号就具有禅的精神。这是提醒人们，面对人生，要努力争取，积极应对，但不要执着于结果，不要迷恋你所追求的目的，一切都随缘任运，自然而然，要相信一切努力都会有回报。闻一多先生的诗句说：“莫问收获，但问耕耘”，就是这种人生态度的最好说明。

现代社会还有一种说法：“我们不能改变过去，但我们可以改变现在和将来；我们不能改变现实的人际环境，但我们可以改变自己的态度；我们不能阻挡新生事物，但我们可以改变观念。”这种态度，就是顺其自然的人生态度。所以，自古以来修持禅理的人，都以平常心看待一切，顺其自然，不去刻意钻牛角尖。学禅就是要“不因成功而得意忘形，不为失败而灰心丧气”。一切都是一个过程，一切都要会成为过去，执着于过去的成就就是浅薄，一切从零开始才是智慧！

# 第四章——禅与艺术

# 第一节　禅与诗歌

## 一

诗歌与禅，本来是不能结合在一起的一对冤家，就像水火一样，是不能搁在一起的。为什么这么说呢？因为，禅是凉水，诗是热火。它们的本性是对立的、相互排斥的。

我先说诗的本性。先秦两汉时，人们对诗的理解是“诗言志”，“志”是人内在的思想意蕴，就是胸中蕴含着的思想情感。诗就是以抒情的方式来表达个人内心中的思想和情绪的。后来，到魏晋六朝时期，又有了“诗缘情而绮靡”说法。什么是“诗缘情而绮靡”呢？就是说，诗歌是表达情感的，情感愈深厚、愈炽烈，诗就愈美丽、愈动人。所以，诗要情多、情深、情浓，最好是情痴。无情就无诗，诗要执着于情，要能煽情，要以情去感动人。例如，李商隐：“春蚕到死丝方尽，蜡炬成灰泪始干。”《红楼梦》《葬花词》中有：“花开花谢飞满天，红消香断有谁怜？”南唐后主李煜的“问君能有几多愁？恰似一江春水向东流！”等诗句都是深情的流露。诗是表现人世间情感的东西，是滚滚红尘中涌现出来的情感和欲望。

禅的精神刚好和诗的精神相反。禅对于世间的事，人间的情，要求做到“不要执着”，尽可能地抛弃掉。因此主张人们要心静如水，要忘情、要无情，更不能痴情。那些情感欲望炽烈的人，那些情深情浓的人，是不能学禅的，也学不好禅的。二十世纪八十年代，有一位中国佛学院毕业的尼姑被分配到南方的南普陀寺任经师，在寺院中负责讲经。她热恋上了一位到寺庙中参观的大学生，而这个大学生已有了女朋友，就坚决拒绝同她牵手，结果，这个尼姑就想不通了，去跳海自杀，被人救起来，当地的佛教协会就让她还俗，在佛教协会当了工作人员。这就是痴情。所以，情感深重的人、痴迷于爱情的人，最好远离佛门寺院，因为人一旦陷于红尘中的情天情海之中，是学不好禅的。

明朝末年的陈宏绪就说过："诗以道性情，而禅则于见性而忘情。"[1]潘德舆也说过："诗乃人生日用事，禅何为者？"[2]这是说，诗人干的是入世之事，学佛学禅的人干的出世的事；一个要入世很深，一个要抛弃红尘。这就可以看出：诗和禅在情感方面，似乎是背道而行，水火不容，无法同路的。

诗与禅对于语言文字的态度上是截然对立的。诗歌是语言文字的艺术，就是要在语言文字上精心构思，认真推敲，非常讲究语言文字技巧。

禅的宗旨却是"不立文字，教外别传"。

对此，刘克庄曾经尖锐地说："诗家以少陵为祖，其说曰，语不惊人死不休；禅家以达摩为祖，其说曰，不立文字。诗之不可为禅；犹禅之不可为诗也。"这说明，诗与禅对于语言文字的依赖方面，又是背道而行的：一个要依赖语言来传情，一个要抛弃语言来"明心见性"，可以说，诗歌与禅在本性上是针锋相对的。

但是，中国文学史上又有大量的事实，又确确实实证明了诗和禅交往很深，彼此纠缠得很紧。现有的古代禅诗和偈语有几万首之多，其中诗味十足，技巧很高的诗非常多。唐代以来的诗人的作品中，充满禅意、禅趣的优秀诗篇也难以计算。

为什么偏偏这对冤家纠缠在一起了呢？为什么它们居然形成了我中有你，你中有我的难舍难分的局面了呢？为什么宋代的诗家说："禅家无诗不悟禅，诗家无禅难成诗。"

元代的诗家元好问说："禅是诗家切玉刀"呢？

到底是什么原因使诗歌和"禅"走在一起了呢？这是禅与诗之间的一个大大的谜团。怎样解开这个谜团呢？

我从五个方面来破解这个谜团。

第一，诗与禅在表情达意的方式上相同。

禅宗的根本宗旨，就是"不立文字"。正因为禅宗打出了"抛弃文字"、"不立文字"的旗号，才表现出它是"教外别传"，走的是另外一条路，走一条不同于其他佛教派别的道路。"不立文字"就是说，学佛悟道，不依赖文字和语词概念来传授，不能以抽象的道理来说禅，而要以具体的事物和现象来说禅。



① 陈宏绪：《尺牍新钞》。
② 潘德舆：《养一斋诗话》。

这有两个原因：

第一，禅师们发现了语言文字的一个大缺陷、大局限。

这就是有声的概念性的语言的表达范围和表达能力极其有限，庄子就说过“言不尽意”。

我们在生活中，的确有许多的人生体验，许多生活感受是无法用语言清晰表达出来的。例如，肉体上的疼痛，内心中的悲痛都是很难用概念化的语言来表达的。

其次，禅要表达的“佛性禅理”是无法用语言表达的。

禅宗认为，“佛性禅理”是无限性的真理，它涵盖了世界上的一切东西的道理。所以，“佛性禅理”不能通过语言、概念来表达。因为任何词语的表达都是有限的，不能表达佛性的无限性。佛性是不能描述的，就像老子的“道”一样。“道可道，非常道。”道可以说，但不能以通常的说法来说。这就是禅家“说是一物即不中”的道理。

所以，禅家主张，要凭借个人内心的体验、感受和觉悟来领悟禅的真谛。那么，师徒之间、学禅的人之间怎样来交流，如何来互相启发呢？生活中，我们个人的思想和种种体验尽管很难表达，但又不得不表达。这种“不可言说”，而又“必须言说”的诉求，就导致了禅宗必须要寻找到一种独特的表达方式。

由于禅宗的“不立文字”就像公路上一个“禁止通行”的路标一样树立在那里，你要开车通过的话，就只有绕行。学禅的人要表达“佛性真如”这种不可表达的东西，就必须另想办法，这种办法就是“借物说事”。这就叫做“绕路说禅”。

怎样“绕路”？又如何在“绕路”中“说禅”呢？

“绕路说禅”，就是用弯弯绕，拐弯抹角的方式来表达思想。就像一个哑吧，他不会讲话但又必须表达，怎么办呢？他只好用手势，用眼神，用肢体动作来表达。其实，人类从远古时候起，就大量运用“无声的语言”来交流思想，传授知识了。例如，采取手语、形体语、眼神语、表情语、音调和鼓点节奏的方式来表情达意；采用图形、符号、实物等来传达思想。

“绕路说禅”就是用“借此而言彼”，“借物而说事”或者利用上面讲的，用“非声音”的语言等等方法来表达，是用象征、比喻（明喻或暗喻）的旁敲侧击的方式来表达思想。禅宗所谓的“棒喝”、“机锋”、“所答非所问”等等都是用象征、比喻的方式来“绕路说禅”。正是因为“绕路说禅”而把禅家与诗家紧紧地缠绕在一起，像乱麻似的无法分开。

事实上，禅家往往以诗歌的方式为载体，来达到“绕路说禅”的目的。

然而，采取间接的方式来表情达意，用弯弯绕的方法来诉说情感，以象征的意象和比喻来旁敲侧击地说明事理，这正是诗歌的本质，正是诗歌特有的言说方式。这是诗歌的强项。禅家“绕路说禅”必然要使禅进入诗歌的圈套，走上诗歌的路子。禅在有意与无意中就同诗歌融在了一起。

我们来看看诗歌的特点。例如：

杨柳青青江水平，
闻郎江上踏歌声。
东边日出西边雨，
道是无晴（情）却有晴（情）。

再如，郭沫若的诗集《瓶》中的一首情诗：

我已成为疯狂的海洋，
你却是冷静的月光。
你明明在我的心中，
却高高地挂在天上。

我不时地伸手抓拿，
得到的只是几声悲哀的空响（想）！

这说明，在表情达意的方式上，禅与诗走到了一起，成了互相帮助的朋友。

第二，诗、禅面对的对象相同。

十八世纪意大利思想家维柯说过："哲学语句愈升向共相，就愈接近真理；而诗性语句愈掌握殊相（个别具体事物），就愈确凿可凭。"[1]诗歌的世界是具体的物象的世界，诗必须要有形象性、具体性，这是诗歌的命门，诗歌坚决排斥概念性的语言和直接用观念来表达。

禅宗的"不立文字"，就是要坚决排斥概念和观念。要求人们在日常生活的各种现象中领悟禅的真理，处处不离开具体的生活环境和各种各样的事物。所谓"庭前柏树子"，"出门便是草"，"青青翠竹"，"郁郁黄花"，都是用具体的事物来表达对禅理的直觉感悟。例如，

有人问禅师："什么是佛法大（根本的）意？"
禅师回答说："蒲花柳絮，竹针麻线。"[2]

有人问："如何是佛法大意？"
禅师回答说："填沟塞壑。"（《曹山语录》）

可见，诗歌和禅所面对的世界，都是日常的世界，都是日常中看到的各种事物。它们在表达上，采用的材料和对象完全一致，所以，禅师们表达禅理，就要充分利用诗歌的形象化、具象化方法。

第三，诗歌和文学艺术拥有简洁明了的美的形式。

诗歌有美妙的韵律，悦耳的声音、工整的结构、艳丽的情感色彩等形式美。这些美的形式可以使人愉悦，使人快乐。这为宗教思想的传播，提供了最吸引人的、最便于记忆的"寓教于乐"的形式。尤其是诗歌的意象鲜明，韵律工整，读起来朗朗上口，最容易让人学习和传诵。因此，禅宗把诗歌与艺术

① 维柯：《新科学》，人民文学出版社1987年版，第429页。
② 《景德传灯录》卷七。

当作了宣传教义的工具。

第四，这也是最重要的一点：参禅与学诗都要“妙悟”。诗与禅都要在“悟”上下功夫，一朝了悟，功到自然成。悟什么？禅家就是要悟得万物的“空”性，并用各种手段和形象来比喻说明“空”性；而诗家也要悟得诗的精髓，诗人要通过巧妙的比喻和奇特的想象，来“悟出”“语不惊人死不休”的表情达意的方式。

先说诗家的巧妙的比喻。例如，

李白的：“燕山雪花大如席。”

贺知章的诗句：“二月春风似剪刀，裁出杨柳万千条。”

宋祁的诗句：“红杏枝头春意闹。”

苏东坡的词句：“小星闹若沸。”

贾岛的诗句：“促织声尖尖似针。”

李清照的词句：“莫道不消魂，帘卷西风，人比黄花瘦。”

这些都是出神入化的比喻。

再说奇特的想象。例如：

李白的：“君不见，黄河之水天上来！奔流到海不复返。”

王昌龄的：“黄河远上白云间，一片孤城万仞山，”

李煜的：“问君能有几多愁，恰似一江春水向东流。”

再说禅家的巧妙的比喻。例如：

马祖道一的：“一口吸尽西江水。”

足庵智鉴禅师的：“一夜落花雨，满城流水香。”

傅翕大士的：“空手把锄头，步行骑水牛。人从桥上过，桥流水不流。”（《五灯会元》



从这些例子可看到，“妙悟”就成为诗家、禅家各自都要拥有的智慧。一旦“了悟”，禅家能以慧眼看世界，持平常心待人处事；诗家便以超然的态度，用奇特的诗句写下心中的美妙体验。

第五,禅与诗所追求的意象和境界相同。中国诗歌自古以来就追求美妙的意象和幻境,以精神思维创造出“第二自然”和理想的境界。谢灵运、陶潜的诗都是如此。禅也追求“悟禅”的四种境界。因此,学禅要追求禅境,学诗要追求诗境。禅借用诗中的画景来表达自己心中的精神境界;诗则借用禅的超尘脱俗的精神境界,来抒发内心对于出世理想的向往。这在唐代的诗人中,是非常普通的现象。其中最突出的是王维的诗作。王维的诗是:诗中有画,心中有境。

例如,谢灵运的:“池塘生春草,园柳变鸣琴。”

杜甫的:“细草微风岸,危樯独夜舟;星垂平野落,月涌大江流。”

柳宗元的:“千山鸟飞绝,万径人踪灭。孤舟蓑笠翁,独钓寒江雪。”

禅诗有:“千峰顶上一间屋,老僧半间云半间。昨夜云随风雨去,到头不似老僧闲。”

船子德诚禅师的:“千尺丝纶直下垂,一波才动万波随。夜尽水寒鱼不食,满船载得明月归。”

龙光諲禅师的:“千江同一月,万户尽逢春。”(《五灯会元》卷十三)

这些诗句都呈现出一幅幅美妙的画卷。诗歌追求的图画中的美景,同禅所追求的超尘脱俗的精神境界不谋而合,这又使诗与禅结合在一起。

以上就是禅与诗从互相排斥,到彼此和平共处,再到相互帮助,乃至于相知相恋,成了密不可分的情侣的五个原因。

那么,禅又给了诗什么东西呢?诗又从禅那里获得了什么恩惠呢?禅使中国诗歌发生了什么样的变化呢?禅怎么又成为了诗家手中锐利的“切玉刀”的呢?我认为,这要从四个方面看:

第一,禅的表达方式促使诗歌变得更朦胧,更含蓄,更有滋味。

这要从“禅味”和“诗味”的共同性说起。禅要求“不立文字”,就是不用语言文字来表情达意,那么,就只有用“借物说事,寓理于物”的方式来表达。这种寓情于物,借物言情的间接的方式,也就是诗歌的特点,诗的本质。

不同的是:禅是借物说事,借物来说禅的道理,把禅的道理蕴藏在事物中加以暗示；诗是借物抒情，把感情蕴藏在景物、事物之中来加以表达。尽管各自的侧重不同，但在手段上、方法上却是殊途同归。无论禅的“借物说事”，“寓理于物”也好，诗歌的“借物抒情”，“寓情于景”也好，都有一个共同的根本的特点。这就是“隐”与“藏”。

什么叫“隐”呢？闻一多先生在《说鱼》一文中说：“隐”就是隐藏。就是借用某一事物，把本来可以说得明白的东西故意说得不明白。

例如，一个姑娘要想主动表白爱情，但又不好意思，害羞，只好用弯弯绕的方式，借物表情，借物说爱。歌剧《刘三姐》中，刘三姐对阿牛哥唱到：

“世上只有藤缠树，
世上哪见树缠藤。
青藤若是不缠树，
枉过一春又一春！”

“竹子当收你不收，
笋子当留你不留。
绣球当捡你不捡，
枉过一春又一秋！”

这就是借事表情，借物说爱。

“隐”的方法主要就是象征的方法。所谓象征的含义，就是不从事物的本身看，而是从它所暗示的深层意义上看。借此而言他，就是象征的本质。例如，佛陀胸前画的“万”字符号，就是象征佛性的永恒与无穷。古代的中国人用枣子来象征“早生贵子”；用石榴和鱼来象征多子多孙，但是，由于时间久远，一般人大概不知道它所象征的意义。

任何一种东西，都可以从多方面去象征，例如，老虎既可以象征吃人的坏东西，如“苛政猛于虎”，又可以象征为充满生命力的美的东西。如“虎虎有生气”。桃花可以象征美女，所谓“人面桃花”，又可以象征为“轻薄的女郎”，这就是“轻薄如桃花”。

一个东西可以从不同的角度去象征它,这就形成了象征意义的多种性,就导致了被象征的东西,在含义上有多义性、朦胧性、不确定性。这就造成了意义上的不确定性,很难说这个象征特指什么,你可以从不同的角度去解读它。例如,白居易的诗句:"离离原上草"中的"草",既可以理解为"奸佞小人",也可以被人理解为具有"顽强生命力的人"。古人说:"诗无达诂",就是说,对于诗歌,不能够对它加以确定不移的、死板的解释。你要准确死板地去解释,就违反了诗的原则。

禅与诗,为了隐藏思想观念,都大量运用象征和比喻来表情达意,故意把事理,把想法弄得扑朔迷离,故意显得幽深难测。

禅认为"佛性真如"不可言说,但又必须要说,禅就想方设法,搅尽脑汁用稀奇古怪的方式来说禅。所以,禅在故作朦胧,故作含蓄方面,在故作高深方面,比诗歌创作要大胆得多,任性得多,放肆得多,大大偏离常理,以至使人根本无法理解,无法猜测。

## 二

禅是用怎样的方法来使自己的思想变得玄而又玄,使表达变得朦胧含蓄的呢?这就是我要讲的,禅给予诗歌第二个方面的恩惠:

这就是:禅的大胆奇特的想象,怪诞的变形,使诗歌的语言构思变得更新异奇特。

首先,禅采用跳跃性的思维,用非连续性的意象来表达观念。从而切断意象之间的连续性,阻断了意象之间的内在逻辑关系。我们先比较一下诗的意象的连续性和内在的逻辑性。例如,马致远的

《天净沙·秋思》:

枯藤老树昏鸦，小桥流水人家，
古道西风瘦马，夕阳西下，断肠人在天涯。

这首词都是由一个一个意象组成，尽管各自不同，但相同点在于，各个意象都是“暮秋初冬”的萧条意象，而不是其他季节的意象。这些意象具有连续性，有着内在的逻辑关系，我们完全可以理解。

我们再看禅诗中这些奇奇怪怪的意象组合：

一曲两曲无人会，雨过夜塘秋水深。
截断人间是与非，白云深处掩柴扉。
六道四生平等法，牧童吹笛过前山。
北斗南星位不残，白浪滔天平地起。

这些诗句中，每一诗句的意思都是清晰的，可以懂的。但两句连接在一起，就产生出明显的断裂而难以理解了。这种风马牛不相及的诗句组合方式就显得怪诞、奇特，把可理解的变成难以理解的了。

这种跳跃的、非连续性的意象，深深地影响了文人诗歌内涵的朦胧性。例如：

白居易的《花非花》:

花非花，雾非雾，
夜半来，天明去。
来如春梦不多时，去似朝霞无觅处。



白居易的《花非花》含义朦胧，太含蓄了，至今也没有人做出较清晰的解说。当代人的诗中，也有用非连续性意象来表现的。例如：

顾城的朦胧诗《弧线》:

鸟儿在疾风中迅速转向，
少年去拣一枚硬币，
葡萄藤因幻想而延伸触须，
海浪因退缩而耸起背脊。

这种非连续性的、跳跃的意象打破了常规的思路，造成了朦胧和含蓄的效果，从表现手法上来讲，同禅诗的手法一致。但是顾城的诗中，四种意象都表现了生命动感中的共有形态——弧线、曲线。尽管诗的意象零碎，像断片一样，但这正是生活真实状态，表现了原生态的生活场景。

其次，禅的思维往往以骇世惊俗的、不合常理的怪异方式，用矛盾的、对立的荒诞方式来建构诗歌语言。

焰里寒冰结，杨花九月飞。泥牛吼水面，木马逐风嘶。
空手把锄头，步行骑水牛。人从桥上过，桥流水不流。
千岁老儿颜似玉，万年童子鬓如丝。
石上栽花，空中挂剑。
半夜月明正当午。
天外之青山寡色，耳畔之鸣泉无声。[①]

这些诗句中的事物或现象都是对立的、矛盾的，它们不能相融，不能组合在一起，却又硬被组合在一起。这就显得怪诞和朦胧，含蓄到难以理解。为什么禅师要这样做呢？原因很简单：就是坚持一切事物之间都是“无差别”的存在，空即是色，色即是空；动即是静，静即是动；既然禅的境界是无差别的境界，那么在学禅的人的心目中，平常人看作是反常的东西、奇特的现象之间的组合，就都可以发生了。这就是禅的核心——“不二之法”。禅要求对事物不要加以“分别”和“拣择”，这就是禅的“无分别心”。对于禅来说，黑就是白，白就是黑；硬就是软，软就是硬。这样就知道了，为什么火中可以结冰；“空手”可以同“把锄头”连接在一起；为什么“半夜月明”可

① 以上诗歌均出自《五灯会元》。

以同“日当午”连结在一起；为什么“千岁老儿”可以“颜如玉”，“万年童子”可以“鬓如丝”了。

禅诗的语言之奇特怪异,在意象结构上的大胆颠狂,启示了诗人在诗歌语言和诗歌意象方面,追求刻意的雕凿和出奇。

这方面,禅是诗的老师。杜甫一生都追求“语不惊人死不休”的做诗境界,唐代的诗人几乎都力求采取禅的奇特的思维方式和语言结构方式。例如,李商隐和李贺的诗都是如此。

这里,就举贾岛的诗句“鸟宿池边树,僧推月下门”来说吧。贾岛在“推门”与“敲门”的运用上反复思考,觉得各有其妙而拿不定主意。从此就有了“推敲”这一动词。从突出深夜的宁静之美而言,无疑是“敲门”更好,因为在万籁俱寂中,清脆的敲门声形成了“有声与无声”的强烈的反差。清脆的敲门声就更显出夜晚的宁静之美,更富有音乐性,但是从“引禅入诗”的角度看,“推门”无疑更符合禅意、禅趣。为什么这么说呢？因为敲门就意味着庙中还有另外的和尚,深夜归来的和尚生活并不孤独寂寞。“推门”不仅说明了禅师孤寂的境况,而且还暗含有禅师独来独往、随意而旷放的生活态度。禅的精神就是推崇孤寂、苦寂、贫寂、简陋而自由自在的生活态度。而用“推门”一词,就暗示了寺庙中没有其他的人,这说明了和尚日常的生活就是孤独寂寞的。和尚的庙门也不用上锁,更显出和尚自由自在、无拘无束的生活态度。

## 三

禅给予诗的第三个方面的恩惠就是,禅所追求的出世的精神境界使诗更加朝着山水诗方面发展,也使诗歌的精神境界变得更空灵。

诗与禅的亲密关系主要表现在山水诗的创作上（同时也表现在山水画上）。为什么主要表现在山水诗上呢？原因是：

首先,魏、晋时期,中国文人的审美趣味转移到了山水之间,由此促成了山水诗的兴起,也促成了中国诗人心中的“山林气”。魏晋时代对于知识分子来说,是黑暗的年代。那些厌恶官场黑暗的,为了明哲保身的而躲避灾祸的,或者说看透世态炎凉的知识分子们,纷纷跑到深山中隐居起来,以求“穷则独善其身”。有的诗人倾心于山水，追求天然的情趣，如谢灵运、陶潜、宗炳、田游岩等等。这些人的爱好和习性，影响到后来唐代的李白、王维、孟浩然、白居易、司空图等人，以及宋代的林浦（和靖）、明代的王冕等人。这些人都是非常知名的诗人画家。迷恋山水的不知名的诗人和画家更是不计其数。这些人身在江海之上，并不排除心在世事之间，山水乃伴侣、乃寄托，也是抒情的对象。山水诗成为中国文人诗歌的主要形式（山水画亦如此）。诗人见了大山大水，就有诗情画意。他们即便在家中也画山水画，做些小盆景，便于时时回忆和玩味。例如，宗炳晚年走不动时，每日躺在床上看画、看盆景以为“卧游”。山水诗、山水画带来了一股清新的、出世的风气，使人的心灵获得解放和自由，也为心灵寻找到一片远离尘世的净土。

禅家为什么要追求山水情趣呢？我们可以从“山林佛教”的倡导人——五祖弘忍的主张中，看出原因。在《楞伽师资记》中载有弘忍与学生的一段对话：

“又问：‘学道何故不向城邑聚落，要在山居？’答曰：‘大厦之材，本出幽谷，不向人间有也。以远离人故，不被刀斧损斫，一一长成大物后，乃堪为栋梁之用。故知栖神幽谷，远避嚣尘，养性山中，长辞俗事，目前无物，心自安宁，从此道树花开，禅树果出也。’”

禅宗为了保持“清净心”，为了心性自由，对山水情有独钟。在审美的趣味上，同诗人们意趣相投，所以诗、禅关系最多的表现在山水诗、山水画上。

其次，禅的境界与诗的境界的相互诉求。

对于学禅的人来说，无论是“渐悟”和“顿悟”，只要开悟之后，就达到了“明心见性”。人的心性就回归到“本心”时的清净状态。这就是禅的自然而然的境界。

在生活中，千种风情都在心中流走回荡，万般境界都在眼前显现幻灭。大千世界、人间万象，都在你的感悟之中。通过日常生活中悠闲自在的闲适生活的体验，领悟到禅的自然而然，随缘任运的精神。可以看出，禅的最高境界只能在日常生活的境遇中获得，这充分地说明了禅的入世精神。临济宗的禅法有一个重要的观点是：“无事是贵人。”禅的日常境界的特点是：自然而然、顺其自然、随缘任运、闲适自得、孤苦寂寞。这些境界成为了那些“心在

朝市，身在山林”的中国诗人、画家安抚心灵的精神理想，成为了中国诗歌、日本俳句所追求的最高的审美境界。例如：

> 苦瓜和尚诗：“青山个个探头看，看我庵中饮苦茶。”
>
> 寒山和尚诗：“闻自访高僧，烟山万万层。师亲指归路，月挂一轮灯。”

禅诗：

> 竹笕二三升野水，松窗七五片白云。
> 一夜落花雨，满城流水香。
> 空山无人迹，水流花自开。
> 万古长空，一朝风月。
> 落叶满空山，何处寻行迹。

石门法真禅师的诗：

> 柳色含烟，春光迥秀。
> 一峰孤峻，万卉争芳。
> 白云淡泞已无心，满目青山元不动。
> 渔翁垂钓，一溪寒雪未曾消。
> 野渡无人，万古碧潭清似镜。

比较一下文人的禅意禅趣诗，就可以看出禅诗对文人山水诗的深刻影响。例如：

王维的诗：

> 木末芙蓉花，山中发红萼。
> 涧户寂无人，纷纷开自落。（《辛夷岛》）

> 人闲桂花落，夜静春山空。
> 月出惊山鸟，时鸣春涧中。（《鸟鸣涧》）

韦应物的诗：

独怜幽草涧边生，
上有黄鹂树中鸣。
春潮带雨晚来急，
野渡无人舟自横。

杜甫的诗句：

细草微风岸，
危樯独夜舟。
星垂平野落，
月涌大江流。

常建的诗：

清晨入古寺，初日照高林。
曲径通幽处，禅房花木深。
山光悦鸟性，浮影空人心。
万籁此皆寂，惟闻钟磬声。

日本诗人松尾芭蕉的俳句：

“古池塘呀！青蛙叮咚入水中。”
“秋日黄昏，旷野古道无行人。”

最后，自然山水中大量的审美意象同时迎合了禅师与诗人的情感需要。

自然山水中的有情万物，各具形态，各具特色，在不同的季节中显示出不同的情感色彩，如悲秋、落红、惜春等。这正是禅师和诗人画家所取之不尽的表情达意的素材。

如王昌龄的诗句："大漠孤烟直，长河落日圆"之博大、苍凉与雄浑。

马致远的《天净沙·秋思》："枯藤老树昏鸦，小桥流水人家，古道西风瘦马，夕阳西下，断肠人在天涯"的孤独、贫寂、凄美。

这些美的自然景物的审美意象可以说多不胜数。

第四，禅给予诗歌的恩惠还在于：禅的精神极大的丰富了中国传统的诗学理论。

晚唐的司空图就写有诗学名著《诗品》。他在其中提炼出了不少充满禅意的诗性的学概念和命题，如"韵外之致"、"味外之旨"、"辨于味而后可以

言诗"等等。到了宋代，禅宗高度发展，并犹如洪水猛兽入侵到生活中的各个方面。士大夫谈禅成风，禅师们写诗成瘾；因此，诗与禅几乎融为一片。诗人都参禅，禅师都写诗。所以，论述诗禅关系的"诗话"就多了起来。例如：

韩驹：《陵阳先生诗》卷一《赠赵伯鱼》：

学诗当如初学禅，未悟且遍参诸方。
一朝悟罢正法眼，信手拈出皆文章。



吴可：《学诗诗》，载《诗人玉屑》卷一：

学诗浑似学参禅，竹榻蒲团不计年。

直待自家都了得，等闲拈出便超然。

龚相：《学诗诗》，载《诗人玉屑》卷一：

学诗浑如学参禅，悟了方知岁是年。
点铁成金犹是妄，高山流水自依然。

戴复古：《论诗十绝》，载《石屏诗》卷七：

欲参诗律似参禅，妙趣不由文字传。
个里稍关心有悟，发为言句自超然。

元好问：《赠嵩山隽侍者学诗》中说：

诗为禅客添花锦，禅是诗家切玉刀。

宋代的诗论家严羽的《沧浪诗话》就是专论禅对诗歌影响的著作。他在书中，所提出来的诗歌的审美标准说：诗要"不涉理路，不落言筌"、"羚羊挂角，万迹可求"；他所论证的做诗"惟在兴趣"，"妙悟"等概念都对后世有极深刻的影响。可以说，宋代以后，每个时代都有著名的诗歌理论家把禅与诗联系在一起加以论述。可以说，中国古典诗歌之所以达到那么高的水平，是与禅的思想的影响分不开的。

禅与诗的纠葛太深，可说的话很多，其中每一方面的关系都足以写成一本厚书。这里就不多说了。

## 第二节 禅与武学

众所周知,佛门讲慈悲心,讲普度众生,佛门尊重天下万物的生命,把自然事物和人都叫做“有情众生”。所以,佛门禅道都禁止打斗、戒杀戮。佛教戒律中很早就有“不杀生”的规定。戒律规定出家人不得携带作为杀人武器的刀剑、杖器。僧人们所持的锡杖也是用最柔软的金属——锡做成的。锡杖尽管也叫“杖”,是供你行路扶持用的,其中就包含着慈悲戒杀的意思。

武术则专门训练打斗的技巧和杀人的方法,尽最大可能地发掘出肉体的潜能,追求最强的打击能力和抗打击能力。

佛教修炼的是“心性”,追求成为觉悟者,达到涅槃境界;禅学讲究“明心见性”达到顿悟成佛。在佛教看来,修心习性是根本,追求“静”;武术的强身健体是动功,是旁门歪道。如果你专注于修炼身体,去开发肉体的潜能,是没有多大价值的。丁福保编撰的《佛学大辞典》中说:“案学佛者,当专修佛道,不应兼习武艺。”在正统佛学中,是没有武术的内容的。这说明,在传统佛教中,佛学与武学是截然对立的,不是一路的。武术武学是与佛教的目标对立和背道而驰的。

大家要问:为什么“天下功夫出少林”呢?为什么“少林拳勇名天下”呢?为什么天下最高水平的武术却偏偏出自佛门寺庙和道教的道观中呢?这不是证明了武学与禅学有紧密的关系吗?事实的确如此。

要说武学与禅学走到一起,真还有它们的缘分!从历史上看,原因有两个:

一是禅家长期坐禅,禅僧叫做“枯坐禅”,长坐不动,也是一种偏执,一种执着,所以需要活动身体的筋骨,由此,从养生的角度,佛家从社会上引进了武术,以此作为强身健体的一种手段。



其次,少林武术是在乱世中,为了保护寺庙,求得自身的安全而引进中国传统的武功的。少林寺武僧曾经还参与了李世民讨伐王世充的战斗,少林寺

的十三棍僧受到秦王李世民的赐封奖赏,关于这事有石刻的碑文为证。

明代的时候,少林武僧宗擎、普从也曾跟随平倭名将俞大猷将军随军学习了三年剑术。宗擎回到少林寺后,把这一剑术教给了近百个和尚。少林武术从此又振兴起来。

这说明,如果中国传统武术没有进入寺庙,那么,禅是不会与武术发生关联的。既然武术进入了禅院寺庙,禅的思想观念和人生境界必然要渗透到武术之中。二者融成一体,形成独特的禅门武学。

从禅与武术的内在的因缘看,少林、峨嵋等佛教武术是在禅学思想的启示下、指导下、发展起来的。

禅的精神在哪些方面影响和渗透进武术中呢?我认为,有三个方面:

## 一

第一,禅定(静虑)的修习方法对武术有深刻影响。

学禅的人,首先要学习禅定,就是通过打坐、调心、静心等修炼方式,使自己能调剂呼吸,控制气息,使浮躁的心安定下来,能够反观自性,专注于心。

长期练就的禅定功夫,能够意到气到,使气息在全身游走,打通经络,从

而祛病健体。这就是禅定中所修炼的内气功。这是“禅定”的低层次功夫，也是最基本的功夫。

少林武术分为“功夫”和“拳法”两部分。功夫主要是调息心意和炼气炼力；“拳法”为搏斗的技巧和法则。禅定所修炼的内气功，成为禅宗武学的克敌制胜之本。所谓“打拳不练功，到老一场空”，这个“功”就是指的“功夫”，即调心、养气、炼气的“内气功”。

“内气功”又分为“硬气功”和“心气功”。硬气功发掘身体内在的潜能、潜力。例如抗打击能力，所谓的“金钟铁布衫”功夫，如跳跃飞腾的轻功等等都是“硬气功”范围。

“心气功”则是调整精神状态，使你做到心无杂念，心无旁骛，专注于事，身随意动，意随心止。这就是“禅定”、坐禅的训练，对于调整习武之人的精神境界的重大意义。

这里讲一个通过“禅定”调整心意的故事。

有一个名叫大波的剑师。他剑法高超，在平时的训练和比赛中，他的同学都打不过他，甚至他的老师也常常败于他。但是，他在公开的正式比赛场合，他常常被别人打败，他甚至被他的徒弟打败。大波对此很苦恼。他去向一位著名的禅师请教。禅师听了他叙说的苦恼和困惑之后，就对他说：“今天夜里，你就在庙中过夜吧！你一个人在佛堂中打坐。你的名字叫大波，那么，打坐时，什么事都不要想，只是心里想着你是巨大的波浪，可以冲破一切阻碍的波浪，你是永远也不停息的波浪就行了。你试试看吧！”

夜晚，大波来到佛堂打坐。他多次尝试把自己想象成巨大的波浪，但他杂念太多，思想不断漂浮到别的东西上面去，总是不能把自己的心意确定在巨大的波浪上。但是他坚持不懈，竭力使自己的心平静下来，专注于波浪的心像上面，慢慢地他感到自己已投入了波浪之中，慢慢地融入了波浪之中，后来自己就是巨大的波浪，自己不断地冲击着巨大而坚硬的岩石。最后自己心中的巨大波浪不断掀动，越来越高，巨大的波浪冲上了海岸，卷走了房屋，卷走了树木，淹没了小岛，一切都被海浪吞没了，巨大的波浪仍在翻腾……



这时，禅师把大波从禅定的意念中呼唤回来。

大波发现，已经天明了。

禅师问他："你是谁？"

大波说："我是巨大的波浪，可以冲垮一切的波浪！"

禅师说："好！在每次比赛前，你的内心只要专注于自己是巨大的波浪，就能击败一切对手！"

从此，大波心中时时可以生出冲垮一切的巨浪，因此，每战必胜。

禅定的较高层次是刹那间能心静如水，如如不动，忘记自我。进入"事与我、物与我"融为一体的境界。在这种精神状态中，你心意中生出来的物象，就是与你融为一体的物象；你手中所掌握的任何东西，就能够像是自己身体的一部分一样，不经思索就能随心意而动，随心意而行。这就达到了"我即物，物即我"的"物我不分"的境界，这就是无我的精神境界。我举一个《无剑之剑》的例子来说明。

明代在少林寺习武的宗擎禅师，在他年轻的时候，不仅他的剑术已很高超了，而且禅定的功夫已达到上乘的境界，后来他又得到著名的平倭将军俞大猷的教导，使他的剑术达到了很高的境界。他手中的三尺青剑，可以阻挡如雨的弓箭而自己毫不损伤。他的剑法神出鬼没，防不胜防。他的剑锋所指之处，不是筋断骨裂，就是人头落地。在多次平息倭寇的战争中，在无数次保卫寺庙的格斗中，他的剑都让敌人魂飞胆丧。从此没有人敢同他交手。

几十年来，他的三尺青剑，从不离手，总是伴随他出生入死，伴随他浪迹天涯。

这位宗擎禅师，不仅他把手中的剑，练到了出神入化的境界，而且多年来，他还在不断努力用功，他通过禅定的意念功夫，练就了更上乘的"心剑"。什么是"心剑"呢？就是心中无时没有剑，身边的任何东西对于他来说，都是剑，都能替代原来的三尺青剑，任何东西都起到三尺青剑的作用。这就是"任性消遥，随缘旷放"的境界。

后来，人们惊讶地发现，宗擎禅师居然是人与剑分离了，他出门再也不带剑，而是两手空空。

有几名流浪江湖的武林高手，知道了这一情况。就想借禅师外出的时候袭击他，打败他，羞辱他。有一天宗擎禅师外出，来到一座山上，在一块青石静坐，进入了深深的禅定之中。他的座下仅有一张竹席，手中仅有一串佛珠。

这几位武术高手一见这情景，欣喜万分。他们手握不同的兵器，从不同的方向扑向禅师。这八面来风让禅师知道了有人对他发动了突然袭击。他在跃起的瞬间，从身下抽出了竹席，横扫这几个剑客。仅两三下，这几位剑客手中的剑被击落，身体被割伤。这几位剑客想看宗擎禅师的笑话，结果却是自己出了丑，只好向禅师认罪服输。这就是“手中无剑，心中有剑”的“无剑之剑”的故事。

宗擎禅师的“无剑之剑”，就是物我同一、物我不分的精神境界。它被武术界视为非凡的境界，而被普通的人们看作是神秘的东西。因此，剑师们和武侠小说家们，就常常把身边随手使用的各种东西都用来作为武器，如纸扇、毛笔、拐杖、烟杆等等。著名的武侠小说作家古龙先生，在他写的《多情剑客无情剑》中，就有一段类似的描写。

当两位武林高手，“小李飞刀”李寻欢和“龙凤双环”上官金虹为了争个我赢你输而相遇时。

上官金虹问：“你的刀呢？”

李寻欢的手一反：“刀已在指尖！”

这只手是武林中最有价值，最可怕的一只手。刀，本来是很平凡的一把刀。但在这只手里，这把平凡的刀，也变得有了逼人的锋芒、杀气！

李寻欢问上官金虹：“你的环呢？”

上官金虹说：“环已在！”

李寻欢问："在哪里？"

上官金虹说："在心里。我手中虽无环，心中却有环！"

上官金虹的环竟然是看不见的。正因为看不见，所以就无所不到，无所不在。它可能已经在你的眼前，可能已到了你的喉咙，到了你身体的任何一个部位，随时置你于死地！"手中无环，心中有环"，这正是武学的巅峰！

这种境界，就是禅的忘我、无我的境界，就是"任性消遥，随缘旷放"的境界。这种巅峰体验，就是我与万物同一，同生同化的体验。这种体验，不仅在禅师们修习"禅定"时出现，而且常常在武师们禅悟的过程中出现，更是经常在艺术创作和审美欣赏的激情中出现。

第二，佛学和禅学的社会理想是追求"普度众生"。

"普度众生"的佛学理想，就要求你对于罪大恶极的人，也要拯救他，教育他，而不是简单地杀死他。所以，佛门禅学以"不杀生"为理想，为戒律。那么，对于以搏斗打杀为目的的武术来说，"不杀生"同生死搏斗岂不是矛盾的吗？如何才能够做到"不杀生"、"不杀人"呢？禅宗武学认为，一方面，内心里要拥有善心、慈悲心、同情之心和教诲之心，不去杀人；另一方面，要力求在打斗搏击中，自己"不被杀"。这就是所谓的"杀人刀"、"活人剑"的思想。

可见，禅宗的武学与武术并不是以杀人、打人为目的，而是在"不杀生"、"不被杀"的自卫的原则上，产生出来的一种教育人、拯救人、惩治人的手段和方法。所以，禅宗武术也是禅的精神的表现，另一种方式的发扬。在这种宗旨的指导下，禅与中国传统武术走到了一起，武术成为禅家一种独特的修炼方式，也形成了独特的武术流派。

禅学在中国影响人数最多的是文人士子。中国禅学流传到日本，中国武术也成为日本禅学的重要修习方式而影响了日本武士阶级。禅学在日本出现了一个十分奇特的现象，这就是武士对禅的尊崇远远超过一般的文化人。日本的武学中浸透了禅的思想。这里我举两个事例来说明。

柳生又寿郎是一位著名的剑手之子。他的父亲认为他学习剑道的成绩太差，不可能精通剑道而与他脱离父子关系。于是他前往二荒山去见著名的剑师武藏，请求他指点自己在学习剑术中存在的毛病。

武藏问道："你要跟我学剑吗？你能不能满足我的要求呢？"

柳生又寿郎回答："我能满足老师的要求。假如我努力学习的话,需要多少年才能够成为一名剑师？"

"你的余年！"武藏答道。

"我不能等那么久,"柳生又寿郎解释说，"只要你肯教我,我愿意下任何苦功去达到目的的。如果我当你的忠诚仆人,需时多久？"

"嗯,也许十年。"武藏缓和地答道。

"家父年事渐高,我不久就得服侍他了,"柳生又寿郎继续说道，"如果我更加刻苦地学习,需时多久？"

"嗯,也许三十年。"武藏答道。

"这怎么说啊？"又寿郎问道，"你先说十年而现在又说三十年。我不惜任何苦功,要在最短的时间内精通此艺！"

"嗯,"武藏说道，"那样的话,你得跟我七十年才行,像你这样急功近利的人多半是欲速而不达的。"

"好吧,"这位青年说道,他终于明白自己是因缺乏耐心而被申斥了。他对武藏说："老师,我一定循序渐进,认真学习。"

柳生又寿郎从老师那里所得到的第一个教导是：不但不许谈论剑术,连剑也不准碰一下。他的老师只要他做饭、洗碗、铺床、打扫庭院和照顾花园,对于剑术只字不提。

三年的时光就这样过去了,他仍是做着这些苦役,每当他想起自己的前途,内心不免有些凄惶。因为他曾经暗自发过誓,为了学好剑法,宁可献身。他将全力以赴地学剑道。然而三年过去了,一切都还没开始！

但是,有一天,武藏悄悄地从他背后走过来,用木剑给他重重的一击。柳生又寿郎感受到了被打击的痛苦,内心中感到张皇失措。

第二天,正当柳生又寿郎忙着煮饭的当儿,武藏再一次出其不意地向他扑击过来。

自此以后,无论日夜,柳生又寿郎随时随地都得预防突如其来的袭击；一天二十四小时,他时时刻刻都得品尝遭受剑击的苦涩滋味。

但他总算悟出了其中道理：最高明的剑客就是不被别人打倒的剑客！老师正在教自己学习最上乘的武功——不动智啊！什么叫做"不动智"呢？

“不动”就是佛性“真如”的“如如不动”的本性。佛性本性清净、无为而不动。因为真理是不会迁流移动的。按禅家的解释：“不动”不能理解为像草、木、石、柱一样傻呆在那里，“不动”是指禅的心性不动，但你的直觉意念却要向前、后、左、右，向四方八面流转不停，感受外在的各种信息。这就是“不动”中有动；动中有“不动”的道理。柳生又寿郎一旦豁然贯通了这个道理之后，练就了非凡的躲避能力和抗打击能力。后来，连他的老师武藏用任何奇袭的方法也无法击中他了！到了这种境界，武藏老师才让他学习击剑的技术。最终，柳生又寿郎成为当时日本最精湛的剑手。

柳生又寿郎练就的是非常的应变能力。从这种应变能力上升为高度敏锐的直觉能力。禅的精神对武学的深刻影响，正在于首先是自卫，不被别人杀，而不是去杀人！

还有一个故事。

柳生但马守是著名的剑道高手。有一天，他来到自家的花园里，欣赏着盛放的鲜花。他完全沉缅在审美的境界之中。突然间，他感到后面有一股杀气袭来。柳生急忙转身，但是他没有看到任何人，身边只有跟随他的侍童。这个侍童平常也是拿着主人的剑跟随他的。柳生不能够断定杀气从何处发出的，这使他极为困惑和懊恼。因为在他经过长期的剑道训练之后，他已具有了敏锐的第六感应力，即直觉感应能力，在瞬间能够感知随时逼近

的杀气。奇怪的是，今天在花园里，柳生明明感觉到了逼近的杀气，但身后却没有杀手。这个问题使他非常困恼。因为以前当他察觉到杀气的存在时，总是立即就确定它是发自何处。因此，他今天非常烦恼。看到主人如此不开心，他所有的侍从，都不敢走近他，更不敢去问清楚到底是什么事情使他心情这样坏？

最后，一个老仆人过去问他，是否身体不舒服，要不要他们做什么事。

柳生但马守说："没有，我没有不舒服，只是今天在花园里发生了一件奇怪的事，这事超乎我的判断。现在我正在想这件事。"说着，把整个事情告诉了老仆人。

当这件事传到侍从之中后，那个跟随在柳生但马守身边的侍童战战兢兢来到主人面前，他一边谢罪一边说："当我看到主人全心全意在欣赏鲜花时，我起了这样一个念头：尽管主人的剑术再好，假如现在我从后面突然袭击他，他恐怕还是不能防卫自己吧。可能就是我心里的这个念头，竟然被主人察觉到了。"

这个年轻人说完之后，就准备着接受主人的惩罚。

侍童的回答，澄清了困扰柳生内心的困惑。柳生再一次证明了自己的敏锐而准确的直觉力，因而非常高兴，他当然不会惩罚这年轻的侍从。他因自己的预感没有错误而非常满意。

禅定的最高境界是，拥有高度发达的直觉能力和刹那间的应变能力，从而使自己能做到自然而然，随缘任运，自由无碍。这就是："我心即佛，佛即我心"的精神境界。

第三，禅宗讲究"渐悟"和"顿悟"。

悟什么？就是"悟空"。悟空就是要领悟"万法皆空"、"一切皆空"，天下的一切事物和人，都是"无常"和"无我"的存在。懂得了人和事物都是"无常"和"无我"的存在的道理，你就看透了生即是死，死即是生，从而就超越了生与死。所以禅师们说："生死事大"，就是说，懂得了生与死的大道理，从而在精神上，超越了生与死，生与死都无所谓了，一切都自由了，无牵挂了。

所以在《少林宗法》中就说："参贯禅机，超脱于生死之怖畏之域"为拳术的"极致所归"，即最高境界。这就是"无刃剑"。什么是无刃剑呢？

有一个僧人跑来好奇地问曹山本寂元证禅师："什么是无刃剑？无刃剑是什么样子？"

元证禅师说："这种无刃剑不是普通经过淬炼而成的钢铁之剑。"

僧人问："那用起来会怎么样？"

禅师说："逢者皆丧。"

无刃剑当前，人人都会丢掉本来的执著。

僧人想了想，又问："碰到的都会丧命，没有碰到的怎么样？"

禅师回答："也会人头落地。"

无刃剑照样也能让修行者断除一切毛病。

僧人不解了："无刃剑威力大，逢者皆丧那是自然。碰不到的也会人头落地我可不明白了！请师傅开示。"

禅师回答："此无刃剑的特点就在于'空无'，'万法皆空'的道理就是无刃剑，它能穷尽一切事相、物境。"

禅师回答："修行的人，只要能悟断生死，斩除一切烦恼与牵挂，真正达到无相、无物的境界之后，才知道确实有这么一把无所不摧的无刃剑！"

上述事例说明，禅是武术的灵魂。习武而不懂禅，那只是一介武夫。

## 第三节 禅与园林

园林艺术是一个民族的物质文化与精神文化的双重体现。它凝聚了一个民族的文化精神和审美意识。中国古典园林的基本追求是可居住、可游玩、可欣赏。古代中国园林建筑的总体建造思想,是同古代中国人的宇宙观紧密联系在一起的。中国人认为,“四方上下曰宇,往古来今曰宙”,“宇宙”一词的含义就是世界存在的空间和时间。中国古代园林建构是按这种宇宙观来实施的。古代中国人的宇宙观在先秦时期已形成。中国古代的宇宙模式观念有三个特点:

第一,空前庞大。《孟子·公孙丑》描述宇宙之气:“其为气也,至大至刚,……塞于天地之间。”在《庄子·逍遥游》和屈原的《天问》中都描述过这种庞大的、无限的宇宙模式。

第二,无所不包。在古代中国人的宇宙模式之中,天地万物、人类社会、历史演变、鬼神灵异都被囊括其中。

第三,统摄宇宙的至高神是“天”。天道是地道和人道的规范,地道遵循天道,人法地、地法天。人道、地道都顺乎天道,这就是“老庄”的顺其自然的思想。

中国园林是人工创造的、艺术化再现的宇宙模式。这是中国园林建筑的核心思想。这一思想贯穿在几千年的园林建筑过程中。历代的园林建筑之变化,都是在这一总体的、基本思想格局内的变化,其变化的特点是人的主体心性作用的不断增强,对不同审美境界的追求而引发园林形式的变化。总体上讲,中国园林建筑有以下三种模式。

第一种是“法天象地”的园林模式。

所谓“法天象地、俯仰乾坤”的观念决定了古代战国时期至汉代的中国园林的基本格局和模式：

首先，中国汉代的园林范围都较庞大。因为宇宙是无限的大，汉代园林为了效仿宇宙之大，就在范围和规模的庞大上下功夫。这可以以汉代皇家园林为代表。司马相如在著名的《子虚赋》、《上林赋》中都有细致的描述。

其次，由于汉代园林是效法宇宙，因此，人造园林是天地自然的重现。由于宇宙无所不包，因此中国古代园林都有高台、亭楼、居所，有山石，有水池、流水，有园木、花卉等，这些东西基本上是自然界的浓缩和重现。

再次，由于"天"统摄一切，所以魏晋以前的中国古代园林，都以高耸的灵台（天神居住地）为最主要的景观《诗经·大雅·灵台》，以灵台（山峰）来统摄灵沼，灵囿，苑林。因此，以后的中国园林大都有高台或楼阁为园中主要景观，例如北宋时期宋徽宗在京城汴梁（今开封市）所建造的"艮岳"就是以一座高百余米的山峰为核心修建的园林。清代的颐和园就是以万寿山上的佛香阁为中心等等。这是中国古代神学宇宙观制约下的园林创作观念。

第二种是"天人之际"、"天人合一"观念制约下的园林审美模式。

从魏晋时期开始，古代的士大夫在建园造林时，开始注重将有限的景物纳入到无限的宇宙之中去。具体说，注重园内景观之间的内在联系，打破内部与外部之间的视觉界线，追求园内景观与外部自然山水景物之间的和谐统一，以期达到园内景物与园外山水的天然融合，使人造景物同自然万物和谐统一起来，将园内的欣赏者同外部的自然环境和谐统一起来。其采取的方法有：对景、借景、聚景、引景等等。所谓借景，就像杜甫的诗句："窗含西岭千秋雪"所写的那样，把西岭雪山纳入窗框之中；北京颐和园就把远远的西山和宝塔纳入园中；再如无锡寄畅园将南面的锡山、西面之惠山等自然景色同时借入园中，使这些外景成为园中景观的组成部分。所谓聚景，就是选择出园中恰当的景观为中心，使园内内外、远近高下等不同层次、不同风格的景观一目了然，由此突现宇宙的丰富和空间的辽阔。

这一风气也影响到佛家僧人。东晋时期的佛僧慧远入庐山隐居，建造了著名的东林寺即"庐山精舍"。生活在这种环境中的僧人，他们的思想情趣同玄学风气中的文人逸士相类似，闲游于山水之间，满足于恬淡宁静的生活。"庐山精舍"是玄、禅合流的文化思潮的体现。但是，建寺庙于山水，还不

是寺庙园林，它们还只是传统的“天人之际”、“天人合一”观念支配下的审美追求。

这种遵循“天人之际”的园林审美观的特点在于：一方面寺庙是宇宙自然中的一部分，仍然呈现出大自然的天然状态和宇宙格局。另一方面，审美的物境还是自然的环境，并非人工有意识的创造。客观的、纯粹的大自然成为了人们的精神情操的寄托，成了人们审美理想的象征。这也就是白居易所谓“境心相遇”：“大凡地有胜境，得人而后发；人有匠心，得物而后开。境心相遇，固有时耶？”[①]由“境心相遇”而达到“心与境契”，这就是人们常说的 “景为情造，情因景生”，大自然的园林也就成为了宗炳所谓的“畅神而已”的自然审美对象。

第三种是表达禅意、禅趣的园林模式。

中国唐代盛行的佛教禅宗思想深刻地影响了佛寺的园林建筑和文人士子的私家园林建筑。禅宗的思想观念渗透到文人的日常生活及艺术创作领域之中，诗歌、园林与绘画等艺术都成为了表达禅的思想的最佳形式。因此，唐宋以后，中国园林的美学风格发生了又一次重大变化。

这就是下文要讲的“禅与园林”的关系。

① 白居易：《白苹洲五亭记》。

其实，最早的中国佛寺是没有园林的。寺庙的“寺”在秦、汉时代是指官署，例如后来在宋代仍然设有“大理寺”的官署。据说，最早的佛寺，如洛阳“白马寺”就因为当时派去西域取经回来的人，以及随同引进的印度和尚都住在官署“鸿胪寺”中，“鸿胪寺”相当于国宾馆或外国专家招待所。当时只有官府才懂得佛教是印度的宗教，并且以为佛教是显灵弄鬼的宗教，一般的老百姓并不知道佛教是什么。因此，后来在建立“白马寺”时才沿用了“寺”的名称，“白马寺”这一名称，体现了官办佛教的性质。“白马寺”的建筑形式与当时一般的官署建筑形式没有多大差别，不同的是寺中有“塔”，而一般的官署无塔而已。塔成为佛教建筑的主体建筑。后来，佛僧才开始在寺庙中植树、种花，改善环境。但是，直到隋、唐之际，佛寺的整体风格还是宏伟壮丽，豪华威风的，而园林在寺院中的重要性并不突出。

随着唐代禅宗的兴起，禅的精神对于中国的佛寺的建筑产生了巨大的冲击。禅的精神是怎样冲击佛寺建筑的呢？

首先，是佛寺开始建在自然山水之中。这与禅宗四祖道信和五祖弘忍提倡的“山林佛教”有关。这以前，中国佛教寺庙大多是建立在城市的闹市之中。这便于宣扬、推广佛教；也便于和尚化缘谋生，这使和尚们有较稳定的生存环境。

后来佛寺都建立在深山老林之中了。在这种“山林佛教”精神的影响下，不少和尚也自发地在大自然的山林中，结草庵为庐，与大自然融为一体。这就是中国传统的“天人之际”、“天人合一”，人与大自然融为一体的精神的体现。生活在这样清静环境中的僧人，其思想情趣很类似玄学风气影响下的文人逸士。他们乐道于自然山水之间，以精神上的闲适为满足。在这一点上，当时的名士和高僧的意趣是一致的。名士在对庄玄之道的体认中，也吸收了佛家万法皆空的思想；反之，在禅僧的“尘世是浮云”的出世思想中，也以自然山水清净宁静的境界作为内心中的境界。

在唐代中期，寺庙的自然风景化达到了旺盛时期，形成了“佛教四大名山”峨嵋山、五台山、普陀山、九华山和“佛门四绝”的台州国清寺、齐州灵岩寺、润州栖霞寺及荆州玉泉寺。所以人们说：天下名山僧占多。至今，它们都是著名的佛教胜地，也都是优美的自然风景区。这些寺庙远离城镇，处于

深山丛林之中，既是现实世界中的一方净土，又契合了人们出世的心境，成为审美的环境。

佛教寺庙已将融入到美丽清静的大自然之中，寺院同大自然已经合而为一，反之，寺院又成为了自然山水等景点的点缀。但这还不能说，这就是佛寺园林。我们所谓的“园林”，是指经过人工创造的林园。

那么，已经建造在自然山水中的寺庙为什么还要修造园林呢？

这有两个原因：

第一个原因是：唐宋时期寺庙功能发生了社会化世俗化的转变。为什么这样说呢？我们从一方面看：唐宋以来，随着禅风大盛，那些没有文化、不懂得禅的人，也纷纷到寺庙里学禅，例如慧能这种樵夫，也千里迢迢到东山寺学禅，禅学的世俗化吸引了众多的人涌向寺庙，而寺庙因此又逐渐承载了更多的文化重任。那时，禅宗的寺庙不再单纯是禅僧们修炼心性的场所，不再单纯是俗众礼佛参拜的圣地，那时的寺庙因为宁静洁净而逐渐成为了公开的社会活动的场所，成为了人们旅游休闲、吟诗作画、听琴品茶、聚会宴饮、读书备考甚至疗伤养病的场所。这样，身处于大自然之中的佛门禅寺又一次陷入了滚滚红尘之中。

从另一方面看，人们追求寺院的纯洁宁静，把寺庙变成文化和社交场所，这些世俗的文化生活的重任必然要刺激寺庙的美化功能，使寺院内外都成为可以修身养性，陶冶情操的地方，因此，寺院内部的园林化就成为一种必然的需要，成为人们对寺院的强烈的诉求。

例如，开封的相国寺，它始建于北齐，到宋代重修。在宋代，每逢皇帝诞辰、重大节日的祈祷活动，以及新科进士金榜题名，庙会和各种商品交易会都在这里举行。相国寺每月开放五次，供百姓进行商品交易，也供人们休闲游玩。这充分体现了佛教禅宗的寺庙特点：“既在孤峰顶上，又在红尘浪中。”美化寺院，使寺庙园林化就成为一种必然的趋势。

第二个原因是文人士子的文化追求和人生旨趣推动了寺庙的园林化。



唐宋时期出现了一种新型的禅文化。文人士子力求禅学化，学禅参禅成为时代风气。同时，佛教僧人也同文人士子打成一片，学习世俗艺术。他们相互融合，彼此互补。他们共同陶醉于佛寺周边的自然山水中，也共同唱和

于寺院的园林中。这样，不出寺门，就可以获得典雅的审美情趣，享受超凡脱俗的审美境界。这正如唐代诗人常建的诗句所写的那样："曲径通幽处，禅房花木深"中的情趣一样。由此，寺庙的园林化蔚然成风。

禅宗寺庙的园林化的方式有两种：

其一是在寺庙内的院落里，逐渐用人工的方式修建园林景观。

其二是把寺院内部的园林化同外部的自然山水进一步融为一体。

就第一种来说，是把寺庙内部的建筑从仅仅满足日常生活和修行的功能，转化为生活、修行和审美为一体的功能。把各种不同功能的房舍，用园林、花卉、水池、小桥连接起来，尽可能地营造出一种宁静的、圣洁脱俗的气氛。有的寺庙还在寺院的旁边专门建造一个附园，其中楼台、水榭、花木、树林、凉亭无所不有，是人工创造出来的自然天地。这种，即便是身处封闭的院落中，也能感受到佛门的一方净土和各种不同的审美境地。

这种相对封闭的佛教寺院的园林建筑有三种基本的布局形式：

一是院落式园林。

就是把寺院作为独立的院落，在寺院旁边建一个附属的园林。这就把宗教活动区和生活休闲区加以分割开来，同时又保持联系和沟通。例如，成都的文殊院、苏州的寒山寺、扬州的大明寺都是这种园林格局。唐宋以后的许多私家园林都借用了这种建园形式。

二是廊院式园林。

就是把佛寺中的主体建筑以中轴线的方式营建。两边的各种建筑用敞开的回廊连接,建筑物之间的院落内用植物、花卉、山石或者水池、水榭加以点缀、装饰。使寺院各部分显得既独立,又是一个统一的整体。

三是天井式布局。

这种布局是用于寺庙中的每一个独立的小院落中的天井园林装饰。就是在小院的天井中,用几竿竹或一株芭蕉,几个盆景,一洼小鱼,一块山石来点缀装饰天井。这就是禅宗所谓的“象由心造”的展现:就是美好的东西、美的境界是由人心所创造出来的。天井中的植物花草、山石的点缀,可以产生咫尺天地中有大千世界的审美情趣。这充分体现了禅的“一即多、多即一”的观念,一滴水可以感知大江大河,一叶可以知秋;以小可以总多,以近可以指远。这种天井式小园林,对后来的明清时期的文人园林有深刻的影响,也对日本的庭院园林,产生了很广泛的影响,成为日本家庭庭院园林的主要风格。

就第二种园林建筑格式而言,也叫做“散点式园林格局”。就是把寺院建筑同周边的自然风景连成一片,融为一体,使寺院成为自然风景的一部分。例如,四川峨嵋山的报国寺、伏虎寺、洪椿坪寺庙、清音阁寺庙、万年寺;乐山大佛的凌云寺;湖北黄梅的东山寺(五祖寺)、当阳的玉泉寺;尤其是安徽九华山的前山和后山的寺庙都充分体现出这种特点。这些寺院周围的山上建有楼台、凉亭;周边建有水池、湖泊、水榭、石桥等等,使你分不清哪里是寺院内,哪里是寺庙外。这样,寺院内的园林风景和寺院周边的园林风景融为一体,互相借景,彼此映衬。这种园林样式成为后代中国寺院园林建筑的主流样式。

这一样式改变了传统的寺庙以中轴线构造寺院的规范,打乱了原来城市寺庙那种整齐划一的宫殿式或官衙式格局。使寺庙中的各种建筑散乱化、独立化,同时又通过其中的园林把它们连接成一体。这样,寺庙的建筑与园林就显现出顺其自然的美学特征。



上面介绍的中国佛教圣地寺庙园林是中国独有的佛教园林。它们使人感受到禅宗的“万物皆有佛性”、有情众生与无情众生原本一体,都是“万法皆空”;以“无心合道”之心而领悟“道遍无情”之理;从而体悟到“万水千山总是情”，“青青翠竹，总是法身；郁郁黄花，无非般若”的禅意。中国佛教禅宗的思想观念，以及寺庙的园林建筑在哪些方面影响到中国文人的生活情趣和私家园林建筑呢？

## 一

中国佛教园林为什会影响唐宋时期文人的生活情趣呢？这是因为佛教禅宗讲究的“不二之法”要求人们对生活中的一切，要无取舍、无分别，不执着于一边、一端。如果仅从一方面去把握事物，去对待事物，就落入了片面、陷入了虚妄之中。这就是禅宗要求的“不即不离”的处事之道。什么叫做“不即不离”呢？就是遇事待人，看问题，不沉溺其中，不要把自己陷进去。如果沉溺其中，把自己陷进去了，你就必然失去了自我的本性。同时，又不要远离它，同它隔离开来。如果你同其他的事和人远离开来、隔离开来，就会造成疏远、冷淡的局面。这样你就只知道“自我”，而无法懂得什么叫做“无我”，不懂得自己本性上同其他东西，同他人是一样的。而“无我”是天下万物的本性、共同性。所以，禅宗的“不二之法”在人生实际的生活中，要求你待人处事要做到“不即不离”。只有这样，你心里才能清静，心态才能平衡。

比如，你身陷官场，身处闹市，每日忙忙碌碌，看到滚滚红尘中的人们，或者勾心斗角，尔虞我诈；或者利欲熏心，贪婪无比。你想避开这种尘世的喧闹，世俗的纷争。但是，你避得开吗？即便是像陶渊明那样的圣洁之人，你只能是暂时避一避，你总不能一下子跳离地球吧！大哲学家黑格尔和马克思都说过：“人注定要遭受到物质（社会)的纠缠。”滚滚红尘，你是避不开的。

何况，“树欲静而风不止”，什么社会的动乱呀，战争呀，灾荒呀，还要主动找你的麻烦呢！现代社会的生存因果链更是把人与社会联系得更加紧密，所以说，你根本无法摆脱社会的纠缠和干扰。

面对这种情况，怎么办呢？禅家就提出了“不即不离”的处事方法。这就是要求你“身陷红尘而心不迷乱”，就像莲花、荷花那样“出污泥而不染”，要求你既生活在滚滚红尘之中，又有高洁的出世之心，这就是“眼迷心不乱”，“酒肉穿肠过，佛祖心中留”。你要以出世之心去做“入世”之事，这是一种最实际的人生态度。

其实，禅的“不即不离”的思想，正是符合了中国传统儒家所宣扬的“穷则独善其身，达则兼济天下”的思想。假如，你倒霉了，仕途不顺，受到贬谪，被官场边缘化了，你就要独善其身，保持高尚的人格修养。如果你的人生理想和伟大的抱负有机会得以施展，那么，你心中天天就要胸怀百姓，为百姓办实事，办好事，普度众生。所以，禅“不即不离”的人生态度是有坚实的社会基础的。

怎样才能够做到“不即不离”，以“出世之心去做入世之事”呢？这就要求你身处闹市，却要拥有一方净土；尽管满耳的喧嚣，却要求有清净的心灵。正是在禅宗这样的思想影响下，大量的在家居士就产生了。他们既不削发出家，又可以在家修成正果；既不天天陪伴青灯古佛，又可以结婚生子而获得涅　；既可以去当官，享受功名荣耀，又可以保持超然的心态去对待芸芸众生。

最简单的办法就是在百忙中，在万般的烦恼之中常去禅寺，求得心灵一时的宽慰，求得心灵暂时的宁静，获得心灵的自由和解放。所以，唐宋时期的许多文人都同禅师有密切的交往，有的人同禅师还有深厚的友情。唐代大诗人王维、刘禹锡、白居易、柳宗元；宋代大诗人苏东坡、黄庭坚等人，都是著名的禅宗门徒，红尘居士。

禅宗寺庙的清静环境，园林的情趣，就深刻地影响了文人士子。正是在这种风气的影响下，文人们才开始在自家的私家小园中，模仿佛寺园林的特点，让自家的园林变得富有禅意禅趣。这样，足不出门，就拥有一方净土；身居闹市，就可以保持清净之心。闹中可以取静、忙中可以偷闲、前进中可以思考隐退、纷乱中可以静思，从而获得大自然的情趣。白居易的诗句说：

人间有闲地，

何必隐林丘。

这就一语道破了中国文人和士大夫追求禅意禅趣的人生情怀。从此，私家园林开始了全面的禅意化、禅趣化进程。

## 二

禅学思想和佛寺园林又是怎样影响文人的私家园林的呢？在禅的思想影响下，中国文人的私家园林又拥有了哪些美学特征呢？

第一，以简明朴素的天然本色为美。

唐宋以来，文人的私家园林都追求简明朴素，力求呈现自然物的天然本色。这既是禅的思想的体现，又是中国传统的“清水出芙蓉，天然去雕饰”的道家美学思想的体现。禅的精神要求：道法自然，顺其自然，才能自然而然。因此，禅宗美学反对那种“错彩镂金，雕缋满眼”的华丽、浮华之美。例如，白居易在《草堂集》中说：“木，而已，不加丹，墙，圬而已，不加白；墄阶用石，幂窗用纸，竹帘纻纬，率称是焉。”白居易在庐山建的草堂一派自然本色：木不漆红油漆，墙不刷白粉，石头砌台阶，竹帘、布幕做窗帘……，一切都按事物的自然本色呈现，不加以人工的改变。例如，在园中放置一块山石，也不去刻意雕凿；种植一丛花草，也不去剪接，保持花草的自然形态。这种追求素而

雅的美学趣味充分体现了禅的“自然而然”、“顺其自然”的精神。

这同西方园林讲究人工修饰，把树和花草修剪成各种几何形状的审美观念完全不同。这种遵循自然的色彩和形态的园林美学思想对日本园林产生了深刻的影响。以至于不施色彩，保持自然事物的原色，成了日本园林之美的一个重要特点。

同样，刘禹锡在《陋室铭》中说：“山不在高，有仙则名，水不在深，有龙则灵，斯是陋室，惟吾德馨。台痕上阶绿，草色入帘青，可以调素琴，阅《金经》。无丝竹之乱耳，无案牍之劳形。谈笑有鸿儒，往来无白丁。南阳诸葛庐，西蜀子云亭。孔子曰：‘何陋之有’？”这就是禅意禅趣的居家园林生活的体现。

第二，私家园林的景物都小巧精致。

中国文人园林都属于私家园林。私家园林与皇家园林不同，一般都小巧精致。私家园林之所以都以小巧为特点，有两个原因：一方面，私家造园经费较少，投入不多，也没有必要多投入。因为文人士子为官者多，他们身如飘蓬、如不系之舟，经常被皇帝调往其他地方，不可能在一个地方大量投资建房造园。例如，晚年的白居易在洛阳有家有园，中年时期在杭州有家有园，在庐山有家有园。同样，晚年的苏东坡感叹说：

心似已灰之木，
身如不系之舟。
问汝平生功业，
黄州、惠州、琼州。

这种终身漂泊不定的官宦身世，不可能建造大规模的园林。

另一方面，从根本上讲，是禅的思想促成了私家园林的小巧精致的特点。为什么这么说呢？禅的哲学思想中，有一个非常重要的思想，这就是“一即多，多即一”的思想。什么是“一即多，多即一”呢？“空”就是“一”。“多”是什么呢？“多”就是天下万物，天下一切存在的东西。既然，一就是多，多归结为一，那么，一就可以展现为众多；众多中的一种就能显现、替代万物的多。这就是禅宗美学的“芥子纳须弥”的思想。我们通常说的：“一滴水可显示河海”，“一块小石，可以表示大山”，“一花一叶总关情”就是这个意思。因此，人们可以用一个东西替代万种东西，几竿竹子可以代表竹林；一口小池，可以代表湖海；一条小溪可以显现大江，从而达到“一花一世界”、“咫尺天涯”、“恼人春色不须多”的审美效果。这就产生出了禅宗美学思想中的以简代繁，以小喻大，以少总多，以近指远等不全之全的美学思想。

对于文人士子而言，一丛兰草、几竿小竹、一片山石、一方小池，同样可以获得大自然中的审美情趣：水中有月，风中有声，眼中有山，空中有花香。这些简易的物境，同样使人产生审美的意境，同样使人感受到大自然的清净、宁静。小小园林，同样富于禅意禅趣。

从唐宋以后，这些小巧精精致的私家园林成为中国园林的主流，成为一种时尚的园林审美潮流。即便有的人，有能力建造规模较大的园林，也会把大的园林分割为若干相互联系又相对独立的小园，同样追求小巧和精致，追求以简代繁、以小喻大，以少总多的禅宗美学的情趣和意境。《红楼梦》中的大观园很大，是典型的官宦庄园。但它却被划分为若干小的、相对独立和封闭的园林，如怡红院、潇湘馆、蘅芜院、稻香村、栊翠庵等等。同样，像江南著名的园林，有的规模也较大，但也被分割为若干小的局部的园林单位。

不仅如此，在禅宗美学思想的影响下，在园林中，还出现了盆景、盆栽等袖珍园林。盆景中有山有水，有绿树花草、有亭有塔、有水榭阁楼等等。大千世界都聚集在这片小小的空间中。盆景盆栽充分体现了禅宗“芥子纳须弥”的“一即多、多即一”的美学思想。

## 三

第三，私家园林中的植物，充分表达了中国传统美学中的“比德”的审美观念。

禅家讲究“万物皆有佛性”。各种花草树木都是你主观心境的寄托。你爱什么花草，欣赏什么景观，都折射出你的内心境界。所以，文人私家园林中所栽种的植物，都是自己心灵中美好东西的象征，都是主观心灵的追求和寄托。文人园林中的植物花草，表达了中国文人士子“比德”的审美思想。“比

德”就是以生活中的事物比喻、象征人的道德品性和人格精神。

在中国文人的私家园林中，一般种植的花草、树木都是梅、兰、松、竹、菊、莲荷、芭蕉、垂柳等等，很少有其他树种。因为，这些花木草卉的品性符合人的高洁的心性和精神追求。例如，竹子和芭蕉象征为人的正直向上，少于心计；莲荷象征出污泥而不染；松树象征意志坚定，能吃苦耐寒；梅花象征不畏严酷的气候；兰花象征孤芳自赏，不夺人之艳之美。

文人士子们喜欢借树、石、竹、兰抒情，拜石为丈，以竹为师，以兰为友等等。园林中的这些植物，融入了你的生活之中，时时提醒你提高自己的道德情操，保持高尚的情趣。这就是园如其人，物如其人。园林中的这些圣洁的植物，就是你人格、心性的表征。

第四，文人私家园林充满了个人的审美情趣。

这些审美情趣，就是学禅的人心中的禅意禅趣。当你带着沾满尘埃的身体，身心疲惫地来到寂静的园林之中，你可以在寂静中享受各种自然情趣。孔子说：“仁者乐山”，“知者乐水”。你可以在凝神观注一片山石中，领悟大山的容纳精神；你可以通过一湾小小的池水体会智者的灵活；你可以通过把玩一块小石而懂得“物与人情相通”的道理；你可以借雨打芭蕉叶的声音来感受自然生命的节奏，借水中的游鱼，来体验生命的自由和闲散。总之，你可以在眼前的自然事物中，获得大自然的生命信息和丰富的情感，从而忘却红尘世界的喧嚣和烦恼。

第五，文人的私家园林追求意境之美。

禅的精神就是叫人追问自我，要了解自我，只能向内心寻觅，寻觅自己的本性是什么。所以，禅家讲究“境由心造”，由心所造成的“境”就是“心境”，就是内心中的“境界”。你造出了什么样子的园林，可以看出你的内心境界的高低。现实的事物之间的搭配、组合，是根据心中的想象来实施的，由心境来造成各种各样的“物境”。既然文人园林的搭配与组合方式，由心而定，那么，由主人的心境所追求的样式创造出来的“物境”，就有格调高低的区别。所以说，园如其人。园林的精神境界是雅是俗，就是主人内心境界的表现。这就是所谓“外观造化，中得心源”的道理。这就是“境由心造”的第一个含义。正因此，文人私家园林格外注重利用园中的山石、花木、水和台榭来营造境界之美。借现实的物质环境来陶冶心灵中的意境。

此外，“境由心造”包含你在对园林环境的欣赏中，所表现出来的审美趣味和格调的高低。大家知道，同样的物境在不同的时间、气候、天气、季节中，又呈现出不同的姿态，不同的色彩，不同的情调。例如，在夏天的烈日下的状态就同冬天的大雪中的状态迥然不同，在春天大地回春时节的状态，又同秋天的萧条景象不同。这就形成了同一物境的不同状态，就能够唤起人们不同的内心感受，赋予人不同的情绪色彩。可以说，一个小小园林，小小世界同样可以表现出大自然的千姿百态，万种风情。你所体验的境界越丰富，你就拥有更高尚而丰富的人格精神。所以，文人的园林，通过曲曲折折的路径，表现出一步一景的景色变幻；通过对景、借景等等手法，使小小的园林产生出丰富的审美情趣。从而体现出禅家的“一即多，多即一”的思想，形成了禅宗美学多种的基本原则。

## 第四节 禅与绘画

### 一

从历史渊源看,中国素来就有发达的绘画。佛教传入中国,就带来了印度佛教的雕塑造像和绘画艺术。到魏晋、南北朝时期,佛教为了扩大自己的影响,利用绘画方法来传播佛教教义,讲述佛教人物故事,因此,佛画已成为了中国绘画的重要内容。

据统计,唐代有一千零八十三座寺庙都有以佛教为题材的壁画,当时知名的画家就有七十多人。著名画家吴道子一个人,就画了二十五寺的三百多幅壁画。

佛教的人物画数量急剧增加,产生了一批卓越的画家。如东晋的顾恺之、东吴的曹不兴、梁代的张僧繇、北齐的曹仲达等都是著名的佛教人物画家。

我认为,唐代之前,传统的中国画经历了从“不求形似”到“以形写神”,再到“形神兼备”的美学历程;而禅的精神则促成了中国画从“形神兼备”到“重神轻形”,再到“不似之似”、“不全之全”等简化含蓄的“无法之法”的发展道路。

中国的绘画理论在晋代就明确提出了“以形写神”来达到“形神兼备”。例如,大画家顾恺之注重通过点“睛”来传神。顾恺之说:“传神写照,正在阿堵”。“阿堵”即“这个”,指人物的眼睛。顾恺之在建康(今南京)瓦官寺画维摩诘像,来看他点睛的人很多,布施也很多,他的画光彩耀眼,神情生动,轰动一时。东晋时期的宗炳(公元375—443年)在《画论》中提出“以形写形,以色貌色”。他认为,写神还是要从写形入手,要按照山水的本来形色进行描绘。这实际上在提倡写生。据说,唐代吴道子在长安菩提寺画的维摩诘经变,其中舍利佛的眼球似乎能转动。这是什么意思呢?就是观众从任何方向都能与他的眼神对视。此外,吴道子的画具有强烈的动感,人们称之为“吴带当风”。这些都是沿续了“以形写神、形神兼备”的路子。

“以形写神”、“形神兼备”的路子与传统中国画所追求“气韵生动”有直接的关联。“气韵”一词,源于魏晋时代上流社会品评人物的一个审美标准,例如,刘义庆的《世说新语》中有“阮浑长成,风气韵度似父”的语句。“气韵”是指人内在精神的气质高雅和外表风度的超凡脱俗。

“气韵生动”一说来自于南齐谢赫的著作《古画品录》。在这著作中,谢赫提出了绘画“六法”:

> 气韵生动,骨法用笔,
> 应物象形,随类赋形,
> 经营位置、传移模写。

谢赫把“气韵生动”列为“六法”之首。此后,“气韵生动”成为中国艺术和美学的一个重要的原则。谢赫所谓“气韵生动”是要求绘画作品应当尽力突现出人物的内在的精神气质和风度,而其他的外在要素,如环境和各种事物形态等,都没有必要给予突出铺张的描绘。

后来的画家则把“气韵生动”作为一条重要的美学原则推广到山水画和其他门类的艺术创作之中。齐白石的“虾”、“螃蟹”、“牵牛花”等都达到了“气韵生动”的高度。

魏晋以来的佛教绘画以及“形神兼备”、“以形写神”、“气韵生动”的绘画理念，为后来具备禅之精神的文人画奠定了深厚的基础。

## 二

唐代后期，佛教人物画因禅宗的兴起而走向衰微。其原因在于禅宗五祖弘忍曾引用过的《楞伽经》上的话说：“凡所有相，皆是虚妄。”就是说，一切有形有象的东西都是“空”，人的身体也是“空”。那么，根据你的身体所画的像，更是虚幻的东西，这些虚幻的绘画，要它们何用？可以说，禅宗的“空观”，促成了佛教人物绘画与禅的思想的分离。由于晚唐之后，佛教几乎是清一色的禅宗的天下，所以佛教人物画就必然走向衰微。

另一方面，佛画创作自身也因为逐渐走向了世俗化，而与传统的佛教绘画出现了裂痕，绘画之舟渐渐远离佛教之河岸。例如晚唐画家周　所画的“水月观音像”，就是典型的世俗中的美丽妇女的形象，失去神仙的风韵，失去超凡脱俗的圣洁感。那时，社会上流行的、写实的人物画大多是“顶相”。什么是“顶相”呢？“顶相”就是禅门中，老师为了向别人表明自己与某人是师生关系，师徒关系，而把师傅的画相送给学生作为凭证。就像现在老师把自己的相片送给学生作为留念一样，这照片就是师生关系的凭证。“顶相”画写实性很强而艺术性并不高。

那么，后来禅与绘画又是如何走到一起了呢？它们之间存在的观念上的对立又是如何消解的呢？这其中的关键是中国“文人画”的兴起，或者说“文人画”成为了禅与绘画相知相恋的纽带。

“文人画”的特点并不能望文生义地解释为“文人”或“士大夫”创作的画。“文人画”一词的确切内涵是说：经过文人、士子的努力，把禅宗思想吸纳入中国绘画的创作之中，以禅宗的思维方式、禅宗的审美趣味和禅宗理想的生活境界，作为绘画所追求的目标。“文人画”的出现，是中国绘画思想史上一次重大的革命。所以，“文人画”一词中就包含有非常新颖的、丰富的精神追求和思想内涵。其中，至少有这三个方面的内涵：

其一，“文人画”表现出文人所理解的，禅对于大自然鲜活生命的深刻感受。

其二，“文人画”喜爱表现禅的空寂、苦寂、宁静等远离尘世的理想生存环境。

其三，“文人画”大量运用禅思的独特意象、意境来显示高远淡泊、闲散自由的、既入世又入出世的精神境界。

“文人画”的开山鼻祖是唐代的王维。他尝试着把禅的思想、情趣，禅所追求的超越时空、平淡而自由的闲散境界，融进了山水画之中。王维的画形成了把鲜活的生命意象和寂静、空灵的美的意境融为一体的艺术特点。

为了表现符合禅意、禅趣的苦寂、孤独和平淡心境，王维创立了水墨画。水墨画单一的色彩，恰好适应了苦寂、孤独、平淡的审美心境的需要，并因此发展为一种独立的绘画种类。为了表现出禅意、禅境所追求的诗一般的空灵和朦胧的意象，王维借用佛教人物画的晕染笔法而运用于山水画之中。所谓“晕染”，就是利用水的渗透浸染作用，以浓淡的变化来达到光亮的反差、变化，使物体具有丰富的层次感，并产生出一定的明暗效应。在山水画中，更能产生出一种朦胧之美、透明之美。

最重要的是，王维尝试用山水画来表现禅的超尘脱俗的意境之美、境界之美。从而确定了“文人画”的最根本特征：以追求表现宁静淡泊的意境为终极目的，以满足文人既入世又出世的审美心态。由此形成了王维“诗中有画，画中有诗”的美学品格。

王维的诗和画的美学品格就是：以禅入诗、以禅入画；又以诗入画、以画入诗。例如：王维的诗《鸟鸣涧》：

人闲桂花落，
夜静春山空，
月出惊山鸟，
时鸣深涧中。



韦应物的诗《滁州西涧》：

独怜幽草涧边生，

上有黄鹂深树鸣，
春潮带雨晚来急，
野渡无人舟自横。

又如柳宗元的诗《江雪》：

千山鸟飞绝，
万径人踪灭。
孤舟蓑笠翁，
独钓寒江雪。

这些诗就像一幅幅美妙的画，展示了画中超尘脱俗的精神境界；文人的风景画中，又充满了盎然的诗情。这就是以王维为代表的审美境界。

## 三

禅的精神在中国文人画美学品格的形成中起着什么样的重要作用呢？禅的精神促成了中国文人画的哪些美学品格呢？

禅宗的思想导致了文人绘画理念的重大变革，最终导致了中国画的重大变革。这就是由禅的四个基本观念所决定的：

第一，禅的精神是反形式主义。

禅不读经、不讲经说法，不烧香拜佛，只讲在日常生活中，在行走坐卧中，在生活情景中领悟禅的精神。只讲"直指人心"、"明心见性"、"顿悟成佛"，所以，禅的精神反对搞形式主义的花架子。

由于反对形式主义，反对花架子，从而在绘画上，就产生了"重神而轻形"，从"不求形似"发展到"不似之似"，就是说，画中的形象在"似与不似"之间，在像与不像之间。例如，西安碑林中有一幅石上线刻的达摩像，还有一幅后人画的李白像，他们都在"似与不似"之间，与写实的像相去很远。王维和苏东坡画的竹，可以是漆黑的墨竹；有人还用红色画的赤竹。齐白石的花鸟画，如"虾"可以少掉一二只腿。例如有一个画家画了一幅《斗牛图》，画中的两头争斗中的牛的牛尾巴，因紧张和愤怒而扬得很高，一个放牛娃看了这幅画觉得好笑，因为现实中的两头牛打架时，往往是把尾巴紧紧地夹在两只后腿之间的。但是画家为了表现情感，就以超现实的表现，为了传神而敢

于牺牲写实，为了抒发胸意，而用写意画来牺牲所谓的真实。禅的精神导致了中国画中写意画的诞生。

第二，是禅宗“刹那间即永恒，此地即佛国”的思想对文人画有深刻的影响。

禅宗发展到慧能时，提出的“顿悟成佛”，就是说，只要你“明心见性”了，就“见性成佛”了。这是说，你可以不脱离凡境，不脱离当下的现实，只要内心不被凡境和各种欲望所约束，你就“即凡成圣，即地成佛”。禅宗著名的马祖道一禅师说：“汝等诸人，各信自心是佛。此心即佛心。……若了此意，乃可随时。”这个“随时”就是顿悟。顿悟的结果，你领悟了“此时即永恒、此地即佛国”。

这一观念深刻地影响了人们对当下现实的看法。只要你顿悟了，成佛了，你眼中的世界就不同于以往，不同于别人。你就懂得了“此地即佛国”、“刹那间即永恒”，“寸土即大千世界”的道理。这样一来，你可以懂得“芥子可以纳须弥”的道理，可以“以小喻大”、“以近指远”，“以少总多”。

禅家的这一思想，导致了艺术家们对于艺术形式，发生了观念性的改变。这就是，简洁、素朴而小巧的形式，同样可以表现深厚的思想情趣。从此，中国绘画就出现了“以简代繁”、“以小替大”的重要改变，变得更加简明、素朴、小巧了。例如，单纯的水墨画出现了；简笔画出现了；小型画如宋元“文人小品”画、扇画和微雕等出现了；园林中的“盆景”、“天井园林”等艺术形式都产生了。

一个民族艺术形式由繁复到简化，色彩由浓艳到淡雅，正标志着这个民族绘画中的精神因素的发展。中国画形式上的简化、淡雅化，正是禅宗思想的影响下促成的。

第三，禅的世界观是“一即多，多即一”的世界观。

禅的哲学思想中，有一个非常重要的思想，这就是“一即多，多即一”的思想。

“一”囊括了万物。因此，“一”就可以表现为“多”，“一”就可以当“十”。

既然，一就是多，多归结为一，那么，一就可以展现为众多；众多中的一个就能显现、替代万物的多。这就是禅宗美学的“芥子纳须弥”的思想。因此，人们可以用一个东西替代万种东西，几竿竹子可以代表竹林；一口小池，可以代表湖海；一条小溪可以显现大江，从而达到“一花一世界”、“一草一春秋”、“咫尺天涯”的审美效果。这就产生出了禅宗美学思想中的：以简代繁，以小喻大，以少总多，以近指远，不全之全的美学思想。

因此，在绘画中，一种不完全的表现，就可以喻示全部的表现。这就是中国画理论中的“以少总多、以一当十”的观念，这就是中国画理论中的“不全之全”的学说。

“以少总多”、“ 以一当十”、“不全之全”的学说，导致了中国传统绘画在思想观念和表现手法上的重大革新。

什么是“不全之全”的艺术表现呢？在绘画上，就是所谓的“虚白”、“空白”；在音乐上就是“此时无声胜有声”。例如：绘画中的“恼人春色不须多”、“深山藏古寺”、“竹锁桥边有酒家”等作品，就是只画出局部来间接地展现全体。马远的画被称之为“马一角”，夏圭的画被称之为“夏半边”。他们的画法就是只画出一部分山水景物，或者画出一个角落而使你浮想联翩。这就形成了中国文人画的含蓄和意味深长的美学韵味。20 世纪西方的格式塔心理学即“完形心理学”学派的理论，才揭示了“不全之全”的艺术表现的心理学依据。就是说，人们的大脑可以对某些只有部分存在的东西，通过想象来加以完善化的补充，从而获得完整的印象。所以，西方现代主义的绘画往往只画出人的半张脸、半边身体。

第四，是禅宗的“不立文字”，“以心会心”的传达方式对绘画艺术的重大影响。

禅宗的“不立文字”，就要求用“以心会心”、“以意传意”的方式传达艺术情感。所以，禅思在本质上是追求象征、比喻、含蓄、暗示等间接表现的。

禅的精神表现在艺术创作上，就要求画家构思含蓄巧妙，不露出画家真心实意的真面目。这就需要画家在构思上既要出人意料之外，又要合情合理。“以心会心、以意传意”导致了绘画上追求景外之景、像外之像的构图或韵味。例如，“踏花归去马蹄香”的画作和齐白石的画：“蛙声十里出山泉”的巧妙含蓄的构思。

禅的精神表现在对画的欣赏上，要经得住人们的探求、揣测、琢磨，这就是耐看。只有构思奇巧，才可能耐看，才可以拥有韵味无穷的审美效果。

# 第五节 禅与茶

中国人自古喜爱饮茶，人们每天面对的七种生活必需品“柴、米、油、盐、酱、醋、茶”中就有茶。中国人没有茶，就意味着日子过得很艰难了，因为你买不起其中的某一必需品了嘛！中国的茶通过日本禅僧流传到日本，形成了日本式的茶道；通过著名的陆上和海上“丝绸之路”流传到了欧州，形成了欧洲人喝“午后茶”的习惯；现在中国茶叶已传遍全世界，夸张一点说：凡有人群处，就有中国茶。

茶圣陆羽在《茶经》中说：“茶乃南方嘉木。”《本草纲目》中说古代的茶树源于巴蜀，后渐渐传到闽、浙、两湖、两江，最后传到中原和北方。据《晋书·艺术传》记载，东晋时期，饮茶已成为一种社会风尚，随着隋、唐的兴盛和大运河的开通，南方的茶叶大量倾销到北方，饮茶成为中国人的共同习惯。从明清时期起，饮茶成为了普通中国人生活中不可缺少的内容。

古代中国人用茶方式有一个发展的过程。

原始的用茶方式，是“吃茶”或者叫“啜茶”，就是把刚采摘下来的鲜嫩的茶叶生嚼后吃下，往往一边生嚼茶叶，一边饮用山泉水，且嚼且饮，且饮且嚼。至今在云南哀牢山区的苦聪人及西南地区大山里的人，仍保留了这种“吃茶”、“嚼茶”的方式。毛泽东也有“嚼茶”的习惯，只不过“嚼”的是加工后的茶叶而已。

唐代用茶方式是“煮茶”。就是把所制成的茶饼捣碎，用沸水煮后饮用。宋代则用茶舀将茶饼或茶团碾成粉末，用茶舀将茶粉放入茶碗中，注入沸腾的开水浸泡后饮用。明代制茶不再把茶压成茶团或茶饼，而是直接把茶叶焙制后用开水泡后饮用。清代又出现了较讲究的功夫茶的饮用方式。现今，流行着各种烹茶的方式。

由于产茶、制茶和饮茶是中国人的国粹，茶渗透了中国人的文化生活的方方面面。中国人的生活中，以茶休闲、以茶待客、以茶会友、以茶定亲、以茶馈赠、以茶贸易，等等。不仅如此，茶叶的消费还带动了相关的生产生活方式。茶坊（茶厂）、茶具的生产；茶行、茶店；茶室、茶馆遍布中国，不仅如此，还形成了以茶为题材的文学创作和著作。例如，著作有唐代陆羽的《茶经》和北宋徽宗皇帝赵佶的《大观茶论》；饮茶的规范有了“茶道”，唐代《封氏闻见记》中说：“因鸿渐（陆羽）之论，广润色之，于是茶道大行。”还有大量以茶为题材的“茶诗”、“茶画”和“茶歌”等，形成了丰富多彩的“茶文化”。

为什么人们喜爱饮茶呢？因为茶有独特的食用功效。

古代的人很早就发现茶有醒脑提神、清热解毒的作用。据现代生物科学研究，茶叶中含有丰富的蛋白质、脂肪、茶多酚、咖啡碱、脂多糖和十多种维生素，各种化学成分达三百多种。据历代的中医研究文献记载，茶叶有“二十四功效”：少睡、安神、明目、清头脑、止渴生津、清热、消暑、消食、醒酒、去脂、消胀止呃、通便、治痢、去痰、祛风解表、坚齿、治心痛、降血脂、降血压、疗疮治瘘、疗饥、益气力，延年益寿，用火烧可以驱蚊，等等。所以，茶最早是被当作药物来看待的。

人们不禁要问：茶作为一种药物和饮品，怎么会风行天下，并且成为人们日常生活中的必需品的呢？

茶叶从药品转化为饮品的关键，在于它诸多的功效中，最突出的功效是醒脑提神、振奋精神和消食的作用。古代中国不出产咖啡、可可、罂粟之类具有刺激或振奋精神的植物。茶叶正好满足了人们这方面的需要。

是什么人把茶从药物和小众的饮品改变为大众的生活必需品的呢？

是古代大量的佛教徒，尤其是禅僧们的有力地推动。可以说，如果没有中国佛教徒，尤其是禅宗门徒的生活实践，生产劳动和精神追求，茶就不可能在中国人的生活中和文化中有如此崇高的地位。

佛禅与茶的关系可以从五个方面加以说明。

第一，佛教禅宗把茶提升为生活中的必需品。

佛教从印度流传到中国，印度各派宗教徒普遍修炼的“禅定”功夫，也传到了中国。“禅定”就是在身、心绝对静止的状态中，收视返听，调整身体、呼吸和精神（调身、调息、调心），达到心中无物、无我的“非想”、非“非想”的境界。佛教提倡“由定入慧”，没有深厚的“禅定”的功夫，是不能获得大智慧的，是不能觉悟的。早期禅宗把“坐禅”当作最重要的修炼方式，所以，达摩坚持在山洞中面壁九年，弘忍、神秀大师都终年“长坐不卧”，坚持修习“禅定”，企图通过长期坐禅而“渐悟成佛”。坐禅需要静虑专注，讲究安般守意，但是，对于普通的刚入佛门的人来说，修习“禅定”最困难的事就是“久坐必困”，很容易坐着坐着就睡着了，这是人正常的生理反应。怎么办呢？白居易有诗句说：“破睡见茶功”！僧众们就利用茶的“提神醒脑”、“消除怠倦”、“振奋精神”作用，通过饮茶来消除困倦，振奋精神。佛教认为，茶有“三德”：“坐禅时通夜不眠，满腹时帮助消化，茶且不发（不激发情性）。”就这样，茶因为自身独特的功效和品性成为了佛教徒的重要饮品。

从文献上看，佛教僧众坐禅饮茶的历史至少可以追溯到南北朝末期。据《后晋书•艺术志 8336》记载，河西敦煌人单道开在后赵都城邺城（今河北临漳）昭德寺修行，“时复饮茶苏一二升而已”。唐代的封演著有《封氏闻见记》，该书中记载：“开元中，泰山灵岩寺有降魔禅师大兴禅教，学禅，务于不寐，又不夕食，皆许其饮茶。人自怀挟，到得煮饮，从此转相仿效，遂成风俗。”

唐代的寺院形成了一套饮茶的制度。寺院中专门设有“茶堂”,任命专职的“茶头”管理禅僧们的茶水,按时敲击“茶鼓”召集僧众饮茶。有的寺院规定:每次坐禅达一炷香的时间后,寺院监值都要供禅僧们饮茶,称之为“打茶”。有的寺院每年还要召集全寺僧众举行共同饮茶的“茶会”,称之为“普茶”。这种“茶会”自宋代至清代,已成为寺院的一种常规的活动。

佛教寺院以茶招待香客,以茶馈赠施主,茶由此而广泛地撒播于民间,饮茶成为民众的习惯。

第二,禅农一家,天下名茶皆出自于禅农,是禅农培育了天下各种名茶,推动了茶的生产。

为什么偏偏到了唐代,茶才成为风行天下的饮品呢?这得归功于禅宗的四祖道信大师和五祖弘忍大师提倡和奉行的“山林佛教”。

在道信和弘忍以前,中国佛教的寺庙,绝大多数修建在都城或城镇的闹市中。道信把寺院建立在深山老林之中,远离城镇,便于修行,有利于静心。为了获得生存所必需的东西,道信、弘忍提倡僧众们开荒种地,自力更生,自给自足,把生产劳动同修炼心性结合在一起,从此,禅宗寺院走出了一条“农禅结合”、“农禅并重”的生存之道,“一日不作,一日不食”成为禅僧们的生存口号。禅僧就成为了禅农。这是佛教禅宗的又一大创造。

禅僧务农,除粮食、油料、蔬菜之处,茶就是主要的农作物。禅寺的茶叶生产形成了“一条龙”的格局:种茶、采茶、制茶、贮存、饮用的每一环节都有人经营。在唐代时,禅寺出产的名茶就名扬天下。例如,四川蒙山寺院培育的“蒙山茶”,湖北荆州玉泉寺培育的“仙人掌茶”,江苏皖南洞庭山水月院培育的“水月茶”,安徽九华山寺院培育的“佛茶”(现今的“金地源茶”),福建武火山寺院培育的“武火岩茶”(现今的“乌龙茶”)都是茗中绝品。禅寺培育茶品的传统流传下来,形成了后代的一系列的名茶。例如,明代大方和尚培育制作的“大方茶(现今的“碧螺春茶”),浙江惠明寺的“惠明茶”,浙江天台寺的“罗汉供茶”,杭州法镜寺的“香林茶”,江西庐山的“云雾茶”,云南大理感通寺的“感通茶”等都是茶中名品,闻名天下。可见“自古名寺出名茶”。

茶不仅成为寺院生活的必需品,而且禅僧的饮茶习惯熏染了世俗民众,

使茶逐渐成为百姓生活中不可或缺的东西。有消费就有生产。当茶叶从寺院的自给自足的小众消费变成了大众消费时,这种以种茶为职业的“茶农”就大量出现了,生产茶具的作坊产生了,茶的商业贸易也就出现了,由此,茶就走遍中国,饮茶成为生活中的必需。

第三,禅僧不仅提升了茶的物质品性,而且赋予了茶以高雅的精神品性。

佛教禅僧们充分发掘出了茶的物质功能,人们不禁又要问道:如何把茶从物质层面提高到精神层面的呢?禅僧们又是如何赋予茶高雅的精神品性的呢?茶品和禅意怎么融合在一起的呢?大家知道,茶的功能在于满足人们的食欲和口感,在于提神醒脑;茶满足的是人们的物欲。禅是排斥人的物质欲望的,禅满足人们心灵的追求,赋予人们精神上的愉悦。茶为物质,禅为精神;一为有相,一为无相;一为口欲,一为心性,这两者不是一回事嘛!禅与茶怎么会融汇在一起,成为人们所仰慕的“茶禅一味”的高雅的精神境界呢?

从禅宗的思想观念上讲,禅对茶可以说是“情有独钟”,对茶的认识和评价也颇独特:

首先,茶树生长在云遮雾绕的高山丛林之中,远离红尘俗界,终年与佛寺、与禅僧相伴。山林中的环境清净无尘,茶在生长过程中,不断地吸纳天地之灵气,沐浴日月之光华。茶的生长过程与“山林佛教”所追求的超尘脱俗的清净之心正好吻合。

其次,茶性淡泊,素雅,自净自尊。茶树不开花,也就不吐艳、不诱人,这正符合禅宗所推崇的“闲寂”、“贫寂”、“枯淡”的“平常心”的心境。尽管茶树终年不枯不衰,抽芽吐蕊却在百草之先。唐代诗人卢仝在其著名的《七碗茶歌》诗中所写的那样:“百草不敢先开花,仁风暗结珠蓓蕾,先春抽出黄金芽”;“至精至好且不奢”。欧阳修的《双井茶》一诗的诗句写道:“双井芽生先百草”,他在为蔡襄写的《茶录》一文的《后序》中说:“茶为物之至精。”这说明,茶的品性同禅僧心中的“禅的品性”是相契相合的。一杯好茶的确能涤净尘虑,抚平内心中的烦躁,使人由静入定。

再次,饮茶的茶水体现了佛教“因缘和合”的观念。

茶叶中包含着“地、水、火、风、空”五大元素,饮茶的过程需要纯净的水、炉火、茶具以及会煎茶、会品茶的人。茶圣陆羽在《茶经》中指出,茶事活动

是综合性的活动。饮茶有九难,即有九道复杂的程序:"造、别、器、火、水、炙、末、煮、饮",其中每一个环节都得讲究。陆羽还从中国传统的道家的"五行"观念来分析饮茶中的"五行"要素。铁铸的风炉从"金",风炉放置在地上从"土",炉中的炭从"木",木炭燃烧从"火",煮的茶水从"水"。道家的"五行"讲的就是"中和"。

禅家则称之为"因缘和合"。因为山中的茶树汲取了天地之灵气,大地的精华。茶杯为泥土烧制的东西,是大地的象征。可以说一杯茶,包容了天地中的地、水、火、风、空,体现了禅家万物和合而成的思想。茶与水的混合,又体现了因缘和合的观念。水是茶之母,器是茶之父。水无色,无即本体,无就是有,包容了天下一切色,茶与水合成茶水,水中有茶,茶中有水,天地一切都在其中。

正因此,禅师往往借用"饮茶",来向门徒暗示其中的"不二之法"的禅理。其中,最有名的公案就是唐代赵州从谂禅师的"吃茶去"。

赵州从谂禅师住锡河北观音院(今河北省赵县柏林禅寺)时,有一天,赵州从谂禅师问新来的僧人:"你曾经来过这里吗?"

僧人回答说:"曾经来过。"

从谂禅师说:"吃茶去!"

他又问另一个新到的僧人:"你曾经来过这里吗?"

这位僧人回答:"没有到过这里。"

从谂禅师对他说:"吃茶去!"

在旁边的院主感到奇怪,就问从谂禅师:"你为什么对来过这里的人和没有来过这里的人都说'吃茶去'呢?"

从谂禅师听了院主的话,就召唤院主:"院主!"

院主立马回答:"在!"

从谂禅师说:"吃茶去!"[①]

为什么从谂禅师对曾到过这寺院和没到过这寺院的僧人,以及本寺院的院主都说"吃茶去"呢?其实,这是赵州从谂禅师借"吃茶"来说事。从谂禅师对所有的人都用"吃茶去"的话,来阻断人们的"分别心",通过统一的"吃



① [宋]普济:《五灯会元》上,卷四,中华书局,1984年版,204页。

茶去"这句话去消除人们的区别、差异之心。因为，"到过"、"未到过"和"正在寺院里"本身就是区分和界定。这就是借"饮茶"一事来启发人们参悟"不二之法"的生动事例。

可见，在禅家的眼中，禅和茶事虽然不同，但理却相通。这就为"茶禅一体"的说法，奠定了思维的基础。

第四，"茶禅一味"的命题使茶融入了禅的精神境界。

自唐、宋以来，禅寺与茶就紧密连在一起，有寺必有茶，无茶不成寺。禅僧们在饮茶中悟禅，在悟禅中品茶。他们在生活实践中，已把茶和禅紧密连在了一起。在理论上提出茶与禅一体，把茶融入禅的精神境界中的人，是宋代湖南常德石门夹山寺的圆悟禅师。圆悟禅师首创了"茶禅一味"的禅学命题。

夹山寺又名灵泉禅院，因"两山对峙，一道中通"的特殊地势而命名。据一则颇富想象力的传说的说法：明末清初时，农民军领袖李自成兵败后，化名为"奉天玉"和尚就在这所夹山寺出家。

圆悟克勤禅师（公元1063—1135年）是宋代高僧，四川彭县人，俗姓骆。由于他禅法高深，宋高宗曾接见他，并赐法号"圆悟"，因此，世人称之为"圆悟克勤"。圆悟克勤禅师在禅学史上享有盛名是因为他对禅学有两个突出的贡献：

其一,是他重新评唱了五代时期高僧雪窦禅师的著作《颂古百则》,他手下的门人把他的评唱完整地记录下来,汇编为《碧岩录》十卷。《碧岩录》的书名出自描写夹山寺美妙环境的诗句:“猿抱子规青嶂岭,鸟衔花落碧岩泉”。由于《碧岩录》文字深入浅出,是南宋之后的禅僧常读的禅学著作,禅林对《碧岩录》的评价很高,被称之为“禅门第一书”。《碧岩录》一书后来被来宋留学的日本僧人带回日本,从此在日本风行至今。日本的禅僧不一定都知道《信心铭》、《五灯会元》之类的著作,但一定知道《碧岩录》和《无门关》这两部著作。

其二,是圆悟禅师首创的“茶禅一味”的命题,使他享誉海内外。

什么是“茶禅一味”呢?

首先,在禅家看来,饮茶所泡煮出来的茶水其特性是“体匿性存”。茶水中已没有茶叶的形体了,但依然有很浓的茶味,茶的本性藏匿在茶水中,隐而不显,犹如盐溶入水中一样,水咸而无盐。茶性的“有”与茶叶的“无”相融于水中,茶性的“虚”与茶叶的“实”同体。这正符合禅家所谓的“见性忘形”、“得其意而忘其形”的修禅宗旨。禅原本就是“自性”、“心性”,既实又虚。禅家所谓的“青青翠竹尽是法身,郁郁黄花无非般若”,禅心就在物中,但物又不是禅心。无论是什么地方的茶,无论用怎样的方式饮茶,这种活动都体现了“因缘和合”和无差别的“不二之法”。这就是禅宗所谓的“一法遍含一切法,一月普现一切水”的观念。

其次,煮茶的过程是细致的,有程序的,它可以使人心静气平,思维专注而不散乱,不浮躁,不张狂,心静如水。饮茶时,从从容容,细细品味,领悟到天地之灵气、万物之精华皆融于一杯茶水之中的道理。饮茶时,寂静无声,茶室就是一方净土,就是一个禅境的空间。禅与茶相通,就在于把一切事物都净化了。

再次,制茶、泡茶(或煮茶)、饮茶的方法有多种,没有一定之规,都可以使人心静情畅。饮茶无法,乃是“定法”,这就是禅家所推崇的学禅悟禅的方法——“不法之法”,也就是禅所主张的随缘任运、自然而然的精神状态。在这一点上,饮茶与参禅既相通又相融。

最后,参禅同品茶极其相似。参禅是让习禅的人,在生活实践与日常事务中，参悟禅的精神。禅无处不在，但禅却不从不显形，要领悟禅，全凭自己主观的体验和感悟，正像“如人饮水，冷暖自知”一样。饮茶同参禅一样，要靠自己去慢慢品味，才能够感受到茶的清香和甘苦。品茶，讲究过程：或先苦涩、后甘甜，或先浓后淡。品禅、悟禅与饮茶一样也需要自己用心去默念、去感悟。这与参禅悟道一样，只能依靠自己去领悟。可见，在学禅人心中，小小的一片茶叶，承载起了一种文明，并启示人们思考生与死的问题：我们从何处来，又将到何处去；还启示人们思考什么是心和色，什么是荣辱成败。禅是茶的翅膀，茶是悟禅的途径。正因此，禅师们提出了“茶禅一味”的说法。禅味即茶味，茶味即禅味。茶禅互参品茶即品禅，在品茶中领悟禅理。

这就是“万法归一”的道理。这个道理，通常说成是“一即多”。在这个意义上，饮茶中的品味与参禅中的品禅，事不同而本性同。

大概圆悟克勤禅师就是从这几个方面悟出了“茶禅一味”的哲理。

“茶禅一味”之说的思想意义在于，圆悟禅师把茶从物质层面提升到了精神层面，把茶融入到禅的精神境界之中。这就大大提升了茶的精神品性和文化品格。

“茶禅一味”之说在古代中国文人的思想中产生了巨大的影响，也对日本禅学和茶道产生了深远的影响。这里，先介绍“茶禅一味”对日本禅学和茶道的影响。

日本的荣西禅师在中国宋代时，两度入宋留学，学习临济宗的禅法。他在中国呆了二十四年之久，是个“中国通”。他回日本时，不仅带走了禅学的书籍，而且带走了茶树苗。他回到日本后，曾写了一本书，叫做《吃茶养生记》，推动了茶在日本的流行。不知是哪一位日本禅僧回日本时，带回了一件稀世珍宝，这就是圆悟禅师手书的“茶禅一味”墨迹。此墨迹最终传到了日本著名禅师一休宗纯（此人就是中国人谁都知道的“聪明的一休”）手中。一休宗纯主张“茶事以禅道为宗”，在实践上把茶和禅融为一体。后来，一休宗纯又把这幅墨迹传给了自己的弟子、日本著名的茶道之祖村田珠光（1423—1502年）。村田珠光本名叫“茂吉”，少年出家，后因为耐不住寺庙的清苦寂寞而还俗。在他三十岁的时候，听到一休禅师讲法，尤其为一休宗纯禅师所讲的赵州从谂禅师“吃茶去”的公案所着迷，又才跟随一休宗纯禅师

学习禅法，跟着有名的插花大师能阿弥学习茶道。村田珠光每逢接待亲近的朋友饮茶时，就把这幅墨宝挂轴挂在茶室供好友欣赏。村田珠光的后辈传人是著名的茶道大师千利休。千利休的原名是千与四郎，“利休居士”是正亲町天皇赐予他的称号。利休居士后来成为日本茶道的“茶圣”，在他手中完成了日本的茶道。日本的茶道源自中国，在上述几位禅僧的创新过程中，逐渐形成了日本“草庵茶”的格局，同时也促成了茶道与园林（露地）融为一体的特点。

所以，追本溯源，圆悟禅师的“茶禅一味”的禅学命题使他在日本享有崇高的地位。

我们再谈谈“茶禅一味”之说对于中国古代文人所产生的重大文化效应。

唐宋以来，历代中国文人“以茶悟禅”事例很多。前面我们谈到唐宋时期的文人大都参禅论道，唐宋文人之所以形成了饮茶的习惯，是与他们同禅僧的频频交往有直接的关系。文人们到禅寺，寺院以茶水相待，禅家的“茶禅一味”深得文人的认同，所以凡是学禅的诗人，都把禅引入诗，把茶引入诗。“咏茶明志”成为当时诗歌的流行的题材，文人们创作了大量的“茶诗”。

著名的禅师释皎然就提倡“以茶代酒”,他经常与茶圣陆羽饮茶赋诗,是陆羽一生中交往时间最长、情谊最深的良师益友。释皎然的《九日与陆处士羽饮茶》诗写道:

九日山僧院,东篱菊也黄。
俗人多泛酒,谁解助茶香。

诗人卢仝就写有著名的《走笔谢孟谏议寄新茶》(即“七碗茶歌”),此诗中的佳句成为后代诗人经常借用的诗句。

诗人白居易一生喜好饮茶,曾写了不少以茶为题的诗歌。他曾在庐山香炉峰下开辟了一圃茶园。白居易在人生不顺之际,他就“逃于禅”而醉心于茶。他在《咏意》诗中写道:

或吟诗一章,或饮茶一瓯。

身心无一系,浩浩如虚舟。
富贵亦有苦,苦在心危忧。

贫贱亦有乐,乐在身自由。

苏东坡深研佛理,亦精通茶道,写下了不少脍炙人口的咏茶诗。他的诗说:“从来佳茗似佳人。”由于苏东坡酷爱饮茶,又以茶悟禅,所以他推崇饮茶有“三绝”:即茶美、水美、壶美。后代的人,谈到饮茶,必然要提到这位东坡居士。

后代的文人名士,如明代的唐伯虎、张岱;清代的郑板桥,袁枚等都是品茶悟禅的高手。他们都把“茶禅一味”的禅的境界表现在自己的作品中,所以他们的作品中充满了禅意禅趣。

第五,中国的“茶禅一味”与日本茶道的比较。

当今,日本茶道风行天下。有西方人说,中国出产茶而没有茶道。这就把中国茶道与日本茶道的比较问题提到了研究的层面上来了。限于篇幅,我在这里只做简要的比较说明。

在我看来，日本茶道自一休宗纯以来，是沿两条道路发展：

一条路走的是宫廷式茶道之路。由于日本幕府的将军们，例如足利义政将军，就附庸风雅，崇尚茶道。足利义政将军曾在官邸召见过村田珠光禅师，并且多次光临村田珠光的草庵饮茶。足利义政将军的爷爷足利义满将军曾修建了日本著名的金阁寺；而足利义政将军又效仿他爷爷修建了著名的银阁寺，作为自己隐退后的寺院。足利家族，尤其是足利义政将军和妻子都醉心于茶道，拥有中国最名贵的茶具。这种崇尚茶道的风气，在皇宫中也非常浓厚。这就是面向宫廷、幕府官僚们的饮茶之道。

这种贵族式的茶道的特点可以概括为：茶以载礼，茶以显礼。就是说，贵族们通过饮茶的方式，把贵族式的繁琐礼仪贯穿于整个饮茶的过程之中。这种宫廷茶道，程序非常繁褥，一招一式都非常讲究，使用的茶具和其他设施也相当的富贵、豪华、花哨。因此，重礼仪、重程序、重形式成为宫廷茶道的突出特点，根本谈不上什么"茶禅一味"！日本茶道的宫廷之路一直延续至今。

日本茶道的另一条路是禅僧和平民所走的"茶禅一味"之路。这一条路以村田珠光、武野绍欧和千利休以及他们的嫡传谱系为代表。走这条路的禅师和平民茶师坚持"茶事以禅道为宗"的宗旨，讲究"茶意即禅意"。这一派"茶禅一味"的特点表现为：饮茶活动追求心性的静默和纯净，以表示饮茶也是禅定功夫之一。饮茶崇尚简朴，讲究心灵的贫寂、闲寂和空寂的心态，因为禅即枯淡。在茶具的使用上也显得自然而然，随缘任运，毫不讲究。例如，武野绍欧的茶室就设置在草庵之中，茶室故意设置得很小，只有四张半席（榻榻米）；有的茶室搞得更小，只有三张半或两张半席。人们使用的是木制的或用竹制成的茶勺，以及造型简陋的茶杯、茶壶等用品。茶室的墙用白纸裱糊，墙壁上只挂一幅字画，神龛中只供一束花。这一切显得非常简朴、古拙、清净。

但是，日本人的民族性格中，有一个根深蒂固的心理，就是喜欢把事情推至极端。这种民族心理在追求"茶禅一味"的途径中也显露出来。日本的禅师和茶师把这些禅意的倾向又变成了一种讲究，变成了一种刻意追求"简约"的"形式"，刻意显露贫寂、枯寂的心境并把这种简朴、古拙、枯淡加以"程式化"，这又显出了严重的形式主义的倾向。然而禅的本质是去形式、无形式。我认为，日本茶道的两条道路都共同指向了一个方向：造作、装模作样。这是从根本上违反禅意的。

现代日本的茶道，就是以这种违反禅的精神的礼数来展示的。例如，若以主客三人参与的茶会为例，那么自始至终他们施礼的次数竟然达到二百次之多！施礼中包括跪礼、跪坐、跪行等，每一个人的施礼达到了七十余次。据说，中国有一个赴日本学习茶道的青年，在日本学习茶道半年之久，他的膝盖上竟然磨出了一层厚厚的老茧！再如，日本茶道总结出十项“煎茶礼法”，仅其中之一的“泡茶礼法”竟然有四十八种之多！

如此繁褥的礼仪、极端繁琐的程序、极端琐碎的操作过程，极其繁杂的茶具，构成了日本茶道的独特性。一个民族的特性归特性，但是，如果从禅学的角度上讲，这种刻意讲究的饮茶方式岂是崇尚简约之美、追求贫寂、朴素的禅家心境所为呢？

中国人饮茶，至今无定法，无定规。自古以来，中国人都是自然而然、随缘任运地饮茶。至于现在有的旅游景点搞的所谓“茶道”、“茶艺”，都不过是为了商业目的而采取“艺术的方式”故意炫人眼目而已。

我认为，中国没有那种死板僵化的茶道，这正是禅的自然而然的精神体现。

# 后 记

二十年前，我承担了国家社会科学研究基金项目“东方美学研究”。为了研究东方的美学，就必须学习印度哲学、宗教和艺术方面的知识。由此，啃读了一些古代的印度经典，如《吠陀书》、《五十奥义书》、《薄迦梵歌》、《摩诃婆罗多》、《罗摩衍那》和一些印度佛教经典。在学习中国哲学与日本的美学过程中，体会到印度佛学不同于中国佛学；尽管日本佛学是从中国传过去的，依据的也是汉译佛经，但日本的佛学同中国佛学又有很大的差异。但三个民族的佛学思想中的共同性又非常明显，其中中国禅学同日本禅学的血缘关系更直接、更紧密。禅对中国的思想和艺术有极大的影响，可以夸张一点说，不懂佛教和禅学就难懂中国艺术。同样，不懂佛教和禅学也很难懂得日本艺术。因此，对禅的学习和研究就成为我的东方美学研究的一个重点和难点。

经过这些年的学习，我对禅有了一些了解和领悟。我曾为我的硕士研究生和博士生开讲过几次“禅与中国文化艺术”的专题课。教学相长。在教学中，我更加感到，关于禅，在许多问题上还应当再钻研、再思考。近两年来，我花了不少时间准备为中央电视台科教频道《百家讲坛》栏目讲“禅与中国文化”，后因某些原因，在中央电视台《百家讲坛》讲的却是另一个题目——“历史上的悲剧人物”。“禅与中国文化”系列讲座改在湖北电视台教育频道“荆楚讲坛”上演讲、播出。现在这套光盘已由中国人民大学出版社音像部出版。

本书就是我这些年来学习禅、研究禅的成果。

近年来，谈禅的通俗书籍已出版了几十种。有的是选出若干公案，加以翻译或注释，但没有解释其含义；有的是选取公案中的一些故事，汇聚成册，最后附上几句点评的话，指点此故事的意思，说一点教益之类的话；有的则是选出《五灯会元》或《景德传灯录》、《碧岩录》中的某些人物或故事，加以文学性的想象性描写和渲染，从而具有了既像历史，又像小说的特点。有的书则直接来自宗教人士的宣教说禅。已故的著名文坛大家张中行先生曾写了一本《禅外说禅》的书。这本论禅的书,系统深刻而透彻,然而,老先生却谦虚地说自己是“禅外之人”。面对这些书,我觉得自己很难突出重围,很难超越它们。一本书的价值在于它的思想的独特性。如何才能够站在前人的肩上,突显自己的思想价值呢?如何超越原来的自我呢?

本书在以下两个方面力求突破现有的论禅书籍的模式。

第一,本书立足于哲学思维科学的角度,来看待禅的思维特征以及奇特的表达方式。重在揭示禅所表现出来的中国式智慧,也就是:以哲学观照禅学;从公案提取智慧;以智慧解说人生;以禅的精神剖析艺术。

第二,本书力求从专家的视角,对禅进行平民式的解读。本书以深入浅出的介绍和透彻的学理分析为基点,以浅白流畅的文字和生动奇特的故事为特色,以丰富的社会人生知识和艺术现象做材料,从广泛联系的角度来透视禅,来激发读者的思路。因此,本书的写作追求坚实的学理性、广博的知识性、审美的趣味性。

我的努力是否有成效,这就由读者朋友们来评说了。

由于本书的篇幅所限,本书在写作上采取了简明的论述方式。我是研究美学和艺术的,即便在我熟悉的领域中,也有许多东西也未能得到充分展开。例如,“禅与艺术”部分中的“禅与武学”、“禅与诗歌”、“禅与绘画”、“禅与园林”、“禅与茶”等也都采取了提纲契领的方式表述。因为这些题目中,每一个都需要用一本书的篇幅才能详尽地表达。但我认为,本书所论的这些题目,做到了重点突出,观点清楚,见解深刻。

感谢湖北电视台《荆楚讲堂》栏目的编导喻涛先生和胡艳红女士,本书的写作是在他们的支持和鼓动下完成的。感谢世界知识出版社的胡孝文主任和编辑刘豫徽女士。他们不仅热情地推出本书,而且出于对作者和读者负责的态度,对本书提出了不少真知灼见的修改意见,尤其是刘豫徽女士对本书不少地方的修改、润色,使本书锦上添花,这是令我非常感动的。

本书在写作中,参阅了不少论禅的著作,也引用了其中不少的文字,由于涉及的书多,不能逐一列举,我在这里一并向这些作者致谢了!

作　者　　2008年8月31日

**图书在版编目（CIP）数据**

禅悦如风/邱紫华著. ——北京：世界知识出版社，2009. 1
ISBN 978-7-5012-3491-2
Ⅰ.禅… Ⅱ.邱… Ⅲ.禅宗—研究 Ⅳ.B946.5.
中国版本图书馆CIP数据核字（2008）第205708号

| | |
|---|---|
| 责任编辑 | 胡孝文 刘豫徽 |
| 责任出版 | 刘 喆 |
| 封面设计 | 华审视觉 |
| 内文设计 | 华审视觉 |
| 书　　名 | 禅悦如风<br>Chanyuerufeng |
| 作　　者 | 邱紫华 |
| 出版发行 | 世界知识出版社 |
| 地址邮编 | 北京市东城区干面胡同51号（100010） |
| 电　　话 | 010-65265919（直销） 010-65265923（发行） |
| 网　　址 | www.wap1934.com |
| 印　　刷 | 世界知识印刷厂 |
| 经　　销 | 新华书店 |
| 开本印张 | 980×680毫米 1/16开 17印张 |
| 字　　数 | 250千字 |
| 版次印次 | 2009年1月第一版 2009年1月第一次印刷 |
| 标准书号 | ISBN 978-7-5012-3491-2 |
| 定　　价 | 29.80元 |